KB252316

바클레이의
팔복·주기도문 해설

바클레이의
팔복 · 주기도문 해설

The Beatitudes & The Lord's Prayer for Everyman

윌리엄 바클레이 지음 | 문동학 · 이규민 옮김

크리스챤
다이제스트

국립중앙도서관 출판시도서목록(CIP)

(바클레이의) 팔복 주기도문 해설 / 윌리엄 바클레이
지음 ; 문동학, 이규민 옮김. -- 고양 : 크리스챤다
이제스트, 2011
    p. ;   cm

원표제: Beatitudes & the Lord's prayer for
everyman
원저자명: William Barclay
영어 원작을 한국어로 번역
ISBN 978-89-447-0497-0 93230 : ₩9000

주기도문[主祈禱文]

233.69-KDC5
226.96-DDC21   CIP2011002024

차례

팔복

주기도문

팔복

저자 서언

이 책은 두 가지 동기에 의하여 출판되었다. 먼저 여기에 수록된 내용들은 여러 해 동안 글래스고의 트리니티 칼리지에서 행해진 강의 자료들이다.

여러 해 동안 강의하다 보면 여러 자료들을 사용하게 되고, 그러다 보면 결국 어떤 것이 자신의 원자료이고, 또 어떤 것이 다른 곳에서 빌려 온 자료인지 구별하지 못할 정도로 많은 자료들이 한 강의로 병합되어 버린다. 바라기는, 이 책에서 내가 다른 자료를 인용했음에도 불구하고 그에 대하여 감사하지 않은 것이 있다면, 그러한 자료들의 저자들은 나를 이해하고 용서해 주기를 바란다.

두 번째로, 이 책의 내용들은 원래 「설교자들의 계간 잡지」(*Preacher's Quarterly*)에 연속으로 게재되었던 것들이다. 나는 그 잡지의 편집인에게 감사하지 않을 수 없는데, 먼저 내가 특별 기고란에 연속적으로 집필할 수 있는 영광스러운 기회를 허락해 주고, 또 이러한 내용들을 책으로 출판할 수 있도록 허락해 주었기 때문이다.

1

본질 중의 본질

대부분의 사람들에게 있어 산상수훈은 그리스도인의 신앙과 삶의 본질입니다. 그리고 이와 마찬가지로 대부분의 사람들에게 있어 팔복은 산상수훈의 본질입니다. 그렇기 때문에 팔복이 그리스도인이 살아야 할 삶의 방법 가운데서 본질 중의 본질이라고 말하는 것은 결코 지나친 말이 아닙니다.

이 팔복의 경우에 있어 신약성서 학자들이 연구한 내용들은 보통사람들이 본능적으로 무엇을 느끼는가에 대하여 거의 확정적인 대답을 내리고 있습니다. 산상수훈을 좀 더 자세하게 연구하면, 이것은 진실로 그리스도인의 신앙에 관한 아주 중심적인 문서라는 사실이 확연히 드러나게 됩니다. 산상수훈의 서론에 해당되는 부분에서 마태는 세 번씩이나 그것을 확실하게 언명하고 있는 것입니다(마 5:1, 2).

"예수께서 무리를 보시고 산에 올라가 앉으시니 제자들이 나아온지라 입을 열어 가르쳐 이르시되."

1) 예수께서 앉으셨습니다. 유대 랍비들은 제자들과 함께 길을 걸으면서 그들에게 말을 하곤 했습니다. 또는 제자들과 가벼운 대화를 하면서 성읍을 거닐기도 했습니다. 그러나 제자들을 가르치려 할 때는, 달리 표현하자면, 공식적으로 가르치려 할 때는 언제나 앉아서 가르쳤습니다. 이것이 유대인들이 행하는 공식적 교육의 자세였습니다. 회당에서 설교자들은

앉아서 설교했습니다. 우리는 현재도 어떤 교수의 의자라는 말을 하는데, 그것은 그 교수가 앉아서 학생들에게 강의를 하던 자리였던 것입니다.

교황이 공식적인 선언, 또는 교서를 내릴 때, 그 권위를 표현하는 용어가 있는데(ex cathedra), 이 단어는 교황의 보좌를 의미합니다. 다시 말씀드리면, 교황이 자기 자리에 앉아서 말을 할 때, 그 말이 권위가 있다는 것입니다. 이러한 서론적인 언급을 통하여 마태는 예수님께서 계속 말씀하시는 것이 우연히 지나치면서 가르치신 것이 아니라는 사실을 우리에게 의도적으로 말하고 있습니다. 이것은 결코 길을 거닐면서 즐겁게 주고받는 종류의 그런 이야기가 아닙니다. 이것은 예수님의 공식적인 가르침입니다. 이것은 예수님께서 말씀하시려는 내용의 아주 중심적인 본질을 제자들에게 가르치시는 것입니다.

2) 입을 열어 가르쳐 라는 구절은 말하다는 표현을 정교하게 또는 시적으로 다듬은 것이라고만 할 수 없습니다. 그 이상의 강조점과 함축적 의미가 있는 것이 확실합니다.

a. 이러한 표현은 어떠한 아주 중요하고, 심각하고, 진지한 말을 시작할 때 사용되는, 그것도 거의 예외 없이 그렇게 사용되는 구절입니다. 이것은 아주 특별한, 그리고 아주 위대한 순간을 표현하는 용어입니다. 예를 들어, 이러한 표현은 듣는 자가 자기의 위험을 무릅쓸 수밖에 없는 상황 속에 빠져들 수 있는 신탁의 말씀, 바로 이러한 신탁의 말씀이 선포될 때 전문적으로 사용되기도 합니다. 신약성서 자체 내에서도 이 구절은 두 개의 아주 중요한 경우에 사용되고 있습니다. 이것은 빌립이 에디오피아 내시에게 성경의 말씀을 풀이할 때 특별히 사용됩니다(행 8:35).

빌립은 예수님에 관한 성경의 메시지를 아주 권위 있게 설명하고 있었습니다. 이것은 또한 베드로에게 사용되었는데, 로마 백부장 고넬료가 회심한 후, 복음이 이방인을 위해서도 의미가 있다는 위대한 진리를 깨닫고, 그것을 가르치며 설명할 때였습니다(행 10:34-35). 이 구절은 아주 중요하며, 위대한 선언의 서언으로 거의 정규적으로 등장합니다. 이것은 다음에 계속되는 말씀이 결코 가볍게 무시되어서는 안 된다는 것을 경고하는 용어이기도 한 것입니다.

　b. 이 구절은 계획된 용기를 언급하는데 사용됩니다. 이 용어와 아주 유사한 구절이 위대한 희랍 연설가 이소크라테스(Isocrates)에 의하여 사용되었는데, 그의 최후의 연설에서였습니다. 이 연설은 아테네의 영광에 대한 마지막 증언이요 유언이었습니다. 그때 이소크라테스는 위대한 연설의 자유를 사용하고자 한다고 말을 했습니다. 그 시간 이후 어떠한 결과와 보복이 있을지라도 말입니다. 그리고 자기 혀에서부터 재갈을 제거한다고 말했던 것입니다(Panathenaicus 96). 이러한 용어는 말해야 할 것을 서슴없이 모두 말하는 사람이 사용하는 것이며, 그리고 다른 사람이 자기에게 어떠한 생각과 행동을 할지를 전혀 두려워하지 않고 말하는 사람이 사용하는 것입니다.

　c. 이것은 아무 숨김없이 말한다고 할 때 사용되는 표현입니다. 여기에는 아무것도 가려진 것이 없으며, 여기에는 모든 진리가 말해지며 모든 마음이 열려있는 것입니다. 아이스킬로스(Aeschylus, 희랍의 비극 시인 525-456 B. C.)의 '프로메테우스의 결박'(Prometheus Vinstus)에 이러한 이야기가 있습니다. 이오(Io: 제우스에게 사랑을 받은 여자)가 미래에 대한 정보를 요청했을 때 프로메테우스는 이렇게 대답했습니다. "그대가 알고자 하는 모든 것을 아주 쉽게 말해 주겠소 … 친구들에게 입술을 여는 것이 옳으니 말이요." 여기에서 표현되고 있는 전체 분위기는 아무것도 숨김없이 온 마음과 모든 심중을 열고 털어놓는 것이 아닙니까?

　예수님께 이러한 표현을 사용함으로 마태는 아주 중요하고 위대한 말씀이 뒤따른다는 것을 우리에게 경고하고 있습니다. 그 말씀은 자신의 안전을 주의 깊게 그리고 신중하게 고려한 나머지 말해야 할 진실을 모두 말하지 아니하는 그러한 말씀이 아닙니다. 여기에는 마음과 심중이 모두 열려 있으며 아무것도 가려진 것이나 숨겨진 것이 없다는 사실을 마태는 우리에게 경고하고 있는 것입니다.

3) 마태는 예수님께서 제자들을 가르치셨다고 말합니다. 헬라어에는 과거 동사에 두 가지 시제가 있습니다. 하나는, 과거 시간에 완료된 행위를 묘사하는 단순과거(aorist)입니다. 그리고 또 하나는 과거 시간에 반복되고 습관적인 행위를 묘사하는 미완료(imperfect)입니다. "그는 문을 닫았다"는 단순과거로 표현됩니다. 그러나 "언제나 문을 닫는 것이 그의 습관이다"는 미완료 시제로 표현되어야 할 것입니다. 산상수훈의 서론에서 마태가 사용하고 있는 시제는 미완료시제입니다. 그렇게 때문에 계속되는 내용으로부터 우리가 주목해야 할 사실은, 이 모든 내용을 예수님께서 언젠가 한 번 우연히 이야기한 것이 아니고, 습관적으로 그리고 반복적으로 제자들을 가르치셨다는 것입니다.

우리가 여기에서 보는 것은 단지 하나의 어떤 설교가 아닙니다. 우리가 여기에서 살펴보는 것은 예수님께서 제자들을 계속적으로 그리고 지속적으로 가르치신 내용의 요약인 것입니다. 그렇기 때문에 산상수훈이 예수님의 가르침의 본질이라고 말하는 것은 결코 과장이 아닌 단순한 사실에 대한 진술일 따름입니다.

마태가 사용하고 있는 모든 표현들은 다음에 계속되는 내용들이 예수님의 가르침에 있어서 얼마나 본질적인가를 보여주는 데 집중되고 있습니다. 그렇기 때문에 팔복 연구는 그리스도인들이, 또는 그리스도교의 의미를 찾고자 하는 모든 사람들이 몰두할 수 있는 가장 중요한 공부 중에 하나인 것입니다.

2

하늘로부터 내리는 축복

흠정역에는 팔복의 말씀이 모두 서술문으로 표현되어 있습니다. 그런데 모든 경우에 있어 '~이다'가 이탤릭체로 인쇄되어 있는데, 이것은 이 단어에 해당되는 헬라어 단어가 원문에는 없다는 것을 표시하는 전통적인 기호입니다. 헬라어 원문에는 팔복의 말씀 그 어디에도 동사가 없는데, 이것은 이 말씀들이 서술문이 아니라 감탄문이라는 것을 의미합니다. 이것은 히브리어, 특히 시편에서 아주 평범하게 사용되는 표현을 헬라어로 재구성한 것입니다.

히브리어에는 '아슈레'(ashere)라는 감탄사가 있습니다. 이것의 의미는 "…한 자의 축복이여!"입니다. 여기에 해당되는 시편은 다음과 같습니다. "복 있는 사람은 악인들의 꾀를 따르지 아니하며 … 오직 여호와의 율법을 즐거워하여 그의 율법을 주야로 묵상하는도다"(시 1:1-2). "허물의 사함을 받고 자신의 죄가 가려진 자는 복이 있도다 마음에 간사함이 없고 여호와께 정죄를 당하지 아니하는 자는 복이 있도다"(시 32:1-2). "여호와여 주로부터 징벌을 받으며 주의 법으로 교훈하심을 받는 자가 복이 있나니"(시 94:12).

이러한 시편들은 각각의 팔복의 말씀이 사용하고 있는 표현법인 것입니다. 이 표현법은 감탄으로 시작하는 것을 주목해야 합니다. " … 한 자는 행복하다!" 또는 "… 한 자의 축복이여!" 이것은 곧 팔복의 말씀은 미래의 행복에 대한 약속이 아니라고 말하는 것과 다름없습니다. 이것은 현재의 축복, 현재의 행복에 대한 축하입니다. 이것은 무언가 다른 세상에서 그리스도인들에게 어느 날 일어나게 되는 사건에 대한 서술문과 예언문이 아닙니다.

이것은 그리스도인들이 현재 여기에서 누리게 되는 축복에 대한 확증인 것입니다. 이것은 어느 날 그리스도인들이 주의 현존 앞에 가까이 나아갈 때 우리의 축복이 완전해지며 절정에 도달한다는 사실을 부인하는 말이 결코 아닙니다. 이것은 다만 그 궁극적인 축복의 완전함을 현재 여기에서 미리 맛보고 미리 체험하는 것이 그리스도인의 삶의 중요한 부분이라는 것입니다.

그렇다면, 그러한 축복은 무엇입니까? 여기에서 "복이 있나니"로 번역된 헬라어 단어는 '마카리오스'(Makarios)인데, 이것의 좀 더 고대 형은 '마카르'(makar)입니다. 이 단어가 가지고 있는 특징적인 의미는 이것이 오직 신들에게만 속한 축복을 표현하는데 특별히 사용된다는데 있습니다. 이 단어가 본래의 위대한 의미를 어느 정도 상실하고 좀 더 보편적으로 그보다 더 희석된 의미로 사용되기는 하지만, 그래도 헬라어에는 오직 신들만이 진실로 '호이 마카리오이'(hoi makarioi), 즉 복 있는 자들이라는 사실이 여전히 통용되고 있습니다. 신약성서 자체에도 하나님 자신이 두 번씩이나 이러한 용어로 묘사되어 있습니다.

목회서신 가운데서 우리는 "복되신 하나님의 영광의 복음"이라는 표현과 "하나님은 복되시고 유일하신 주권자이시며 만왕의 왕이시며 만주의 주시요"라는 표현을 읽을 수 있습니다(딤전 1:11; 6:15). 또 다른 용법 두 가지가 이 단어의 의미를 좀 더 확실하게 해줍니다. 이 단어는 "복된 섬"(또는 극락도 — 그리스 신화에서 착한 사람들이 죽어 가서 살게 된다는 섬으로 대양 서쪽에 있다고 상상되고 있음)을 묘사하는데 사용됩니다. 이곳은 복된 사람들, 축복받은 사람들이 들어가는 완전한 행복이 있는 장소입니다. 고통과 슬픔이 없으며 배고픔과 모든 괴로움이 사라진, 그리고 그 아무것도 건드릴 수 없는 기쁨과 즐거움만이 있는 그러한 장소입니다(Pindar, *Olympians* 2:70).

또 헤로도토스는 이 단어를 사용하여 사막 가운데 오아시스를 묘사합니다(Herodotus 3:26). 온통 주위에는 모래뿐인 사막이며 육체와 영혼의 갈증과 고통이 끊이지 않습니다. 그러나 오아시스에는 그늘이 있고 피난처가 있으며 피곤한 여행자가 누리는 안식과 평화가 있습니다. 보어함(F. W. Boreham)은 키프로스가 고대에는 '헤 마카리아'(He Makaria), 즉 복된 섬으로 호칭되었다는 전설을 인용한 바 있습니다. 왜냐하면 그 섬의 기후는 너무 완전했으며, 토양도 아주 비옥했고, 자연적 혜택도 너무 완벽했기 때문에, 키프로스에 거주하는 사람들은, 더 좋은 행복과 만족을 찾기 위하여 다른 곳으로 이주할 필요가 결코 없었기 때문입니다.

여기에 우리의 해답이 있습니다. 약속된 축복은 하나님의 복되심이 아닌 그 무엇이 아닙니다. 예수 그리스도를 통하여 그리스도인들은 하나님의, 바로 하나님의 삶에 동참하게 된 것입니다. 팔복의 축복을 일컬어 요한은 또 다른 표현으로 영원한 삶이라고 했습니다. 영원한 삶(영생)은 "조에 아이오니오스"(Zoe aionios)입니다. 헬라어에서 이 '아이오니오스'라는 단어가 정확하게 적용되는 인격은 우주에서 단 한 분밖에 없는데, 바로 하나님입니다. 영원한 삶은 바로 하나님의 삶입니다. 이것은 예수 그리스도께서 사람들에게 제공하신 바로 그 삶을 공유하는 것입니다.

만약 그렇다면, 이것은 그리스도인의 축복은 외부 환경과 무관함을 의미합니다. 마치 키프로스 섬처럼, 그 자체 안에 완전한 행복을 위하여 필요한 모든 것이 완벽하게 갖추어져 있습니다. 이것은 삶 속에서 벌어지고 있는 모든 사건들 및 변화들과 무관합니다. 그렇기 때문에 행복, 또는 축복, 복이라는 단어로 진실한 의미를 정확하게 전달할 수 없는 이유가 바로 여기에 있습니다. 행복(happiness)은 그 어근에 "일어나다, 사건"을 의미하는 'hap'을 가지고 있습니다. 그러니 행복은 이 삶에서 일어나는 사건들과 변화들에 의존되어 있는 그 무엇입니다. 그러나 그리스도인의 축복은 하나님의 삶의 축복입니다. 그래서 이것은 바로 그 어느 누구도 우리로부터 **빼앗을** 수 없는 기쁨인 것입니다.

만약 이러한 그리스도인의 축복이 하나님의 복되심의 축복이라면, 이것이 세상의 모든 기준들을 완전하게 역전시킨다는 사실은 결코 놀랄 일이 아닙니다. 오, 가난한 자들의 축복이여! 오, 애통하는 자들의 축복이여! 주리고 목마른 자의 축복이여! 오, 박해받는 자들의 축복이여! 이것들은 이 세상의 기준들과 완전히 모순되는 것들입니다. 이러한 말들을 아무도 그 첫 말에 놀라지 않고 들을 수 있는 사람은 결코 없을 것입니다. 다이스만(Deissmann)은 팔복에 대하여 이렇게 말했습니다. "이것은 고요한 별빛이 아니다. 이것은 놀라움과 경탄의 천둥소리가 뒤따르는 번갯불이다." 한편 우리가 팔복의 말씀을 세심하게 관찰할 때, 이 말씀들은 삼중적인 축복으로 밀접하게 짜여 있음을 보게 됩니다.

사람이 자기의 깊은 욕구를 인식하고, 그 욕구가 어디에서 충족될 수 있는지를 발견했을 때 오는 행복이 있습니다. 어느 누구의 삶에도 세 단계의 기간이 있을 수 있습니다. 첫째, 평온하게 사는, 그리고 단조로운 평범한 생활을 사는 기간이 있을 수 있습니다. 그것은 더 좋은 것을 알지 못하기 때문입니다. 둘째, 불만족감이 휘몰아치는, 심지어 정신적인 고통까지 따르는 기간이 있을 수 있습니다. 이것은 어떤 계기로 말미암아 자신의 삶 가운데 빠진 그 무엇, 아직 확인되지 않고 알 수 없는 것이기는 하지만, 결핍된 그 무엇이 있음을 깨달았을 때입니다.

그리고 셋째, 새로운 삶의 기쁨, 삶의 새로운 깊이로 들어가는 기간이 있을 수 있습니다. 이것은 자기의 새롭게 발견된 욕구가 어디에서 충족될 수 있는지를 발견했기 때문입니다. 그렇기 때문에 자기의 가난함을 발견한 사람을 위한 행복이 있는 것입니다. 그렇기 때문에 자신의 죄를 깨닫고 애통하는 사람들을 위한 행복이 있는 것입니다. 그렇기 때문에 자기 안에 없는 의로 인하여 굶주림을 느끼고 목마름을 느끼는 사람들을 위한 행복이 있는 것입니다.

그리스도인의 삶을 사는 행복이 있습니다. 긍휼 가운데, 온유함 가운데, 마음이 청결한 가운데, 화평하게 하는 가운데 사는 삶으로 찾아오는 행복, 축복된 삶이 있습니다. 이러한 것들은 예수 그리스도 자신의 성품이기도 합니다. 그리고 예수 그리스도의 발자취를 따라 사는 사람들은 그리스도인의 삶을 사는 기쁨을 알게 되는 것입니다.

예수 그리스도를 위하여 고통당하는 행복이 있습니다. 오래 전 플라톤은, 선한 사람은 언제나 잘못 행하기보다는 잘못 고통당하는 편을 선택한다고 말한 바 있습니다. 바로 여기에 충성의 축복이 있습니다. 바로 이 충성심 안에, 만족할 수 있는 모든 만족 가운데 가장 심오한 것이 있는 것입니다. 비록 충성이 사람이 줄 수 있는 모든 것을 그 대가로 요구할지라도 말입니다.

표면적으로 보면, 마치 팔복의 말씀이 잘못된 장소, 엉뚱한 곳에서 행복을 찾는 것처럼 보입니다. 그러나 우리가 다시 생각해 볼 때, 팔복의 말씀이 가르치고 있는 길이 행복, 축복된 삶에 이르는 유일한 길임을 알 수 있습니다.

3

가난한 사람들의 행복

"심령이 가난한 자는 복이 있나니 천국이 그들의 것임이요"(마 5:3)

예수님은 팔복의 말씀을 시작하심에 있어 이보다 더 충격적이며 더 놀라운 표현은 달리 찾지 못했을 것입니다. 그리고 누가는 이 도입의 말씀을 좀 더 직접적으로 서술했습니다. "가난한 자는 복이 있나니 하나님의 나라가 너희 것임이요"(눅 6:20). 가난이 축복이라고, 또는 빈곤함 속에 행복이 있다고 하는 말에 동의할 사람은 거의 없을 것입니다. 존슨 박사는 이렇게 기술합니다. "가난해지지 않도록 결심하십시오 … 가난은 인간의 행복에 대한 커다란 적입니다. 가난은 자유를 없앨 것임이 분명합니다. 가난은 대부분의 도덕적 덕목들을 실용적이지 못하게 만들 뿐만 아니라 어떤 덕목들은 극단적으로 무효화하게도 만들 것입니다." 대부분의 사람들은 가난의 행복보다는 가난의 저주에 대하여 말하고 있습니다.

우리가 예수님의 이 말씀을 더욱 철저하게 조사할수록, 이 말씀은 더욱 우리를 놀라게 합니다. '가난한'에 해당하는 헬라어 단어는 '프토코스'(ptochos)인데, 이 단어는 단순한 가난한 사람이 아니라, 완전하게 파산한, 절대적으로 빈곤한 사람을 묘사할 때 사용되는 단어입니다. 헬라인들은 '프토코스'를 동사 '프토쩨인'(ptossein)과 연결시켰는데, 이 동사의 의미는 '굽실거리다' 또는 '움츠리다'입니다. 호메로스는 애걸하는 거지가 동냥하기 위하여 굽실거리는 것을 묘사하는데 이 단어를 사용했습니다(Homer, *Odyssey* 17:227).

아이킬로스의 저작 속에는, 카싼드라(Cassandra — 그리스 신화의 여자 예언자)가 예언자의 신분을 상징하는 표를 벗어 버리고, 방랑자 다시 말하면 구걸하는 집시가 되기를 결심하는 이야기가 나옵니다(Aeschylus, *Agamemnon* 1274). 불쌍한 오이디푸스(Oedipus)가 자기 왕국과 자기에게 속했던 모든 것을 잃어 버렸을 때, 소포클레스(Sophocles — 옛 그리스의 비극 시인, 495?-406? B. C.)는 오이디푸스가 몹시 곤궁해졌음을 묘사하는데 바로 이 단어를 사용했습니다(Sophocles, *Oedipus Coloneus* 444:751).

헤로도토스는 이 단어 '프토코스'를 사용하여, 한때 유복한 집안에서 태어났고 부유하게 살다가 몰락하여 급기야는 군인들에게 빵조각을 구걸하여 생명을 유지해 나가는 사람을 묘사했습니다(Herodotus 3:14). 유스티니아누스(Justinian, 동로마 제국의 황제, 483-565) 법전에는 '프토코스'에 상응하는 명사 '프토케이아'(ptocheia)가 사용되는데, '빈민 구제'를 의미하는 것입니다. '프토코스' 한 사람들은 이 세상에서 움막 같은 집 이외에는 아무것도 가지지 아니한 사람들인 것입니다.

'가난'을 의미하는 헬라어 단어는 두 개가 있습니다. 하나는 '프토코스'이고, 또 하나는 '페네스'(penes)인데, 이 두 번째 단어는 사치스럽지 아니한 사람, 남는 것이 없는 사람, 생활을 영위하기 위하여 일하는 사람, 자기의 손으로 일함과 더불어 자기의 결핍을 채우는 사람을 묘사할 때 사용됩니다. 그러한 사람은 스스로 일하는 사람, 스스로 일하여 자기의 필요를 공급하는 사람입니다. 소크라테스는 자주 자신이 '페네스' 하다고 말했습니다. 왜냐하면 자신이 신들을 위하여 너무 많은 시간을 들였기 때문에 자신을 위해서는 그럴듯한 집을 건축하지 못했다는 것입니다(Plato, *Apology* 23C).

그러나 소크라테스는 검소하고 소박한 삶을 살았는지는 몰라도 결코 절박한 빈곤 상태에 빠진 것은 아닙니다. 그러나 가난을 묘사하는 또 다른 단어인 '프토코스'는 남는 것이 없는 사람이 아니라, 아무것도 가지지 아니한 사람을 설명할 때 사용되는 것입니다. 아리스토파네스(Aristophanes — 아테네의 시인이며 희극작가, 448-385 B. C.)의 작품「플루투스」(Plutus — 富의 신)에 '페니아'(Penia — 가난)이라는 극중인물이 등장하는데, 그녀는 스스로 '페네스' 한 사람과 '프토코스' 한 사람을 구별합니다. '페네스' 한 사람은 소박하며 검소하다는 의미에서 가난한 사람이며, '프토코스' 한 사람은 거의 거지와 다름없다는 의미에서 가난한 사람인 것입니다(Aristophanes, *Plutus* 550-554):

> 그러나 내가 내 백성에게 할당하는 삶은 결코 곤궁하지 않은 것이다.
> 여기 이 거지(프로코스)만이 자신의 재산이 하나도 없으며 동전 하나 없을 따름이다.
> 나의 가난한 사람들아(페네스), 알뜰히 절약하며 살아야 할 것이니, 게을리하거나 느슨하면 안 될 것이다.
> 자기 집에 결코 남아 버리는 것이 없어야 할 것이니, 그렇다면 모자람도 없을 것이니라.

이 팔복의 말씀에서 테르툴리아누스는 불가타(라틴어 역 성경)의 번역을 수정했습니다(*Againt Marcion* 4:14). 불가타는 " '파우페레스'(가난한 자들)는 행복하다"로 번역되었지만, 테르툴리아누스는 "'멘디치'(거지들)는 행복하다"로 번역했던 것입니다.

헬라인들의 눈에는 이 딘이 '프토코스'가 불쌍하고, 동정적이며 심지어 수치스러운 어감을 갖고 있는 것으로 보였습니다. 플라톤은 이상국가를 위한 헌법에서, 공동체로부터 '프토코스'한 사람들을 국외로 추방해야 한다고 했습니다. "우리 국가에는 거지들(프토코스)이 있으면 안 된다. 그리고 만약 어떤 사람이 구걸하려고 시도한다면 … 그는 이 나라의 국경을 넘어 그러한 자들이 완전하게 숙청되는 땅의 저 끝까지 추방되어야 할 것이다"(Plato, *Laws* 936C).

복음서에서도 '프토코스'는 부자의 집 문 앞에서 버려진 채로 구걸하는 불쌍한 나사로를 묘사하는데 사용됩니다(눅 16:20, 21). 전 재산이 두 렙돈밖에 안 되는 비참한 과부도 '프토코스'한 것입니다(막 12:42, 43). 길과 시장 바닥에서 방랑하다가 왕의 잔치 자리에 얼떨결에 초청되어 온 할 일 없는 자들도 '프토코스' 했습니다(눅 14:21). 야고보가 부자의 영광과 사치를 가난한 자의 비참함과 궁핍함과 비교시킬 때 바로 이 단어 '프토코스'를 사용했습니다(약 2:2, 3).

밀리간은 '프토코스'가 항상 나쁜 의미로만 사용되어 왔다고 말했는데, 옳은 이야기입니다. 그것이 좋은 의미로 사용되기 시작한 것은 신약성서부터였습니다. 이 단어 '프토코스'보다 더 이방인들의 귀에 비굴함과 수치를 느끼게 하는 것은 아마 없었을 것입니다.

그러나 이것은 그림의 한 면일 뿐입니다. 예수님은 헬라어로 말씀하지 않으셨습니다. 그는 아람어로 말씀하셨습니다. 그리고 그의 사상과 언어는 그 자료와 기원을 구약성서에 두고 있었습니다. '프토코스'는 구약성서에서 '아니'에 해당됩니다. '아니'는 일반적으로 '가난한'으로 번역되었습니다. 그러나 이 단어는 구약성서의 경건 문학에서 특별하고 독특한 의미를 획득하게 되었습니다. '아니'라는 히브리 단어는 네 단계로 의미가 변천되었습니다.

Ⅰ. 원래는 이 단어는 그 자체의 문자적 의미인 '가난한'을 의미했습니다.

Ⅱ. 가난한 사람은 세상의 비난과 공격에 대항하여 자신을 방어할 만한 힘이나, 특권이나, 영향력이 전혀 없는 사람입니다.

Ⅲ. 그러한 사람은 짓밟히게 되며 압제받게 되고, 이 세상의 경쟁적인 사회 속에서 벽에 부딪치지 않을 수 없게 됩니다.

Ⅳ. 그러나 그러한 사람은 이러한 모든 것에도 불구하고, 자신의 인격과 경건을 지속시킬 수는 있게 되며, 세상과 더불어 호화롭게 사는 것보다 하나님과 더불어 겸손하게 사는 것이 더 좋다고 생각하게 되는 것입니다.

이렇게 하여, '아니'라는 단어는 이 땅 위에서 아무런 도움을 구하지 못하는, 그리고 모든 면에 있어 하나님에게 전적으로 헌신한, 가난하고 겸손하며 신실한 사람을 설명하는 단어가 되었던 것입니다.

이러한 의미에서 '아니'는 시편에 아주 적절하게 사용되는 특별한 단어가 되었습니다. "이 곤고한('아니') 자가 부르짖으매 여호와께서 들으시고 그의 모든 환난에서 구원하셨도다"(시 34:6, 참조. 시 35:10; 40:17; 72:2).

그리하여, 이제 우리가 '가난한'의 헬라어적 그리고 히브리어적 배경을 함께 고려할 때, 우리는 이 단어가 완전하게 자신의 무능력을 깨달은 사람, 자신의 무가치함을 느끼는 사람, 그리고 자신의 절망을 인정하고, 오로지 하나님만을 절대적으로 신뢰하는 사람을 묘사하는 용어임을 알 수 있게 됩니다. 이 단어는 자기 혼자로는 모든 것이 불가능하지만 하나님과 함께 하면 모든 것이 가능해진다는 사실을 확실하게 깨닫게 된 사람을 묘사하는 것입니다. 그 사람은 너무나 하나님에게만 의지한 나머지 이 세상에 있는 그 어느 것과도 아무 관계가 없게 된 사람입니다.

이 팔복의 말씀 속에는 삶에 대한 모든 자세가 포함되어 있습니다.

여기에는 삶에 대한 세 가지 기본 진리가 내포되어 있습니다.

1) 능력의 삶을 사는 방법은 자신이 아무런 도움을 받고 있지 않음을 깨달음으로 말미암아 발견됩니다. 승리의 삶을 사는 방법은 실패를 인정하며 수용할 때 찾아지게 됩니다. 선한 삶을 사는 방법은 죄를 자백하고 인정함으로 말미암아 가능하게 되는 것입니다. 여기에 모든 삶에 적용되는 본질적인 진리가 있는 것입니다. 만약 어떤 사람이 병들었다면, 먼저 해야 할 일은 자신이 병들었음을 인정하고 그 사실을 수용하는 것입니다. 그 다음에 해야 할 일은 적합한 곳에서 치료할 방법을 찾는 것입니다. 지

식에 이르는 길은 먼저 자기의 무지를 인정함으로 시작됩니다. 아무것도 배울 수 없는 사람은 자신이 이미 모든 것을 알고 있다고 생각하는 사람입니다.

플라톤은 이렇게 말했습니다: "자신이 지혜를 간직하기에 아주 부적당하다고 생각하는 사람이야말로 가장 지혜로운 사람이다." 로마의 웅변의 대가인 퀸틸리아누스(Quintilian)는 자기의 제자 중 한 사람에게 이러한 말을 했습니다. "사람들은 말할 것도 없이 모두 빼어난 학자들이 될 수 있을 것이다. 만약 그들이 자신의 유식함을 너무 과신하지 않는다면 말이다." 이 팔복의 말씀은 인생의 충만한 삶을 유지하는데 가장 먼저 필요로 하는 것은 바로 자기가 무엇인가 부족하고, 무엇인가 필요로 한다는 것을 인식하는 것이라는 아주 기본적인 진리를 확언하고 있습니다.

2) 이 팔복의 말씀이 웅변하고 있는 두 번째 내용은 현재의 부를 구성하고 있는 것을 완전히 재평가하는 것입니다. 먼저 참된 부는 결코 물질을 소유하는데 있지 않음을 주장하고 있습니다. 삶의 문제를 해결하는데 돈 이외에 다른 것은 아무것도 갖고 있지 않은 사람은 정말로 가난에 상처를 입고 있는 사람입니다. 물질적 부가 가지고 있는 본질적인 특징은 그것이 불완전하며 안전하지 못하다는 것입니다. 그것들 가운데서 없어지지 아니할 것은 아무것도 없습니다. 그것도 모두 전혀 생각지 못했던 방법으로, 아무 경고도 없이 사라지고 마는 것입니다.

바로 이러한 삶의 진실 때문에 솔론(Solon—그리스 칠현의 한 사람, 638?-559?)이 다음의 엄격한 말을 했던 것입니다. 솔론이 사르디스의 크로이소스(Croesus — 기원전 6세기의 리디아의 왕, 큰 부자로 유명함)를 방문했을 때이었습니다. 그는 크로이소스가 자신의 모든 부를 믿으며 자신의 미래에 대하여 절대적으로 확신하고 있음을 보았습니다. "아무 사람도 행복하다고 부르지 마시오"라고 솔론은 단호하며 엄격하게 말했습니다. "그가 죽기 전까지는 말이요." 이 팔복의 말씀은 자신의 기술과 지능이 할 수 있는 일을 신뢰하고 있는 사람은 잘못된 것을 신뢰하는 것이며, 그리고 그러한 사람은 자신이 죽기 전에 자신이 행한 것이 비극에 불과했음을 깨닫게 되다는 사실을 웅변적으로 말하고 있습니다.

3) 이 팔복의 말씀이 가르치고 있는 세 번째 일은 독립적인 삶을 사는 길은 의존으로 말미암아 시작되며, 자유에 이르는 길은 항복으로 말미암아 시작된다는 사실입니다. 만약 어떤 사람이 삶의 현장에서 일어나고 있는 온갖 변화와 사건들에 대하여 독립적으로 행할 수 있다면, 그러한 독립은 바로 자신이 하나님에게 전적으로 의존해 있음을 통하여 가능해지는 것입니다. 만약 어떤 사람이 진실한 자유를 알고 있다면, 그는 그 자유가 분명 완전하게 하나님께 항복함으로 말미암아 시작되었음을 알 것입니다.

이 팔복의 말씀은 세상이 줄 수도 **빼앗을** 수도 없는 행복한 삶에 이르는 길이, 우리가 자신의 필요를 인식하며, 그리고 이 필요는 우리가 하나님께 완전하게 헌신할 때 충족됨을 인식할 때 열려진다는 사실을 우리에게 촉구하고 있는 것입니다.

팔복의 말씀 하나하나는 확언뿐만 아니라 약속도 내포하고 있습니다. "심령이 가난한 자는 복이 있나니"라고 예수님은 말씀하셨으며, 계속해서 "천국이 그들의 것임이요"라는 약속의 말씀이 주어집니다. 심령이 가난한 자에게 주어지는 이 약속의 의미는 무엇입니까? 천국은 무엇입니까?

우리는 먼저 하늘나라(천국)와 하나님의 나라 이 두 용어가 본질적으로 동일한 것을 주목해야 합니다. 마태복음에서는 거의 변함없이 하늘나라가 사용되고 있으며, 마가와 누가는 또한 거의 변함없이 하나님의 나라를 사용하고 있습니다. 실제적으로 이렇게 차이가 나는 것은 다음의 이유 때문입니다.

마태는 엄격하고 정통적인 유대인이었기 때문에, 아마 그가 할 수만 있다면, 하나님의 이름을 입술로 언급하는 것을 절대 피했을 것입니다. 그는 항상, 할 수만 있다면, 하나님의 이름을 실제적으로 언급하기보다는 다른 표현을 빌려 설명하고자 했습니다. 하나님을 보편적인 용어로 풀어 설명한 것은 당연히 하늘이었습니다. 마태는 복음서 기자 중에서 가장 철저한 유대인이었습니다. 마가는 그렇게 철저한 유대인은 아니었습니다. 그리고 누가는 이방인이었습니다. 그는 유대인의 관습과 습관에 구속받을 필요가 전혀 없었습니다. 그렇기 때문에, 마태는 그의 아주 정통적인 유대적 배경 때문에 하늘나라를 더 선호하며 사용했으며, 마가와 누가는 유대 전통에 좀 더 적게 영향을 받았기 때문에 주저 없이 하나님의 나라를 언급할 수 있었던 것입니다.

만약 우리가 하나님의 나라를 정의하기를 원한다면, 우리 주기도문에서 그 정의를 위한 기초를 가장 잘 찾을 수 있을 것입니다. 유대인들의 문학 양식과 문체의 가장 현저한 특징은 그들의 병행대구법입니다. 유대인들은 무슨 말이든지 두 번 말하는 경향이 있었습니다. 그리고 두 번째 반복되는 말은 거의 먼저 한 말의 동의어입니다. 또는 먼저 한 말을 강조하거나 또는 설명하는 것입니다. 시편의 거의 대부분의 구절들이 이러한 병행대구법의 특징을 나타내고 있습니다. 시편의 거의 대부분의 절이 가운데를 중심으로 양분될 수 있는데, 두 번째 부분은 첫 번째 부분의 반복이거나 강조인 것입니다.

> 하나님은 우리의 피난처시요 힘이시니
> 환난 중에 만날 큰 도움이시라(시 46:1).

> 만군의 여호와께서 우리와 함께 하시니
> 야곱의 하나님은 우리의 피난처시로다(시 46:7).

> 그가 나를 푸른 풀밭에 누이시며
> 쉴 만한 물 가로 인도하시는도다(시 23:2).

주기도문에서 두 구절이 나란히 나옵니다(마 6:10).

나라가 임하시오며

뜻이 하늘에서 이루어진 것 같이 땅에서도 이루어지이다.

이제 우리는 병행대구법의 원리를 이 두 구절에 적용시켜 봅시다. 그리고 두 번째 구절은 첫 번째 구절의 설명과 해석이라고 생각합시다. 그러면 우리는 다음의 정의를 내리게 됩니다 : 하나님의 나라는 이 땅 위의 사회인데, 여기에서는 하나님의 뜻이 하늘에서처럼 완전하게 이루어질 것이다.

이것은 하나님의 나라를 의인화한 것이 분명한데, 이것은 그러한 나라 또는 그러한 사회는 개개인의 남자와 여자가 하나님의 뜻을 완전하게 받아들이지 아니한다면 결코 시작되지 아니하기 때문입니다. 다시 말씀 드린다면, 어떤 사람이든지 그가 하나님의 뜻을 완전하게 받아들인다면, 그는 하나님의 나라 안에 있다는 것입니다.

그 어느 누구도 자기 나라의 법을 받아들이지 아니하면서, 그 나라의 시민이 될 수는 없습니다. 시민권과 그 나라의 법에 대한 복종은 언제나 같이 다닙니다. 아주 이와 똑같이 일치하는데, 그 어떤 사람도 하나님의 법을 완전하게 받아들이지 않고는 하나님의 나라의 시민이 될 수 없는 것입니다. 하나님의 나라의 시민이 된다는 것, 하나님의 나라에 있다는 것, 하나님의 나라를 소유한다는 것, 이 모든 것들은 하나님의 뜻을 받아들인다는 것과 아주 정확히 일치하는 것입니다.

만약 이것이 그렇다면, 이 팔복의 말씀의 내용은 이러한 것입니다: 오, 자기 자신의 극단적인 절망과 자신의 극단적인 무능력함을 깨달은 사람, 그리고 하나님을 완전히 신뢰하는 사람이여, 그대는 행복하다. 왜냐하면, 그대는 하나님의 뜻을 겸허하게 받아들일 것이며, 또 그렇게 함으로 하나님의 나라의 시민이 될 것이기 때문이다.

그리고 그것이 정말로 행복한 삶의 정확한 기원입니다. 왜냐하면 그의 뜻을 행하는 것에 우리의 화평이 있기 때문입니다.

4

애통하는 사람들의 행복

"애통하는 자는 복이 있나니 그들이 위로를 받을 것임이요"(마 5:4)

팔복의 말씀에 포함되어 있는 역설 가운데서 이 말씀이 가장 강한 역설입니다. 슬퍼하는 자의 기쁨, 괴로워하는 자의 즐거움, 그리고 애통하는 자의 행복에 관하여 말하는 것은 너무 경악스러운 일입니다. 흠정역 성경에서 사용하고 있는 단어 "비통해 하다"(penthein)는 헬라어에서 표현할 수 있는 단어 가운데서 가장 강한 표현들 중에 하나입니다. 이것은 죽은 사람을 위하여 애곡할 때 사용되는 단어입니다. 아주 빈번하게 이 단어는 '울다'를 의미하는 헬라어 단어 '클라이에인'(klaiein)과 연결되는데, 이것은 이 단어가 눈물과 더불어 터져 나오는 슬픔을 묘사하고 있음을 뜻하는 것입니다.

이러한 비애를 표현하는데 사용되는 바로 이러한 단어들을 통하여 우리는 두 가지 일을 분명하게 알게 됩니다. 그것은 심장을 꿰뚫는 슬픔이라는 것입니다. 이것은 결코 사람이 동경할 수도 있고, 한편 탐닉할 수도 있는, 점잖은 그리고 감상적인, 애수가 깃든 그러한 슬픔이 아닙니다. 이것은 가슴을 부수는, 창자를 끊을 것 같은, **뼈**를 갉을 만한 그러한 슬픔인 것입니다. 이것은 눈으로 볼 수 있는 슬픔입니다. 이것은 사람의 행동에서, 사람의 얼굴에서, 그리고 사람의 눈물에서 볼 수 있는 그러한 슬픔입니다. 이것은 세상 사람들을 향하여 드러낼 수밖에 없는, 그리고 하나님에게 보여줄 수밖에 없는 그러한 슬픔입니다. 왜냐하면 이러한 슬픔을 당하는 사람은 이 이외의 다른 일을 할 수 없기 때문입니다.

그렇다면, 이렇게 애통하는 사람이 행복하다고 예수님께서 말씀하셨을 때, 과연 그가 의미하셨던 것은 무엇입니까?

1) 최소한 어느 정도에 있어서, 이 팔복의 말씀을 먼저 문자적으로 받아들이는 것이 옳다고 생각됩니다. 의심할 나위 없이, 슬픔은 그 자체가 가지는 가치가 있습니다. 이것이 삶 가운데서 가지는 위치는 다른 그 무엇에 의해서도 대체될 수 없습니다. 슬픔이 삶 가운데 들어가기 전에는, 그 삶에 무엇인가 빠진 것이 있다고 할 수 있습니다. 아랍 속담이 있습니다. "모든 햇빛은 사막을 만든다."

위대한 음악가인 엘가(Elgar)는 어느 날 어린 소녀가 노래하는 것을 듣고 있었다 합니다. 그 소녀는 아름다운 목소리를 가지고 있었으며, 거의 흠 없는 기법을 숙달하고 있었습니다. 그러나 그녀에게는 단지 위대함이 결여되어 있었습니다. "이 소녀는 장차 위대하게 될 것이다. 이 소녀의 마음을 부수어 버릴 그 어떠한 일이 일어날 때 말이다"라고 엘가는 말했습니다. 오직 슬픔만이 가르칠 수 있는 일이 있는 것입니다.

삶에 있어 위대한 것을 발견하는 원천이 슬픔이라고 말해도 좋을 것입니다. 아주 중요한 일, 그리고 아주 중요하지 아니한 일을 발견할 수 있는 것은 슬픔을 당했을 때입니다. 사람이 우정의 의미와 사랑의 의미를 발견하는 것은 슬픔을 겪을 때입니다. 사람이 자기의 신앙이 단지 삶의 장식품과 같이 피상적인 것이었는지, 또는 자기의 모든 삶을 던질 만한 아주 본질적인 것이었는지 분간하는 것도 슬픔을 당했을 때입니다. 사람이 하나님을 발견하는 것도 슬픔을 당했을 때입니다. 네빌 탈봇(Neville Talbot)은 "당신이 인생의 밑바닥에 내려갔을 때 하나님을 발견합니다"라고 말했습니다.

슬픔은 그 자체가 아주 특별한 축복을 준다고 하는, 팔복의 이 말씀이 문자적으로 말하는 것에도 아주 깊은 의미가 담겨 있는 것입니다.

2) 누가는 조금 다르게 이 팔복의 말씀을 반복합니다. "지금 우는 자는 복이 있나니 너희가 웃을 것임이요"(눅 6:21). 누가가 염두에 두고 있는 것은, 그리스도인의 삶에 있어 불가피하게 있을 싸움과 갈등인 것처럼 보입니다. 그리고 누가가 말하고자 했던 것은, 만약 어떤 사람이 그리스도인의 삶의 중심에 자리잡고 있는 십자가를 받아들인다면, 그는 반드시 면류관을 받을 것이라는 사실일 것입니다.

누가는 이 세상의 삶에서, 그리고 이 세상의 삶으로부터는 사람이 자기가 선택한 것을 받는다는 진리를 굳게 파악하고 있었습니다. 만약 사람이 이 세상 너머에는 문제되는 일이 아무것도 없는 것처럼 살기로 결정한다면, 그때 그는 이 세상이 제공하는 모든 것을 받을 것입니다. 그러나 이 세상 너머에 좀 더 중요한 일이 있다는 굳은 확신 속에 살기로 결정한다면, 그때 이 사람은 이 세상에서 모든 종류의 고난과 괴로움을 만날 것입니다. 그리고 이 세상의 기준에 비추어 보아, 그는 실패자가 될 것입니다. 그러나 그에게는 이 세상이 결코 줄 수 없는 기쁨이 다가오고 있는 것입니다.

부자와 나사로의 비유에는 지옥에 있는 부자의 장면이 있습니다. 그는 아브라함에게 긍휼을 요청합니다. 그러나 아브라함은 이렇게 말합니다. "얘 너는 살았을 때에 좋은 것을 받았고 나사로는 고난을 받았으니 이것을 기억하라 이제 그는 여기서 위로를 받고 너는 괴로움을 받느니라"(눅 16:25).

인생에는 양자택일의 순간이 항상 부딪쳐 옵니다. 즉각적인 이익, 즉각적인 행복, 고통으로부터의 즉각적인 자유를 제공하는 일련의 행위를 취할 것인가? 또는, 즉각적인 훈련, 즉각적인 고통, 현재의 고난과 현재의 박해와 현재의 희생을 가져다 줄 일련의 행위를 할 것인가? 그리스도의 가르침은 분명합니다. 현재의 괴로움과 현재의 눈물을 받을 준비가 되어 있는 사람만이 궁극적이며 영원한 행복이 무엇인지를 알 것입니다.

3) 최소한 어느 정도의 범위에 있어서, 이 팔복의 말씀은 축복은 죄와 이 세상의 슬픔과 고난에 대하여 슬퍼하는 사람들에게 속한 것임을 의미하고 있습니다. 이 말씀은 이른바 베르길리우스(Virgil)가 '세상의 눈물'이라고 명명한, 이 고통의 현장 가운데서 삶을 영위하고 있는 사람들에 의하여 마음의 감동을 느끼는 사람을 묘사하고 있는 것 같습니다. 독재자와 억압과 불의로부터 고통을 당하고 있는 사람들에 의하여 자기의 정의감이 도전을 받는 바로 그러한 사람을 묘사하고 있습니다. 연약한 자들의 호소, 고난당하는 자들의 울부짖음, 고통당하는 자들의 신음을 결코 듣지 않았다고 말하지 아니하는 바로 그러한 사람들을 묘사하고 있습니다.

기독교적인 세계관에 따르면, 사람이 물질로부터 벗어나야 한다는 것은 언제나 옳습니다. 그러나 그가 사람으로부터 벗어나야 한다는 것은 절대로 옳지 않습니다. 양과 염소의 비유에 있어서 예수님께서 가르치시고자 했던 것은, 예수님에 대한 사람의 자세는 다른 사람에 대한 그의 자세에 반영되어 있다는 사실입니다. 많은 경우에 있어서, 대부분의 비그리스도적 죄는, 불평과 경멸의 죄입니다.

존 골즈워디(John Galsworthy)는 그의 작품(Patrician)의 극중 인물 밀턴(Milton)을 통하여 이러한 말을 합니다. "군중들! 지겹도록 싫은 것! 나는 그들의 천한 무지를 싫어한다. 나는 그들의 목소리를 듣기만 해도 구역질난다. 그들의 얼굴 — 그것은 너무 추하다!" 조지 버나드 쇼는 한 번 이렇게 말했습니다. "나는 근로 계층을 위하여 동정적인 느낌을 가져 본 적이 전혀 없다. 오히려 그들을 제거하려는 생각, 그들을 대신하여 분별 있는 사람들로 대치하고 싶은 생각뿐이다."

칼라일은 시골 지방의 정치적 무지에 대하여 생각하면서 이렇게 말한 적이 있습니다. "이 나라 — 이 지방에는 이천 칠백 오십만의 사람이 있는데, 대부분이 바보들이다."

이것은 예수님의 가르침에 대해서, 그리고 예수님의 태도에 대해서는 완전히 반대입니다. 복음서에는 예수님께서 사람들로 인하여 연민의 정을 느끼셨다는 사실이 반복적으로 기술되어 있습니다(막 1:41; 6:38; 8:2). 이 단어는 원래 '스플랑크니제스타이'(splagchnizesthai)인데, 헬라어에서 동정을 표현하는 단어에서 가장 강한 것입니다. '스플랑크나'(splagchna)는 창자를 의미합니다. 그래서 '스플랑크니제스타이'는 사람의 깊은 속까지 움직일 정도로 감동을 받았음을 의미하는 것입니다. 성육신의 기본 의미는 이것입니다. 하나님께서 인간을 너무 강렬하게 사랑한 나머지, 예수 그리스도 안에서 그가 인간적 상황의 죄와 슬픔과 고난과 자신을 의도적으로 동일시하셨다는 진리인 것입니다.

금박으로 입혀진 생명록에 이름이 기록된 사람은, 동료들을 의도적으로 경멸하거나 의도적으로 우월감을 가지는 사람이 아닙니다. 또한 인간의 내적 갈등을 무시하면서, 자기는 전혀 고민도 괴로움도 모르고 살아가는 것처럼 위장하는 사람도 그 생명록에 이름이 기록될 수 없습니다. 오히려 너무 걱정한 나머지, 그리고 너무나 슬퍼한 나머지, 자기 마음의 슬픔이 그들을 몰아 인류에 봉사하는데 자기의 삶을 던지는, 바로 그러한 사람들이야말로 생명록에 이름이 기록될 사람들인 것입니다. 만약 세상에 동료들을 위하여 격정적으로 슬퍼하는 사람이 없었던들 세상은 엄청나게 비참해졌을 것입니다.

4) 우리는 이 팔복의 말씀이 갖고 있는 의미의 완전한 깊이를 아직 찾지 않았습니다. 이것의 실제적인 의미는 이것입니다. "자기 자신의 죄를 인식함으로 말미암아 처절하게 슬퍼하는 사람은 복이 있다." 하나님께 이르는 길은 애통하는 사람들의 길입니다. 회개는 그리스도인의 삶에 있어 제일 처음 있는 행동입니다. 그리고 회개는 바로 슬픔입니다. 바울은 말했습니다. "하나님의 뜻대로 하는 근심은 후회할 것이 없는 구원에 이르게 하는 회개를 이루는 것이요"(고후 7:10).

바울보다 오래 전에 시편 기자는 이렇게 고백했습니다. "내 죄악을 아뢰고 내 죄를 슬퍼함이니이다"(시 38:18). 그리스도인의 삶의 시작은 이 세상의 삶을 있는 그대로 만족하지 않는 것입니다. 아우구스티누스는 그의 회심 이전의 삶을 회고하면서 이렇게 말했습니다. "나는 점점 더 비참해져 갔다. 그럴수록 주님은 나에게 점점 가까이 나아오셨다."

바울의 영적 자서전을 보면 그에게 이상한 단계가 있었음을 볼 수 있습니다. 바울 서신 가운데 갈라디아서가 가장 먼저 기록된 것으로 보입니다. 그것은 아마 주후 48년경 쓰여진 것 같습니다. 갈라디아서의 첫 문장에서 바울은 자신을 일컬어, "사도 바울"이라고 했습니다(갈 1:1). 주저함 없이 그는 당시 교회에서 가장 높은 직임에 자기를 위치시켰던 것입니다. 이러한 직임을 자신이 소유했음을 기초로 하여 자기가 이 편지를 쓴다는 것이었습니다. 그 후 칠년이 지난 주후 55년에 그는 고린도전서를 썼습니다. 거기에서 그는 이렇게 기록했습니다. "나는 사도 중에 가장 작은 자라 나는 하나님의 교회를 박해하였으므로 사도라 칭함 받기를 감당하지 못할 자니라"(고전 15:9).

그 때에 이르러서는 사도의 직책에 자신이 어울리지 않을 뿐더러 그것을 주장할 만한 근거가 전혀 없다고 하는 생각을 하게 되었던 것입니다. 그 후 팔년이 지난 주후 63년에 그는 에베소서를 썼습니다. 여기에서 그는 이렇게 말했습니다. "모든 성도 중에 지극히 작은 자보다 더 작은 나에게 이 은혜를 주신 것은 … "(엡 3:8). 신약성서에서 성도는 교인에 해당되는 단어입니다(참조, 엡 1:1; 빌 1:1). 그 때에 이르러서는 바울이 자신에 대하여 사도로서가 아니라, 교인으로서도 적합하지 않은 자로 생각하게 되었던 것입니다.

마지막 날이 가까웠을 때, 그가 죽음을 기다리면서 디모데에게 편지했는데, 이렇게 썼습니다. "그리스도 예수께서 죄인을 구원하시려고 세상에 임하셨다 하였도다 죄인 중에 내가 괴수니라"(딤전 1:15). 여기에 온 세상 사람이 예수 그리스도의 가장 위대한 종이라고 생각하는 이 사람이 자신을 가리켜 죄인의 괴수라고 하는 것입니다. 이러한 모든 것에 놀랄 일이 결코 없습니다.

사람이 더욱 오랫동안 예수 그리스도를 알수록, 그리고 더욱 가까이 예수 그리스도에게 나아갈수록, 더욱더 그 사람의 삶에 있어서 두 가지 일이 명확하게 드러나게 됩니다. 먼저 그는 그리스도 안에서 완전한 기준으로 자신의 삶을 스스로 판단하게 됨을 점점 더 확실하게 한다는 것입니다. 사람이 정말로 전문가를 만나기 전에는 그래도 자기가 무슨 일을 잘하는 것으로 생각할 수 있습니다. 그러나 전문가를 만나면 생각이 달라집니다. 그의 완벽한 기준에 비추어 보아 자신의 평가가 얼마나 부정확하고 초라했던가를 알게 되는 것입니다. 사람은 그런대로 자신에 대하여 어느 정도 만족하며 살아갑니다. 그리고 자신에 대하여 걱정할 것이 별로 없다고 생각할 것입니다. 이것은 자신을 이웃이나 동료에게 비교했을 때에 한합니다.

그러나 그리스도인이 물어야 할 질문은 "나는 나의 이웃과 비교하여 그런대로 선한가?"가 아닙니다. 그리스도인이 물어야 할 질문은, "나는 예수 그리스도만큼 선한가?"이어야 하는 것입니다. 사람이 예수 그리스도를 자신에 대한 기준으로 삼았을 때 자신에 대하여 만족할 사람이 결코 없습니다. 그러한 비교는 그를 끊임없는 비탄으로 몰고 갑니다. 그는 한없이 부족하고 모자라게 느끼게 되는 것입니다. 두 번째로 사람이 더욱더 예수 그리스도를 알수록, 더욱더 죄의 대가를 인식하게 된다는 것입니다.

죄의 결과로 이 세상에서 가장 사랑스러웠던 생명이 십자가 위에서 죽어야 했습니다. 만약 이것이 사실이라면, 죄의 결과는 정말 끔찍합니다. 그렇다면 사람이 살아가는 동안, 자기 삶에 있는 죄의 흔적이 없어지는 날까지 애통해 하는 길 이외에 또 다른 길이 있을 수 없습니다. 죄가 완전하게 사라지지 않을 것이기 때문입니다.

참회는 사람이 매일 깨어 있어야 취할 수 있는 마음의 한 자세입니다. 그렇기 때문에 참회하는 거룩한 슬픔은 언제나 축복된 일인 것입니다. 왜냐하면 그것은 바로 용서의 기쁨으로 나아가는 고속도로이기 때문입니다.

그러나 이 복의 말씀은 애통을 그대로 방치하지 아니합니다. 슬픈 일을 그대로 방치하는 것은 곧 사람을 죄의식의 깊은 수렁으로 빠뜨리어 결국 절망 속으로 함몰시키고 말 것입니다. 이 말씀은 또한 약속으로 계속됩니다. "애통하는 자는 복이 있나니 그들이 위로를 받을 것임이요." 여기에는 어느 한 단어로 번역할 수 없는 좀 더 의미 깊은 약속이 있습니다. 여기에서 위로로 번역된 단어는 동사 '파라칼레인'(parakalein)의 수동태인데, 이 동사는 의미가 매우 풍부합니다.

1. 파라칼레인의 의미는 '위로하다' 또는 '달래다'입니다. 그러나 사실 이 의미는 이 단어의 모든 의미 가운데서 가장 드물게 사용되며, 그리고 이러한 의미는 고전 헬라어에서 전혀 발견되지 아니한다는 사실을 상기할 필요가 있습니다. 그러나 의심할 나위 없이 위로는 여기에서 이 단어가 표현하고자 하는 의미의 일부분인 것은 확실합니다. 자기 죄 때문에 가지는 신성한 슬픔을 들고 하나님께 나아가는 사람은 하나님의 위로를 받을 것입니다. 참회하는 죄인이 받을 수 있는 바 반응은 아주 다양합니다. 만약 그가 잘못 대했던 어떤 사람에게 자기의 잘못을 고백하면서 나아간다면, 그는 철석같이 굳은 마음으로 냉대를 받을 수도 있으며, 냉혹하게 등 돌림을 당할 수도 있습니다.

또는 그가 상대편의 마지못해 베푸는 용서를 받을 수도 있습니다. 이러한 용서는 진실한 용서가 가져다주는 관계의 회복을 결코 이루지 못하는 것입니다. 또는 그가 기꺼이 용서하는 그러한 용서를 받을 수도 있습니다. 그러나 이러한 용서도 과거의 잘못을 기꺼이 잊으려 하지는 아니합니다. 이러한 인간적인 용서에는 제한과 한계가 있습니다. 그러나 사람이 자기 죄로 인한 거룩한 슬픔을 가지고 하나님께 나아간다면, 그는 하나님의 사랑에 의하여 완전한 환영을 받습니다. 그리고 그러한 사랑 안에서 그의 슬픔은 풍성하게 위로받는 것입니다.

2. 그러나 파라칼레인은 이보다 더한 의미가 있습니다. 이 단어는 어떤 사람을 자기 편으로 부를 때, 또는 조력자로서, 충고자로서, 증인으로서 부를 때 사용됩니다. 그리고 이것은 커다란 잔치로 초청할 때 사용되는

단어입니다. 바로 여기에 좀 더 깊은 의미가 있습니다. 하나님께서는 죄인을 단지 다시 용납하고 받아들이지만은 않습니다. 하나님은 죄인으로서가 아니라 영예로운 손님으로 다루시는 것입니다. 하나님은 그러한 죄인을 이제 다시 믿지 못하겠다는 식으로 취급하시지 아니합니다. 그는 회개하는 죄인으로 하여금 자기의 동맹자요, 조력자요, 증인으로서 일하도록 초청하는 것입니다. 하나님의 위대한 은혜 안에서 그는 우리를 실패와 패배의 전장으로 다시 보내십니다. 그리하여 우리의 과거의 실패가 미래의 영원한 승리로 변하도록 하시는 것입니다.

　3. 파라칼레인은 또한 일련의 위대한 함축의미를 가지고 있습니다. 이의 의미는 '위로하다' 또는 '격려하다' 입니다. 예를 들어, 아이스킬로스는 군대가 전장으로 나아갈 때 서로에게 사기를 북돋아 주는 것을 표현하기 위하여 이 단어를 사용했습니다(*Persae* 380). 아리스토텔레스는 마음을 자극하고 고무시키는데 이 단어를 사용했습니다(*Nicomachean Ethics* 1175:7). 이 단어는 또한 사람을 흥분시키며 자극시킬 때, 그리고 불꽃이 활활 타오르기까지 불을 지핀다고 할 때 사용되기도 했습니다 (Xenophon, *Cyropaedia* 7:5, 23).

　여기에 바로 하나님의 용서하심의 위대함이 있습니다. 사람이 참회의 거룩한 슬픔을 가지고 하나님께 나아갈 때 그는 죄가 용서함 받고 또 잊어버린 바 되는 기쁨으로 위로받을 것만은 아닙니다. 그의 마음은 용기와 힘으로 가득 채워지는 것입니다. 그의 마음은 용기와 힘으로 가득 채워지는 것입니다. 그의 마음은 새로운 생각에로, 그리고 새로운 이해에로, 그리고 새로운 모험에로 자극받고 고무됩니다. 그의 삶의 깜박거리는 불꽃이 이제는 활활 타오르는 세찬 불꽃으로 변합니다. 그의 삶 전체는 이제 하나님의 능력과 아름다움에 의해 붙잡힘 당할 것입니다.

　애통하는 사람은 복됩니다. 왜냐하면 그들은 위로받을 것이기 때문입니다. 슬픔에는 행복감이 있습니다. 바른 길이 비록 힘든 길일지라도 바른 길을 가는 데에는 행복이 있습니다. 죄로 인한 슬픔, 바로 이러한 사람의 슬픔과 고난에는 행복이 있습니다. 하나님의 용서를 받는 그러한 참회로 이끄는 거룩한 슬픔에는 최상의 행복이 있습니다. 그리고 그러한 용서가 임할 때, 마음에 남겨진 상처는 위로받을 것이며, 우리의 패배의 전장에서 신뢰받는 영광이 있을 것이며, 우리 삶에는 용기와 격려와 활활 타오르는 불꽃이 있을 것입니다. 이러한 모든 것들은 실로 오직 하나님만이 우리에게 베푸실 수 있는 것들입니다.

5

온유한 사람들의 행복

"온유한 자는 복이 있나니 그들이 땅을 기업으로 받을 것임이요"(마 5:5)

팔복의 말씀 중 이 말씀이 갖고 있는 실제적인 위대함은 현대인의 눈으로부터 소외되어 있는데, 이것은 '온유'라는 단어가 우리 사회에서 그 의미가 전락했기 때문입니다. 현대인들의 귀에 이 단어는, 연약한 것, 무기력한 것, 우유부단한 것, 줏대 없는 것, 정력이 하나도 없는 것, 비굴하며 불의에 굴복하는 것, 스스로 일어설 수 없는 것, 또는 다른 사람을 위하여 힘을 쓸 수 없는 것 등을 표현하는 것으로 들립니다. 그러나 이러한 의미는 이 단어가 가지고 있는 원래의 의미와 전혀 관계가 없습니다. 사실 이 단어의 의미는 너무 위대하고 너무 포괄적이기 때문에 번역을 무색하게 할 정도입니다.

이 단어는 헬라어로 '프라우스'(praus)인데, 이중적인 어근을 가지고 있습니다. 이 두 개의 어근은 서로 다른 방향에서 관찰될 수 있어야 합니다. 하나는 하나님을 보는 방향이고, 또 하나는 사람을 보는 방향입니다. 하나는 하나님을 향한 사람의 자세와 주로 관계가 있는 것이며, 또 하나는 이웃 사람에 대한 사람의 자세와 주로 관계가 있는 것입니다.

이 단어의 첫 번째 어근은 히브리어에서 왔습니다. 프라우스는 히브리어 단어 '아나우'(anaw)를 번역할 때 사용되는 단어입니다. 흠정역에서

'아나우'는 '겸손한', '낮은' 또는 '온유한'으로 번역되어 있습니다. 이것은 시편에서 자주 나오는 단어입니다. 그리고 이것은 사랑과 순종하는 겸손함으로 하나님의 인도와 섭리를 잘 받아들이는 사람, 그리고 어떠한 일이든지 분개하거나 불평하지 않으며 삶이 가져다주는 모든 일을 기꺼이 받아들이는 사람, 하나님의 방법이 항상 최선의 길인 것을 확신하며, 하나님께서는 모든 일이 합력하여 선을 이루도록 역사하신다는 것을 확신하는 사람을 묘사하는데 사용되는 단어인 것입니다.

시편에서 이러한 사람은 하나님의 사랑을 듬뿍 받으며 하나님과 아주 특별한 관계 속에 있습니다. 하나님은 겸손한 자의 소원을 들으시며 그들의 부르짖음을 결코 잊지 아니하십니다(시 9:12; 10:17; 34:2; 69:32). 하나님은 교만한 자를 멸시하며 자기를 낮추는 자에게는 은혜를 주십니다. 겸손한 자와 함께 하여 마음을 낮추는 것이 교만한 자와 함께 하여 사취물을 나누는 것보다 더 낫습니다(잠 3:34; 16:19). 온유한 자는 먹고 만족해할 것입니다(시 22:26).

하나님은 온유한 자를 의의 길로 인도하시며 자기의 길을 가르치십니다(시 25:9). 하나님께서는 땅의 온유한 자를 구원하시기 위하여 심판자로서 일어나십니다. 그는 온유한 자는 들어올리시지만 사악한 자는 던져 흩어 버리십니다. 그는 온유한 자의 선한 동기를 변론하십니다. 그는 온유한 자를 구원으로 더불어 아름답게 만드십니다. 온유한 자는 여호와 안에서 그들의 기쁨을 더하게 할 것입니다(시 25:9; 76:9; 149:4; 사 11:4; 29:19). 거만한 자가 온유한 자를 압제하리라는 것은 당연합니다(암 2:7). 그러나 온유한 자가 땅을 기업으로 받을 것이라는 사실은 하나님의 약속입니다(시 37:11).

히브리적 사고에 있어 온유한 자는 하나님의 인도를 순종적으로 받아들이는 사람이며, 하나님께서 무엇을 보내시든지 그것을 겸손하게 받아들이는 사람이며, 그래서 하나님의 사랑을 받는 자이며, 그의 삶이 오직 하나님만이 그러한 사람에게 줄 수 있는 그러한 은혜에 의하여 힘을 얻고 아름다워지는 사람인 것입니다.

'프라우스'의 헬라어 어근을 조사해 볼 때 우리는 또한 풍부한 의미를 찾을 수 있습니다.

우리는 먼저 프라우스의 단순하며 그러면서도 아주 중요한 용법에 대하여 주목하겠습니다. 이 단어는 라틴어에서 이에 해당되는 단어 mitis처럼, 길들여지고 집에서 길러지는, 그래서 다루기 쉽게 된 동물을 묘사하는데 사용됩니다. 예를 들어, 잘 훈련되어 고삐에 잘 숙달된 말에 대하여, 그리고 온순하게 길들여져 주인의 모든 명령을 이해하며 복종하게 된 사냥개에 대하여 사용된다는 것입니다. 심지어 이러한 용례로부터 우리는 '프라우스'가 다스림을 받는 것을 묘사한다는 사실도 알 수 있습니다.

아리스토텔레스는 프라오테스(praotes)의 속성에 관하여 아주 길게 그리고 반복적으로 다루었으며, 프라우스로 불릴 수 있는 사람에 관하여도 그렇게 다루었습니다. 모든 덕목을 양 극단의 중용으로 묘사한 것도 아리스토텔레스의 실천이었습니다. 한 편에는 과도의 극단이 있었으며, 또 한 편에는 결핍의 극단이 있었습니다. 그리고 그 둘 사이에는 덕목 자체가 있는 것이었습니다. 마찬가지로 한 편에는 무모함이 있는가 하면, 또 다른 한 편에는 비겁함이 있습니다. 그리고 이 양자 사이에는 용기가 있는 것입니다.

마찬가지로 아리스토텔레스는 이와 관련하여, 프라오테스는 "분노에 관한 한 중용을 준수하는 것"이라고 말했던 것입니다(*Nicomachean Ethics* 4:5, Ⅰ). 이것은 바로 지나친 분노와 지나친 냉담 사이에 있는, 올바르고 행복한 매개체인 중용인 것입니다. 한 편에는 천하고 소시민적 사람이 있고, 또 한편에는 성미가 급하고 열정적이며 잔혹하고 성격이 거친 사람이 있습니다. 그렇다면 이러한 성격들 사이에 있는 사람이 바로 '프라우스'한 사람입니다. '프라우스'한 사람은 "올바른 근거로 분노를 느끼며, 적당한 대상에게, 바른 방법으로, 적절한 시간에, 그리고 알맞은 시간 동안 화를 내는 사람"입니다. 그러한 자세의 마음가짐은 "원칙상으로 바로 그러한 방법으로, 그러한 동기에서, 그러한 시간 동안" 화를 내게 되는 것입니다(*Nicomachean Ethics* 4:5, 3).

행복론적 윤리학(*Eudemian Ethics* 3:3, 4)에서 '프라우스'한 사람은 "너무 성급하지도 않으며 너무 우유부단하지도 않은 사람, 화를 내지 말아야 할 사람에게는 화를 내지 않으며, 화를 내야 할 사람에게는 꼭 화를 내는 사람"으로 정의되어 있습니다. 덕목들과 악목들(*Virtues and Vices* 4:3)에 관한 소책자에서 이렇게 말했습니다. "프라오테스가 되는 것은 책망도 하며 또한 어느 정도 경멸도 할 수 있으며, 그리고 신속하게 보복하지 아니하는, 그리고 너무 쉽게 분노를 자아내지 않을 수 있는, 그러면서 악한 마음과 분통함을 갖지 않을 수 있는, 그리고 마음속에 평온함과 안정성을 유지할 수 있는 능력을 갖는다는 말이다." 이 모든 일에 더하여 우리는 헬라인들의 프라오테스에 대한 덕목의식에 관하여 다른 두 가지 사실을 주목해야 합니다.

사람이 엄격하고 철저하게 행동할 수 있는 능력 가운데 있을 때 부드럽게 행동할 수 있는 사람의 덕목이 온유입니다. 그래서 이 단어는 자기에게 반란을 일으킨 사람들에게 원한으로 보복을 행사할 수도 있으나 그들을 온정으로 다룬 왕을 묘사하는데 사용되는 것입니다. 이 단어는 엄격하게 정의를 행사할 수 있었으나 오히려 용서를 베풀었던 통치자를 묘사하는데 사용되는 것입니다. 이 단어는 오류를 범한 부하에게 가차없이 대할 수 있으나 동정어린 부드러움으로 대하는 사령관을 묘사하는데 사용되는 것입니다. 프라우스한 사람은, 브라우닝이 말한 것처럼, 거인의 힘을 가졌지만 그것을 거인처럼 사용하는 자는 독재자라는 사실을 잘 아는 사람인 것입니다.

헬라인들의 사고에 있어 프라오테스의 덕목은 계속 반복하여 힘과 연관되어 있습니다. 프라오테스는 연약함, 또는 무관심, 또는 공포, 또는 나태나 비굴에서 유래된 그러한 부드러움이 아닙니다. 그것은 힘의 부드러움입니다. 그렇기 때문에 사람들이 키루스(Cyrus)에 관하여 말을 할 때,

크세노폰이 우리에게 남긴 말처럼, "어떤 사람은 그의 지혜에 관하여, 어떤 사람은 그의 힘에 관하여, 어떤 사람은 그의 부드러움(프라오테스)에 관하여, 또 어떤 사람은 그의 아름다움과 그의 명령하는 위엄에 관하여 말을 하게 됩니다."

플라톤의 저서 가운데는 국가 통치자의 성격이 묘사되어 있습니다. 그러한 사람은 자기의 친구를 부드러움으로 대하여야 하며, 자기 적들은 엄격함으로 대하여야 합니다. 그는 부드러워야 하며 생동감이 있어야 합니다. 그는 잘못된 것을 바로잡으며 불의에 도전하는 열정을 소유해야 하며, 그렇지만 부드러움도 소유해야 하는 것입니다. 그러한 부드러움으로 인하여 그는 행악자 가운데서 병든 자가 치료받아야 함을 볼 것이며, 실수를 범하는 인간들이 옳은 방법으로 회복되어야 함을 볼 것입니다. 그렇기 때문에 프라우스는 힘과 부드러움이 결합된 것을 의미하는 것입니다.

프라우스, 온유는 그 자체 안에 하나님에 대한 자세와 인간을 향한 자세를 내포하고 있습니다.

프라우스의 하나님에 대한 방향을 생각해 보면, 이것은 하나님에게 완전한 신뢰를, 완전한 순종을, 그리고 완전한 복종을 드리는 사람을 묘사하는 것입니다. 이것은 "주신 이도 여호와시요 거두신 이도 여호와시오니 여호와의 이름이 찬송을 받으실지니이다"(욥 1:21), "그가 나를 죽이실지라도 나는 그를 의뢰하리니"(욥 13:15)라고 말했을 때, 바로 이러한 욥의 자세를 표현하는 것입니다. 이것은 또한 "주의 여종이오니 말씀대로 내게 이루어지이다"(눅 1:38)라고 말한, 예수님의 어머니 마리아의 자세입니다. 이것은 바울이 자기의 모든 저항심을 깨뜨리고 주님에게 "주님, 내가 무엇을 하기를 원하나이까?"라고 말했을 때의 자세입니다. 다음과 같은 찬송시가 있는데, 이 작가의 자세가 바로 그것입니다.

나의 모든 삶이 주의 손에 있네.
내가 어찌하여 의심하거나 두려워하겠는가?

나의 아버지의 손은 그의 자녀들에게
필요 없는 눈물을 결코 흘리게 하지 않는다네.

이것은 예수님께서, "나의 원대로 마시옵고 아버지의 원대로 하옵소서"(마 26:39)라고 말씀하셨을 때의 자세입니다. 이것은 삶의 모든 순간에 하나님의 손에 자신을 전적으로 의탁함으로써, 아리스토텔레스가 말한 바 "평온함과 안정성"을 항상 유지하는 사람의 자세인 것입니다.

프라우스의 인간에 대한 방향을 생각해 보면, 이 말씀은 사실상 다음과 같이 말하는 것이라 할 수 있습니다. "항상 적절한 때에 화를 내며 그리고 적절하지 않은 때에는 절대로 화를 내지 아니하는 사람은 복되도다." 사도 바울은, "분을 내어도 죄를 짓지 말라"(엡 4:26)고 말했습니다. 화는 인간에게 부여된 하나님의 위대한 선물 중 하나입니다. 그러나 화는 아주 강한 약과 같아서, 바르게 사용되면 무한한 유익을 가져올 수 있지만, 바르게 사용되지 아니할 때는 오히려 엄청난 해를 가져올 수 있습니다.

그렇다면 화를 낼 때 지켜야 할 규칙은 무엇입니까? 화가 우리 자신을 위하여 생길 때, 그것은 항상 잘못된 것입니다. 화가 다른 사람을 위하여 생겨났을 때 그것은 신성하리만큼 옳을 때가 많습니다. 우리가 예수님을 볼 때 그가 자신에게 돌아오는 경멸들, 모욕들, 상처들에 대하여 화를 내신 것을 절대로 볼 수 없습니다. 그러나 그가 냉랭한 가슴으로 정통주의만을 고집하며 손 마른 병자를 고치는 것보다 안식일 율법의 세세한 사항을 준수하는 것을 더 중요하게 생각했던 서기관들과 바리새인들을 보았을 때, 그의 눈에는 분노로 이글거렸던 것을 우리는 알 수 있습니다(막 3:5). 그가 동전 바꾸는 사람들과 비둘기 파는 사람들이 성전 뜰에서 가난한 순례자들로부터 부당한 수익을 취하는 것을 보았을 때, 그의 두 눈은 분노의 섬광을 발했던 것을 우리는 알 수 있습니다. 바로 여기에서 그리스도의 사랑은 채찍의 사랑이었던 것입니다(마 21:12; 막 11:15; 눅 19:45; 요 2:14, 15).

올바른 화를 내기 위해서는 이타적인 화가 되어야 합니다. 그것은 파괴적이 아니라 건설적이며 구원하게 하는 화가 되어야 하며, 상처를 내는 것이 아니라 치료하게 하는 화가 되어야 합니다. 만약 의로운 화가 없다면 이 세상은 비참한 곳이 될 것입니다. 그리고 프라우스한 사람, 즉 온유한 사람이 마음에 소유해야 하는 것은 바로 이러한 분노이어야 하는 것입니다.

모든 말씀이 완전하게 이해되기 위해서는 그것이 구체적으로 실현되어야 합니다. 모든 위대한 덕목들과 성품들이 완전하게 증명되기 위해서는 그것이 인격으로 구현되어야 합니다. 바로 이러한 온유함에도 똑같은 원리가 적용됩니다. 성경에서 이 온유한 성품은 특별히 두 사람과 연결되어 있습니다. 이것은 모세에 대하여 적용된 단어인데, 그는 너무 온유하여 이 세상에 있는 그 어떤 사람보다 더 온유하다고 했습니다(민 12:3).

또는 이 단어는 예수님께서 스스로에 대하여 적용한 말이기도 합니다. "나는 마음이 온유하고 겸손하니"(마 11:29). 역사상에서 모세처럼 강한 힘과 성격을 지닌 지도자가 없었습니다. 그리고 그처럼 화를 내어야 할 기회에 의의 분노를 발한 위대한 지도자가 없었습니다. 이 세상에는 나사렛 예수의 인격 안에서 움틀거렸던 그 힘처럼 역동적인 힘을 가졌던 사람이 이제까지 없었습니다. 이것이 바로 축복받을 수 있는 온유인 것입니다.

온유한 자에게 약속이 주어졌는데, 그 약속은 "그들이 땅을 기업으로 받을 것"이라는 사실입니다. 팔복의 이 말씀은 시편 37:11을 직접 인용한 것이기 때문에, 이 팔복의 말씀을 잘 해석하기 위해서 우리는 먼저 이 구약의 시편을 살펴보아야 합니다.

기업을 이어받는다라는 동사는 우리가 현재 일상적으로 사용하는 의미(유산을 이어받다)와 다른 의미를 가지고 있습니다. 우리는 현재 마음대로 처리할 수 있는 물건을 소유하게 된 상황을 의미하는데 통상적으로 이 단어를 사용합니다. 그러나 성경에서는 하나님에 의하여 약속되고 예언된 것을 소유하게 된 상황을 의미하는데 통상적으로 이 단어가 사용되고 있습니다. 더 나아가 이것은 이 구절의 원래의 의미를 찾는 데에도 도움이 됩니다. 만약 우리가 이 구절이 동일한 의미에 있어 "온유한 자는 땅을 유업으로 받으리라"고 번역될 수 있음을 기억한다면 말입니다. 이 약속은 그 안에 삼 단계의 발전을 내포하고 있습니다.

1) 원래 이 단어는 이스라엘 자손들이 약속의 땅으로 들어가는 일과 관계가 있었습니다. 하나님께서는 아브라함에게 약속의 땅을 유업으로 줄 것을 약속하셨습니다(창 15:7). 유대인들에게 팔레스타인 땅을 기업으로 주겠다는 것은 하나님의 약속이었습니다(신 3:48). 그래서 원래 이것은 만약 이스라엘 자손들이 하나님에게 순종한다면, 만약 그들이 자기들의 길을 여호와께 맡기고 그를 복종한다면, 언젠가 그들이 자기들에게 약속된 땅에 들어가서 거기에서 번영과 화평 가운데 거할 수 있을 것이라는 약속이었습니다. 이러한 사실 뒤에 있는 위대한 진리는, 하나님의 약속을 소유하게 되는 데에는 순종과 신뢰가 그 조건이라는 사실입니다. 어떤 사람이든지 자신의 길을 마음대로 선택한다면, 그는 하나님의 약속의 땅이 아니라 머나먼 다른 나라에 자기도 모르는 사이에 도달하게 될 것입니다.

2) 시간이 감에 따라, 유대인들은 자기들이 인간적 힘으로는 결코 위대하게 될 수 없음을 깨닫게 되었습니다. 그들의 민족은 너무 작았으며 세상은 너무나 강대했습니다. 그래서 그들은 메시야가 올 것을 기대하게 되었으며, 하나님의 기름 부음을 받은 왕이 이 세상에 와 통치하기를 기대하기 시작했으며, 그들을 인도하여 메시야가 통치하는 축복과 행복의 시대로 이끌어 갈 그리스도의 도래를 기다리게 되었습니다. 그렇기 때문에 시편 기자의 약속은 단순히 팔레스타인 땅을 소유하게 된다는 것보다 더 커다란 의미를 갖게 되었던 것입니다. 다시 말하면, 온유한 자는, 겸손하게 하나님을 신뢰하며 순종하며 복종하며 그의 뜻을 받아들이는 자는 땅 위의 하나님의 나라의 모든 축복에로 들어갈 수 있다는 것입니다. 자기들의 삶을 하나님을 섬기고 기다리는 것으로 보내는 사람만이 도래하는 하

나님의 나라에 들어갈 수 있는 자격이 있게 되는 것입니다.

　3) 그러나 예수 그리스도께서 오심과 더불어 이 축복의 말씀은 새로운 넓이와 새로운 위대함을 획득하게 되었습니다. 우리들에게 있어 이것은 우리가 이 땅 위의 어느 지역을 소유하게 되는 것 이상의 훨씬 커다란 의미가 있습니다. 우리들에게 있어 이것은 우리가 이 시간의 지평을 넘어 머나먼 미래에 있는 메시야의 시대의 왕국이 올 때까지 축복과 행복스러움을 무조건 기다려야만 한다는 것을 의미하지는 않습니다. 이것은 현재 여기에서의 삶에 주어지는 약속입니다. 그리고 약속된 삶은 그 안에 두 가지 일을 내포하고 있습니다.

　먼저 그것은 화평을 가지고 있습니다. 자신을 전적으로 하나님께 의탁하며 자기의 모든 길을 하나님께 맡기는 사람은 이 세상이 절대 줄 수 없는, 그리고 이 세상이 절대로 빼앗아 갈 수 없는 평화를 소유하게 됩니다. 왜냐하면 그는 아무것도 하나님의 손에서 자신을 빼앗을 수 없음을, 그리고 삶의 그 어떠한 경험도 하나님의 사랑으로부터 자신을 분리시킬 수 없음을 확신하기 때문입니다.

　또한 그것은 능력을 가지고 있습니다. 온유는 분노와 열정을 완전하게 처리했음을 의미합니다. 프라우스한 사람은 그토록 자신을 완전하게 움직이는 사람이기 때문에 적절한 때에 언제나 분노를 발하며 또한 적절하지 아니한 때에는 절대로 분노를 발하지 아니하는 사람입니다. "노하기를 더디하는 자는 용사보다 낫고 자기의 마음을 다스리는 자는 성을 빼앗는 자보다 나으니라"(잠 16:32). 자기 훈련은 힘을 얻는 방법입니다. 자기 숙달은 능력에로 가는 길입니다. 그리고 자신을 다스리는 사람은 진실로 사람들 가운데 왕입니다. 온유함의 훈련을 가지고 있는 사람은 삶을 위대하게 만드는 능력을 가지고 있는 것입니다. 왜냐하면 사람이 자신을 다스릴 때만이 또한 다른 사람을 다스릴 수 있기 때문입니다.

　그리고 이제 우리는 프라우스의 헬라적 국면과 프라우스의 히브리적 국면을 살필 수 있으며 이 두 국면을 함께 고려할 수도 있습니다. 히브리적 관점으로 본다면 프라우스한 사람은 완전한 순종과 완전한 신뢰로 하나님께 전적으로 자신을 의탁하는 사람입니다. 헬라적 관점에서 본다면 프라우스한 사람은 모든 본능과 모든 열정을 훈련과 통제 아래에 두는 사람입니다. 그렇기 때문에, 마지막으로 분석한다면, 평화와 능력 안에서 생명을 유업으로 받는 사람은 자기 스스로 다스리는 사람이 아닙니다. 왜냐하면 그러한 자기 통제는 모든 경험이 보여주는 것처럼 인간의 능력 안에 있는 것이 아니기 때문입니다. 자기 스스로를 다스릴 줄 아는 사람은 바로 하나님에 의하여 다스림을 받는 사람이기 때문인 것입니다.

그렇기 때문에 팔복의 말씀 중 바로 이 말씀의 마지막 의미를 다음과 같이 정의할 수 있습니다. "자신을 완전히 하나님께 의탁하여 전적으로 하나님에 의하여 통제받는 삶을 사는 사람은 복이 있나니, 왜냐하면 그러한 사람이 하나님과 바른 관계에 놓일 것이며 자신과의 관계도 바르게 유지될 것이며 다른 사람과 바른 관계에 놓이게 될 것이며, 그리고 하나님께서 그에게 약속하셨고 또 오직 하나님만이 줄 수 있는 바 그러한 삶에 들어갈 것이기 때문이다."

6

갈급한 심령들의 행복

"의에 주리고 목마른 자는 복이 있나니 그들이 배부를 것임이요"(마 5:6)

하나의 단어의 의미를 정의함에 있어 사전에 설명된 것만으로는 불완전합니다. 특별히 인간의 경험에 관계된 단어일 때 더욱 그러합니다. 경험에 관계된 단어는, 그러한 경험을 해 본 사람이, 그 단어를 사용하는 사람의 경험을 듣고 이해할 수 있으며, 따라서 그 단어의 정의를 바르게 내릴 수 있게 되는 것입니다. 확실히 고통이라는 단어의 의미는, 일상생활에서 어려운 일이나 질병을 전혀 알지 못하는 사람에게와, 그리고 육체적 고통의 용광로를 통과해 본 사람에게 각각 다르게 정의될 것입니다.

또한 사랑이라는 단어도, 열 살 되는 아이에게, 스무 살 되는 청년에게, 중년의 나이에 접어 든 사람에게, 인생의 황혼에 들어 선 사람에게 느껴지는 것이 각각 다릅니다. 경험을 표현하는 단어들은 각각의 기본적인 의미가 있습니다. 그러나 그 의미의 강도를 확실하게 묘사하는 것은 삶이요, 인생인 것입니다.

갈급한 심령들의 행복에 관하여 말하는 이 복된 말씀에 있어서도 이것은 마찬가지입니다. 이 말씀은 예수님 당시 팔레스타인에 살았던 청중에게 느껴졌던 의미와, 온갖 사회적·경제적 발전이 가져다주는 모든 풍요를 향유하고 있는 20세기의 청중에게 느껴지는 의미가 엄청나게 다를 것입니다. 우리의 상황에서 먹을 것이 없어 정말로 굶주려 본 사람은 별로 없습니다. 예수님 당시의 팔레스타인에서 노동자의 하루 임금은 80원 정도였습니다. 이러한 실정에서 아무도 여유 있는 삶을 살지 못했습니다. 또한 이러한 일자리도 매일 있는 것이 아니었습니다. 거의 하루건너 하루 일했기 때문에 가정 경제의 형편은 이루 말로 표현하기 어려울 정도였습니다. 여기에는 실제적인 굶주림과 배고픔이 있었습니다.

에릭(F. F. Eric) 주교는 그의 저서 「팔레스타인의 사도들」(*Apostles of Palestine*)에서 이렇게 말합니다. 심지어 20세기에 있어서도 팔레스타인에 파견된 한 위임 사령관이 그 지역 농부의 한 가구당 연평균 수입이 24,000원 정도이다라고 보고했다는 것입니다. 또한 고기를 먹는 가정은 팔레스타인에서 매우 드뭅니다. 그러한 고대세계에서 배고픔이란 지나가다 스낵을 잠깐 먹음으로써 해결될 성질이 아니었습니다. 이것은 삶을 위협하는 배고픔이었으며, 사람이 먹지 않으면 죽을지도 모르는 그러한 기근이었습니다.

목마름의 경우도 마찬가지입니다. 우리의 상황에서는 진정한 의미에 있어 목마름이나 갈증을 느껴 보았거나 체험해 본 사람은 별로 없습니다. 우리는 지금 꼭지만 틀면 물이 쏟아져 나오는 그러한 환경 속에 살고 있습니다. 그러나 예수님 당시의 고대 세계에서는 사람들이 물을 시내와 우물에 의존할 수밖에 없었으며, 엄청난 거리를 물 없이 여행하기도 했습니다. 가지고 다니는 물 부대가 텅텅 빌 뿐만 아니라 말라붙는 경우도 허다했습니다. 또한 설상가상으로 모래 바람이 불기도 합니다.

그럴 때 여행자들은 소용돌이치는 모래 바람에 대하여 등을 돌리고 머리를 후드 속에 파묻을 수밖에 없습니다. 이렇게 되면 입과 목구멍과 코와 폐는 미세한 모래가루로 가득하게 되며, 이것은 심한 갈증과 고통을 더해 줍니다. 이러한 조건 가운데 사는 사람은 만약 사람이 살아남기 위해서라면, 갈증이 꼭 해결되어야만 하는 것임을 체험하여 알 것입니다. 예수님께서 말씀하시는 것은 바로 이것입니다. "배고픈 사람이 음식을 찾는 것처럼 의를 찾는 사람, 그리고 목이 말라 거의 죽어 가는 사람이 물을 찾는 것처럼 의를 찾는 사람은 복이 있도다.”

　이것은 하나님을 갈급하여 찾는 심령을 묘사하기 위하여 시편 기자들과 예언자들이 잘 사용했던 비유이기도 합니다. 목마른 사슴이 물가를 갈망하는 것처럼 시편 기자의 영혼은 살아 계신 하나님을 갈망합니다(시 42:1, 2). 시편 기자의 영혼은 물이 전혀 없는 마른 땅에서 물을 구하듯 하나님을 목말라 했습니다(시 63:1). 예언자의 초청은 누구든지 목마른 사람은 와서 값없이 그것을 마시라고 하는 것이었습니다(사 55:1). 여기에는 물을 돈 주고 사서 마시는 상황이 그려져 있습니다.

　트리스트램(H. B. Tristram)은 그의 저서,「성지의 동양 풍속」(*Eastern Customs in Bible Lands*)에서 동양의 시장 풍속에 관하여 이야기하고 있습니다. 그는 사정없이 내리쬐이는 태양 아래 시장 바닥에 앉아 있었습니다. 그리고 물장사가 좁은 거리를 배회하면서 낭랑하게 그리고 쉬지 않고 외치는 소리를 들었습니다. 그리고 많은 사람들이, 특히 여행자들이 돈을 주고 물을 사 마시는 것을 보았다는 것입니다.

　한편, 여기에서 예수님은 도전이기도 하고 또한 요구이기도 한 약속을 가지고 그의 제자들과 부딪쳤습니다. 여기에서 의가 뜻하는 것이 무엇인지는 우리가 나중에 다시 연구하겠지만, 어쨌든 여기에서 주님께서 말씀하시는 것은 이러한 것입니다. “굶어 죽어 가는 사람이 음식을 갈구하는 것처럼, 그리고 목말라 죽어 가는 사람이 물을 갈망하는 것처럼, 너희들은 의를 추구하는가?” 이것은 하나의 도전이며 동시에 하나의 요구였으며, 예수님께서는 계속적으로 이것을 가지고 사람들에게 부딪쳐 왔습니다. 예수님께서 부자 청년과 맞서 대화하셨던 것도 바로 이러한 도전에서 연유됩니다(마 19:16–22; 막 10:17–22; 눅 18:18–23).

　젊은 사람은 영원한 삶, 실제적인 삶을 발견할 수 있는 능력을 갖기 위하여 예수님께 간청했습니다. 예수님께서 그를 보았을 때, 그를 사랑할 만한 정도로 그의 성격은 매력적이었습니다. 예수님의 물음에, 그는 어릴 때부터 지금까지 모든 계명을 다 지켰다고 주장했습니다. 그때 예수님은 그에게 도전하시기를, 그가 가지고 있는 모든 것을 팔아서 가난한 사람들에게 그것을 주라고 요구하셨습니다. 결국 예수님께서는 이렇게 말씀하신 것과 다름없었습니다. "너는 진정 그런 정도로 영생을 원하는가? 너는 영원한 생명을 얻기 위하여 이생의 사치와 허영을 희생시킬 준비가 되어 있는가?" 그리고 일이 그렇게 되어가자 젊은이는 근심스러운 표정을 지으면서 돌아갔던 것입니다.

어떤 사람이 예수님을 따르기를 원했을 때 예수님께서 그에게 제기했던 말씀도 바로 이러한 도전이었습니다. 그 사람은 이르기를, 예수님께서 어디로 가시든지 따라 가겠다고 했습니다. 그러자 예수님께서는 이렇게 말씀하셨습니다. "여우도 굴이 있고 공중의 새도 집이 있으되 인자는 머리 둘 곳이 없도다"(눅 9:57, 58). 결국 예수님께서는 그에게 이렇게 말씀하신 것입니다. "너는 정말로 나와 같은 삶을 기꺼이 살 수 있을 만큼 나를 따르기를 원하는가?"

예수님께서 제자들에게 누구든지 자기 아버지보다 또는 자기 어머니보다 또는 자기 형제와 친척들보다 예수님을 더욱 사랑해야 한다고 말씀하셨을 때도 바로 이러한 도전으로 그들에게 요구하셨던 것입니다(마 10:37; 눅 14:26). 결국 그는 제자들에게 이렇게 말씀하신 것입니다. "너희들은 너희들의 삶에 있어서 나에게 최우선의 무조건적인 헌신을 할 만큼 나의 제자가 되기를 원하는가?" 이러한 모든 것을 관점으로 삼아 본다면, 팔복의 이 말씀은 그리스도인의 삶에 관하여 네 가지를 말하고 있다고 할 수 있겠습니다.

1) 이것은 타협할 수 없는 그리스도인의 삶을 요구하고 있습니다. 이것은 그리스도인의 삶은 그럭저럭 취미삼아 사는 것이 아님을 주장하고 있습니다. 또한 그리스도인의 삶은 관심이 주어지는 것들과 그리고 관심을 끄는 것들을 위하여 사는 것이 아님을 촉구하고 있는 것입니다. 그리스도인의 삶은 마치 생사가 걸린 문제인 것처럼 의를 갈망하는 것이어야 함을

주장하고 있는 것입니다.

소설 '쿼 바디스?'(*Quo Vadis ?*)에는 비니키우스(Vinicius)라고 불리는 젊은 로마인에 대한 묘사가 있습니다. 그는 젊은 그리스도인 여자와 사랑에 빠졌습니다. 그러나 그가 이방인이기 때문에 그녀는 그의 사랑에 응하지 않으려고 했습니다. 그 청년은 그녀 몰래 그녀를 뒤따라가 기독교인들의 작은 비밀 회합장소에까지 가게 되었고, 거기에서 베드로의 설교를 듣게 되었습니다. 그의 설교를 들으면서 그의 내부에는 무슨 일이 일어나기 시작했습니다. 그는 예수 그리스도가 삶에 있어 가장 중요한 실재임을 알게 되었습니다. 그러나 "그는 만약 그러한 가르침을 따른다면, 그는 이제까지 이루어 왔던 그의 사고들과 습관들과 성격들과 기타 모든 본질들을 화형틀 위에 올려놓을 수도 있으며, 태워서 재로 만들 수도 있으며, 또한 이와 함께 자신 안에는 이제까지의 삶과는 전혀 다른, 그러면서 완전히 새로운 영혼으로 가득 채울 수도 있음을 감사했습니다."

그것이 바로 그리스도인의 신앙이 요구하는 바입니다. 그리스도인들은 이렇게 말하지 않습니다. "나는 그리스도에 관하여 관심을 가지고 있다"고 말입니다. 오히려 그는, "내게 사는 것은 그리스도이시다"(빌 1:21)라고 말해야 합니다. 또한 그리스도인들은, "나는 이러한 예수와 대화하기를 원하며 그러면서 생각을 정리하고 싶다"라고 말해서도 안 됩니다. 그는 오직 "나는 예수 그리스도에게 항복했다"라고 말해야 합니다.

2) 이 말씀은 그리스도인의 삶에 있어 실패의 주요 원인이 무엇인지를 함축적으로 말하고 있습니다. 실패의 원인은 우리가 그리스도인이 되고자 하는 마음이 충분하지 않다는 데에 있습니다. 이것은 만약 사람이 어떠한 일을 충분하게 갈망한다면 그것을 얻게 된다는, 삶의 경험이기도 합니다. 만약 그가 모든 힘을 결집시킬 준비가 되어 있다면, 만약 그가 모든 것을 희생시킬 준비가 되어 있다면, 만약 그가 그 어떠한 어려움이라고 하더라도 감수할 준비가 되어 있다면, 만약 그가 충분한 인내를 가지고 기다릴 준비가 되어 있다면, 그는 자기의 마음을 바칠 그 어떠한 일에 도

달할 수 있을 것입니다.

우리가 완전하게 그리스도인 되는 것을 방해하는 것은, 우리가 완전하게 갈망하기를 꺼려하는 것이며, 우리가 그것의 대가를 치르기를 꺼려하는 것이며, 우리의 삶을 역전시키려고 하는 욕구가 근본적으로 결여되어 있는 것이며, 오히려 모든 것을 있는 그대로 유지하려고 하는 것입니다.

누가는 팔복의 이 말씀을 다르게, 그러면서도 보충적으로 묘사하고 있습니다. "화 있을진저 너희 지금 배부른 자여 너희는 주리리로다"(눅 6:25). 이 말씀의 의미는 이러합니다. "화 있을진저, 너희 만족하는 자여, 있는 그대로에 만족하는 자여, 가지고 있지 아니하는 것에 대하여 열정적인 욕구가 없는 자여, 너희는 현재 그런대로 편안하게 살 수 있을 것이나, 언젠가 너희들에게 모든 것 중에서 가장 위대한 그 어떠한 것이 결여되어 있음을 깨닫는 날이 올 것이다."

로버트 루이스 스티븐슨(Robert Louis Stevenson)은 그의 저서,「발란트래 경」(*The Master of Ballantrae*)에서, 그 스승이 두리스디어(Durrisdeer)에 있는 조상 대대로의 집을 어떻게 마지막 시간을 위하여 예비해 두었는지를 잘 묘사하고 있습니다. 그는 그렇게 좋은 사람은 아니었었지만, 그 순간 슬픔에 잠기게 되었습니다. 그는 자기의 제자 맥켈러(Mckellar)에게 돌이켜 말했습니다.

"아! 켈러, 나는 이제까지 후회해 본 적이 없었다고 그대는 생각하는가?" 켈러는 이렇게 대답했습니다. "아닙니다. 만약 선생님이 모든 것을 현재대로 가지고 계시지 않았더라면 아마 지금보다 더 좋은 사람이 될 수 있었다고 생각하지 않습니다."

그러나 스승은 이렇게 응답합니다. "아니네. 그대의 잘못은 바로 여기에 있는 것이라네 —모자람이 없다는 질병말이라네."

그리스도인의 삶으로 완전히 들어가는 일에 가장 큰 장애물은 다른 것이 아닌 바로 모자람이 없다는 질병입니다. 이러한 가르침이 바로 이 팔복의 말씀이 말하고자 하는 것입니다.

3) 팔복의 모든 말씀 가운데 이 말씀의 요구가 가장 크다는 것을 이미 말씀드린 바 있습니다. 그러나 동시에 이것은 또한 팔복의 말씀 중 가장 다정하며 용기를 불어넣어 주는 말씀입니다. 이것은 바로 그리스도인의 삶의 방법을 분투하며 추구하는 사람을 위한 하나님의 동정을 우리에게 말해 주는 그러한 축복의 말씀입니다. 중요한 것은 의를 이미 얻은 사람도 아니며, 벌써 이루었다 하는 사람도 아닙니다. 복된 사람은 의를 위하여 배고파하며 목말라 하는 사람인 것입니다. 만약 축복이 모든 것을 성취한 사람들의 것이라면, 그 축복은 아무것도 아닐 것입니다. 축복은 이러한 경우에 있어 그것을 성취한 사람을 위하여 있는 것이 아니라, 그것을 바라고 추구하는 사람을 위하여 있는 것입니다.

인간의 신비는 인간의 죄가 아닙니다. 인간의 신비는 인간의 선함인 것입니다. 인간에게는 선함에 대한 본능적인 사랑이 있습니다. 선함을 인식하려는 본능적인 능력이 있다는 것입니다. 한편 역사상에서 대 악인의 이름을 대는 것이 쉽게 생각될 때도 있습니다. 마치 전혀 아무 도덕적 감각이 없이 태어난 것 같으며, 전혀 동정이나 연민의 정이 없는 것처럼 생각되는 사람도 많이 있습니다. 그러나 보통의 사람들을 보면, 사람에게는 선에 대한 본능적인 인식과 욕구가 있습니다.

웰스(H. G. Wells)는 그의 자서전에서, "우리의 의도들의 휘황찬란함"과 "우리의 성취의 보잘것없음" 사이를 잘 대조시키고 있습니다. 그는 말합니다. "사람이 훌륭한 음악가가 되지 않을 수도 있다. 그러나 그럼에도 불구하고 그는 음악을 열정적으로 사랑할 수 있다." 토마스 아 켐피스(Thomas a Kempis)는 이렇게 말했습니다. "사람은 행위를 본다. 그러나 하나님은 그 의도를 보신다." 그리고 이것은 양쪽 방향으로 적용이 됩니다. 하나님은 사람의 선한 행위처럼 보이는 것 뒤에 숨어 있는 복잡하고 순수하지 못한 동기만을 보시는 것은 아닙니다. 하나님은 또한 삶의 죄들과 실수들 뒤에 놓여 있는 선함에 대한 추구와 선함에 대한 사랑을 보시는 것입니다.

위대한 법률가요 판사였던 노만 버켓 경(Sir Norman Birkett)은 언젠가 지난날 만났던 수많은 범죄들을 돌이켜 보면서 이렇게 말했습니다. "그들은 고귀하게 살도록 운명지워졌던 사람들이다. 그들의 일생 동안 선함에 대한 욕구가 항상 그들의 뒤를 따라 다녔다. 마치 지칠 줄 모르는 사냥꾼처럼 말이다."

로버트 루이스 스티븐슨은 인생을 파멸로 이끌었던 사람들에 대하여 말하면서, 그들도 사창가에서 또는 교수대에서 그래도 덕의 마지막 남은 부스러기라도 잡으려고 애썼다고 하는 것이었습니다. 다윗이 하나님의 집을 건축하기를 원했을 때, 그것이 그에게 허락되지 아니하고 그의 아들 솔로몬에게 넘겨졌습니다. 그러나 그럼에도 불구하고 하나님은 그에게 말씀하셨습니다. "네가 내 이름을 위하여 성전을 건축할 마음이 있으니 이 마음이 네게 있는 것이 좋도다"(왕상 8:18). 이러한 축복의 말씀은 행위뿐만 아니라, 이루어지지 아니했던 꿈까지도 축복하시는 것입니다.

4) 이 복된 말씀은 그리스도인의 선함의 총체성에 관하여 우리에게 말하고 있다고 할 수 있습니다. 신약성서 헬라어 같은 후기 헬라어에서는 고전 시대의 문법적 섬세함이 어느 정도 둔화되었음이 확실한 사실입니다. 그러나 여기 팔복의 말씀에는 가장 중요하다고 할 수 있는 문법적 요점이 있습니다. 고전 헬라어에서 배고프다는 동사와 목마르다라는 동사는 그 뒤에 통상적으로 속격의 목적사를 취합니다. 속격은 보통 우리말에서, '~의'로 표현되는 격입니다. '사람의 아들'이라는 구절에서, '사람의'가 속격입니다.

이러한 문법적 용법의 이유는 통상적으로 우리가 먹고 싶어하며 마시고 싶어하는 것은 음식의 일부분이기 때문입니다. 우리는 빵을 먹는다고 해도 세상에 있는 모든 빵이 아니라 그 한 부분입니다. 우리는 세상에 있는 음식의 일부분에 대한 욕망이 있을 따름인 것입니다. 우리는 통에 있는 모든 물을 마시고자 하지 아니합니다. 단지 그 통에 있는 어느 정도의 물만 마시고 싶을 따름인 것입니다. 그러나 이러한 동사들이 직접 목적격을 취할 때에는, 이것이 의미하는 것은, 이 동사가 되는 사람이 얻을 수 있을 만한 모든 식물과 모든 음료를 원한다는 사실입니다.

만약 헬라어에서, "나는 빵을 먹고 싶다" 또는 "나는 물을 마신다"라는 문장의 목적격(빵과 물)이 속격이 아니고 직접 목적격이라면, 이것은 사람이 모든 빵을, 그리고 통에 있는 모든 물을 원한다는 뜻입니다. 이 팔복의 말씀에서 의는 직접 목적격으로 사용되어 있습니다. 그렇기 때문에 만약 우리가 이 문장을 엄격하게 정확히 번역해야 한다면, 다음과 같이 번역해야 할 것입니다. "모든 의에 대하여, 총체적인 의를 위하여 배고파하며 목말라 하는 사람은 행복하다."

이러한 일은 좀처럼 일어나지 아니하는 것입니다. 도덕적 성격에 있어 아무것도 흠잡을 것이 없는 사람들이 있습니다. 완전하게 존경할 만합니다. 그들에게 있어 무절제, 도박, 음행, 사기, 거짓, 부정 등은 전혀 찾아볼 수 없습니다. 그러나 그들은 차가우며 완고하며 동정심이 없을 수도 있습니다. 만약 어떤 사람이 이러한 사람들에 대하여 실수를 범했다면, 아무도 이러한 사람들의 어깨에 머리를 갖다 대며 용서를 비는 말을 감히 할 수 없을 것 같습니다. 그들은 선합니다. 그러나 그들은 차갑습니다.

반면에 어떤 사람은 모든 종류의 허점을 가지고 있습니다. 그들은 과도하게 마실 수도 있고, 그들의 언어는 가끔 끔찍할 정도이기도 합니다. 그들의 정열은 항상 통제되는 것도 아닙니다. 모든 종류의 덕목에 있어 그들의 도덕적 오류들과 허점들을 지적하기가 아주 쉽습니다. 그러나 만약 어떤 사람이 곤경에 빠져 있다면, 그들은 자기들의 외투를 벗어 주기도 하며, 아낌없이 자기들이 가지고 있는 모든 것을 기꺼이 내어 주기도 합니다. 그들의 도덕심은 틀렸습니다.

그러나 그들의 심장은 따뜻합니다. 이 양쪽의 경우에 있어 여러분은 용어의 완전한 의미 안에서 그러한 사람들을 선하다고 말할 수 없습니다. 그들 중 어느 한 쪽도 선함의 일부분을 가지고 있는 것이지, 선함의 모든 부분을 가지고 있는 것이 아닙니다. 그들은 단편적인 것을 가지고 있지 총체적인 선을 가지고 있는 것이 아닙니다. 기독교의 선함은 덕목과 사랑이 손을 맞잡는 이른바 완전한 선인 것입니다.

우리는 의라는 이 단어의 의미를 아직 완전하게 정의하지 아니했습니다. 이 단어는 '디카이오수네'(dikaiosune)인데, 세 가지의 의미를 가지고 있으며, 이 세 가지가 모두 가능하며 또한 타당성이 있습니다. 이것은 정의를 의미하며, 또 바른 생활이라는 의미에 있어 의를 의미하며, 또 믿음에 의하여 얻어진다는 칭의를 표현하는데 사용되는 단어이기도 합니다. 이제 우리는 이 세 가지 다른 의미를 하나하나 살펴봅시다.

1. 정의를 위하여 배고파하며 목말라 하는 자는 복되다. 정의를 위한 이 불타는 욕망은 두 가지 방향으로 움직일 수 있습니다.

(a) 자기 자신들을 위하여, 자기가 서 있는 입장 때문에 정의를 긴급하게 그리고 강렬하게 갈망하는 사람들이 있습니다. 자기들이 청렴결백하여 강직하다고 믿는 사람들, 자기들이 예수 그리스도에게 완전하게 헌신되었다고 자신하는 사람들이 있습니다. 그러한 사람들에 있어서 삶은 고뇌와 번민으로 가득하게 됩니다. 그렇지만 그들은 삶의 또 다른 차원이 있다는 것을 믿으려고 하지 아니합니다. 요한계시록을 보면, 순교자들의 영혼이 하나님께 외치기를, 하나님께서 그들의 원수를 갚기까지 얼마 동안을 기다려야 합니까라고 했습니다(계 6:10).

정의를 위한 그러한 욕구, 정의에 대한 그러한 확신, 하나님의 명예에 대한 그러한 확신, 삶 속에 일어나는 사건들 때문에 절망으로 빠져 들어가는 것에 대한 그러한 거부 — 이러한 것들은 모두 하나님에게 모든 것을 의탁하는 사람들을 위하여 하나님께서 이 시대와 또한 영원에서 원수를 갚으신다는 것, 바로 이러한 하나님의 능력과 뜻을 완전하게 신뢰하고 있다는 사실을 증명하고 있는 것입니다. 이것은 이렇게 말할 수 있는 사람의 정신입니다. "나는 내가 믿는 분이 누구이신지 안다. 그리고 내가 그분에게 의탁한 모든 것을 그가 잘 보존하실 수 있음을 나는 확신한다"(딤후 1:12).

로버트 루이스 스티븐슨은 이렇게 말했습니다. "나는 만물이 궁극적으로 합력하여 선을 이루는 것을 믿는다. 그리고 내가 만약 깨어나 보니 지옥이라 할지라도, 나는 여전히 그것을 믿을 것이다."

(b) 자신을 위해서가 아니라, 불의로 고통당하는 사람들을 위해서 열렬하게 정의를 갈망하는 사람들이 있습니다. 이것은 위대한 사회개혁가들의 동기가 되어 왔습니다. 맥페드옌(J. E. McFadyen)은 아모스서를 "사회 정의를 위한 외침"이라고 명명했습니다. 아모스는 엄청나게 거대한 저택에 거주하는 자들의 불법과 폭력 때문에 분노하며 경악했으며, 뇌물을 취하며 가난한 자들에게 정의를 행사하기를 거부하는 자들 때문에 절규했습니다(암 3:10, 12).

그의 분노는 궁핍한 사람들을 삼키는 자들에 대하여, 부정한 저울을 사용하는 자들에 대하여, 그러한 부정한 저울로 부당한 이익을 취하는 자들에 대하여, 자기 이익에 대한 욕망에 불타는 자들에 대하여, 가난한 사람들의 부채 때문에 그들을 몸종으로 또는 노예로 받아들이는 자들에 대하여 불붙듯 일어났습니다(암 8:4-6).

정의를 그토록 배고파하며 목말라 했기 때문에 한 피부색 또는 한 계층에만 유익하도록 법이 운용되고 있는 사회에 결코 만족할 수 없었던 사람들이 있습니다. 그들은 매우 적은 수의 사람들이 너무 많이 소유하며 너무 많은 수의 사람들이 너무 적게 소유하는 사회, 사람이 인격으로서가 아니라 물건으로 취급당하는 그러한 경제 체제를 결코 만족할 수 없는 것입니다.

하나님에 의하여 정당성이 인정받는 동기로써 그러한 정의를 강렬하게 욕망하는 사람, 그리고 부당한 삶을 강요당하는 사람들을 위하여 정의를 열렬하게 추구하는 사람이 축복을 받는다는 것은 엄연한 진실일 수밖에 없습니다.

2. 의에 주리고 목마른 자는 복이 있나니 그들이 배부를 것임이요. 헬라 윤리학에서 의는 아주 중요한 단어였습니다. 이것은 신들에 대한 자기의 의무와 사람들에 대한 자기의 의무를 지속적으로 준수하는 사람들의 덕목입니다. 헬라에서 의로운('디카이오스' – dikaios) 사람은 신들과 사람들에게 빚진 것을 정당하게 지불하는 사람입니다. 이러한 의미에서 의는 완전한 신뢰와 절대적인 순종 안에서 생겨나는 하나님 사랑입니다. 또한 이러한 의미에서 의는 이타적인 봉사와 지칠 줄 모르는 용서 안에서 생겨나는 이웃 사랑인 것입니다.

가장 열정적인 욕망을 가지고 사랑해야 할 하나님을 사랑하고 인간(이웃)을 사랑하는 사람이야말로 진실로 축복받은 사람입니다.

3. 의에 주리고 목마른 자는 복이 있나니 그들이 배부를 것임이요. 바울에게 있어 의('디카이오수네' — dikaiosune)는 우리가 믿음에 대하여 의롭게 된다고 알고 있는 바 그러한 개념입니다. '의롭게 여김을 받는다'라고 번역되는 헬라어 단어는 '디카이운'(dikaioun)입니다. 이것은 영어(justify) 단어가 의미하는 것처럼, 사람이 왜 옳은지 그 이유를 찾는 행위를 의미하는 동사가 아닙니다. 이것은 또한 사람을 의롭게 만드는 그러한 행위를 의미하는 것도 아닙니다. 이것은 사람을 의로운 그리고 좋은 사람으로 대우하며 받아들이는 것을 의미하는 것입니다.

하나님께서 죄인을 의롭게 여긴다고 했을 때, 이것은 하나님께서 그의 긍휼과 자비 안에서 죄인을 마치 그가 좋은 사람인 것처럼 의롭게 여기셨음을 의미하는 것입니다. 이것은 또한 사람과 하나님 사이에 새로운 관계가 시작되었음을 의미한다고 봄이 확실합니다. 우리가 하나님을 단호하며 인정사정없는 재판장과 검사로 생각하는 한, 우리와 하나님 사이에는 거리, 소외, 그리고 공포밖에는 아무것도 있을 수 없습니다. 그러나 한 번 우리가 하나님이 우리를 있는 그대로의 모습으로 받아들이며 사랑하며 용서하시는 분이라고 생각한다면, 거리는 가까움으로, 소외는 애정으로,

그리고 공포는 자비와 은혜로운 신뢰로 바꾸어질 것입니다.

이것이 바로 믿음에 의하여 의롭게 여김을 받는다는 것입니다. 그리고 그렇기 때문에, 의가 가지고 있는 기본적이며 본질적인 의미는 하나님과의 바른 관계입니다. 의롭게 여김을 받았다는 것은 하나님과 바른 관계에 있다는 것입니다. 그래서 칭의(의롭게 여김을 받음)는 바로 그러한 관계입니다. 그렇다면, 만약 우리가 이러한 의미를 받아들인다면, 팔복의 이 말씀은 이렇게 해석될 것입니다. "가장 강렬한 욕망으로 하나님과 바른 관계를 가지려는 사람은 복되도다."

이러한 여러 의미들 가운데서 하나를 선택해야 한다는 것은 우리에게 필요하지 않습니다. 우리는 이 팔복의 말씀이 이러한 여러 의미들을 모두 포함한다는 것을, 그리고 이 말씀이 말하고 있는 바 배고픔과 목마름은 하나님에 의하여 그 정당성이 인정받는 동기를 가진 정의이며, 모든 사람들을 위한 정의를 위한 것이라는 사실을 믿어도 될 것입니다. 이것은 하나님을 사랑하며 순종하는 그리고 사람을 섬기며 용서하는 인격적인 의를 위한 것입니다. 이것은 모든 공포와 소외가 확신과 신뢰로 변화하는 바, 하나님과의 바른 관계를 위한 것입니다. 이것보다 더 위대한 선물들에 대하여 배고픔과 목마름을 느낄 사람은 아무도 없습니다.

확증 다음에는 약속이 옵니다. "의에 주리고 목마른 자는 복이 있나니 그들이 배부를 것임이요." 여기에서 배부르다를 위하여 사용된 헬라어 단어는 매우 특별한 단어입니다. 이것은 '코르타제스다이'(chortazesthai) 입니다. 이것은 처음에는 동물들을 특별한 목적으로 살찌우는 것을 표현하기 위하여 사용되었습니다. 이것이 사람에 관하여 사용되었을 때에는, 이것이 완전하게 물릴 정도로 무엇을 먹이는 것을 의미하게 되었습니다. 어떠한 단어가 일상생활에서 구체어로 사용될 때 여기에는 항상 또 다른 의미가 내포됩니다. 이 단어는 사람이 완전히 포만할 정도로 무엇을 가득 채운다는 의미를 항상 내포하고 있는 것입니다. 만약 사람이 하나님만이 주실 수 있는 그러한 의를 위하여 배고파하며 목말라한다면 하나님께서는 결코 그를 빈손으로 그냥 내버려 두지 아니하시며, 오히려 그를 가득 채우실 것이고, 그를 모든 것으로 충만하게 하실 것입니다. 그의 바람이 완전하게 성취되고 그의 영혼이 완전하게 만족하게 될 때까지 말입니다.

7

다정한 마음들의 행복

"긍휼히 여기는 자는 복이 있나니 그들이 긍휼히 여김을 받을 것임이요"(마 5:7).

이 복된 말씀은 두 가지의 배경으로부터 이루어졌습니다. 이것은 구약성경의 배경으로부터 이루어졌으며, 또 이 말씀이 말해졌던 당대의 배경으로부터 이루어졌습니다. 그렇기 때문에 이 두 가지 배경으로부터 이 말씀을 깊이 있게 관찰하며 살펴보아야 합니다.

긍휼, 헤세드(chesedh)는 구약성경에서 가장 중요한 단어 가운데 하나입니다. 구약성경에서 이 단어는 150회 이상 나옵니다. 그리고 이 단어가 사용된 것의 90퍼센트 이상이 하나님에 관하여, 그리고 하나님의 행동에 관하여 언급할 때 사용되었습니다. 이 단어가 이렇게 중요한 반면, 이 단어, 헤세드를 긍휼로 번역하는 용법은 이 단어의 의미를 좁게 그리고 작게 만들 수 있습니다. 대부분의 경우에 있어 우리는 긍휼을 생각할 때 죄책 또는 벌을 사면시키는 것을, 또는 이제까지 부여되어 왔던 요구를 완화시켜 주는 것을 연상합니다. 통상적인 용법에 있어, 어떤 사람을 긍휼히 여긴다고 할 때, 이것은 그가 마땅히 받아야 하는 단호함과 엄격함과 철저한 공의로 그를 대우하지 않겠다고 동의하는 것을 의미합니다. 그러나 헤세드는 이러한 의미보다 훨씬 더 많은 의미를 내포하고 있습니다. 헤세드는 90회 정도 긍휼로 번역되었지만, 또한 40회 정도 사랑과 자비로 번역되기도 했습니다. 이 단어의 기본적 의미는 오히려 사랑과 자비, 또는 다정한 마음이라 할 수 있는 것입니다. 헤세드가 하나님에 관하여 사용될 때, 이것은 하나님의 넘치는 사랑과 다정스러움을 표현합니다. 이것은 하나님과 사람의 모든 관계의 기초입니다. 특별히 이것은 하나님께서 자기 백성 이스라엘과 가지는 관계의 기초였던 것입니다.

긍휼은 하나님께 속해 있으며(사 62:11-개역개정에는 '상급'으로 번역되었음), 하나님은 긍휼을 기뻐하십니다(미 7:18-개역에는 '인애'로 번역되었음). 하나님의 긍휼은 너무 무한하여 하늘에까지 도달합니다(시 36:5; 57:10-개역개정에는 '인자'로 번역되었음). 그리고 이것은 지속성이 있어 영원까지 계속됩니다(시 89:1, 2; 100:5; 103:17). 구약성경에서 가장 많이 언급되는 구절 가운데 하나가 하나님의 인자는 영원하다는 진술입니다(대상 16:34; 대하 7:3; 스 3:11; 시 106:1; 107:1; 138:8; 시편 136편에 26회; 렘 33:11).

하나님의 이 긍휼은 역사의 사건들 안에서 증명되었습니다. 이것은 출애굽의 구원 사건 안에서 보여졌으며(출 15:13), 페르시아 왕(바사 왕)의 호의 안에서 보여졌으며, 포로에서 예루살렘에로의 귀환이 허락되었을 때 보여졌습니다(스 9:9).

하나님의 긍휼은 역사의 사건들 안에서 증명될 뿐만 아니라, 자연 안에서 그리고 세계의 구조 자체 안에서도 보여집니다. 땅은 하나님의 인자(긍휼)로 가득합니다(시 119:64). 비가 오고 햇빛이 비치는 것도 하나님의 인자 때문입니다(욥 37:13).

사람이 어디에서나 역사의 사건들이나 자연의 조화들을 볼 때, 그는 하나님의 넘치는 긍휼을 대면하여 만나게 됩니다. 모든 사람이 하나님과 맺는 관계를 결정하는 것도 바로 이 하나님의 긍휼입니다. 사람이 하나님께 호소하고 탄원하는 근거도 바로 이 하나님의 긍휼입니다. 시편 기자는 외치기를, "주의 사랑으로 나를 구원하소서"라고 합니다(시 6:4; 31:16; 49:26). 우리가 하나님께 죄를 범했으며 하나님께 불순종했다고 느끼고 그것을 알았을 때, 용서를 구할 수 있는 근거도 바로 이것입니다. 모세가 자기 백성의 패역함에 대해 주의 용서를 간구했을 때, 이렇게 할 수 있었던 근거는 하나님께서는 오래 참으시고 인자가 크신 분이시기 때문입니다(민 14:18, 19).

시편 기자는 그의 영혼을 하나님을 향하여 듭니다. 왜냐하면 하나님은 인자가 풍부하시기 때문입니다(시 86:5). 이것은 선한 사람의 신뢰와 신실함의 근거입니다. 시편 기자는 하나님의 긍휼을 신뢰해 왔습니다(시 13:5; 52:8). 그리고 시편 기자는 하나님의 긍휼로 인하여 자기가 요동하지 않을 것을 알고 있습니다(시 21:7). 선한 사람에게 소망을 주는 것은 바로 하나님의 긍휼입니다(시 33:18; 57:3; 59:10; 90:14). 또한 선한 사람에게, 심지어 고통 가운데에서라도 기쁨을 주는 것이 하나님의 긍휼입니다(시 31:7).

선한 사람이 삶의 문제를 대처해 나갈 때 확신할 수 있는 근거가 바로 이 하나님의 긍휼입니다. 하늘로부터 하나님은 그의 긍휼과 그의 신뢰를 이 땅에 보내시어 구원하십니다(시 57:13; 61:7). 선한 사람이 하나님께 감사할 수 있는 근거도 이것입니다. 시편 기자는 하나님의 긍휼을 노래하는데, 왜냐하면 하나님께서 시련의 때에 자기의 방패와 피난처가 되어 오셨기 때문입니다(시 59:16). 기도가 응답되는 것도 하나님의 긍휼로 말미암아 입니다(시 66:20). 하나님의 긍휼은 심지어 죽음과 무덤일지라도 거기로부터 우리를 구원할 수 있으며 아울러 구원하십니다(시 86:13). 그러한 긍휼이 선한 사람의 힘의 원천인데, 왜냐하면 그가 실족했을 때 그를 높이 바로 세우는 것이 바로 이것이기 때문입니다(시 94:18).

우리가 구약성경에서 긍휼이라는 단어가 어떠한 문맥에서 나타나는가를 연구하다 보면, 그것이 다른 어떠한 것보다 성실이라고 할 수 있는 개념과 더 자주 연결되어 나타나는 것을 알 수 있습니다. 하나님께서는 아브라함에게 그의 긍휼(개역개정에는 '사랑'으로 번역됨)과 성실이 끊어지는 것을 그대로 내버려 두시지 아니했습니다(창 24:27). 시편 기자가 찾은 바와 같이 여호와의 길은 인자와 성실(개역에는 '진리', '진실', '믿음', '신실’ 등 다양하게 번역됨)입니다(시 25:10; 36:5; 57:3; 61:7; 89:14; 98:3; 115:1).

성실에 해당하는 히브리어 단어는 ‘에메트’(emeth)입니다. 이것은 지적인 차원에서의 진리가 아닙니다. 이것은 약속에 대한 확고부동함, 그리고 완전한 충실을 의미합니다. 그런데, 그렇기 때문에 하나님의 긍휼과 하나님의 성실은 언제나 함께 가는 것입니다. 하나님의 넘치는 사랑은 소위, 하나님의 기분에 따라 이리저리 변하는, 변덕스러운 것도, 변하는 것도 아닙니다. 이것은 사람들이 절대적으로 의지할 수 있는 그 무엇입니다. 왜냐하면 그것은 하나님께서 자신에 대하여 그리고 자신의 약속에 대하여 충실하시며 확고부동하시다는 사실 위에 세워지는 것이기 때문입니다.

그렇기 때문에 계속 반복하여 하나님의 긍휼이 구약성경 이야기에서 위대한 인물들의 삶들과 밀접하게 연결되는 것입니다. 롯이 소돔으로부터 탈출할 수 있었던 것은 하나님의 긍휼 안에서였습니다(창 19:19). 야곱은 자기의 삶이 하나님에 의하여 방향이 유지되며 보존된다는 것을 깨달았습니다(창 32:10). 요셉이 어린 나이로 애굽에 종으로 팔려 갔을 때, 그로 하여금 놀라운 자리로 오르게 했던 것은 하나님의 긍휼이었습니다(창 39:21). 다윗 왕에게 함께 있었던 것도 하나님의 긍휼이었으며, 그로 하여금 아들에게 왕위를 물려주게 했던 것도 하나님의 인자였습니다(삼하 7:15; 22:51; 왕상 3:6). 이스라엘의 역사의 방향성을 주관해 왔던 것도 하나님의 긍휼입니다(시 106:7). 모든 경우에 있어서, 역사를 형성했던 이러한 모든 사람들은 시편 기자와 거의 같은 고백들을 해왔습니다 : “인자(긍휼)와 심판으로써 주는 나의 시간을 엮으신다.”

우리는 이제 이 ‘헤세드’, 이러한 인자와 긍휼이 하나님께서 자기 종들과 자기 백성들의 삶을 인도하시며, 또한 이러한 것들에 대하여 충실하시며 확고부동하시다는 사실과 특별하게 연결되어 있음을 알게 되었습니다. 여기에서 우리는 ‘헤세드’가 표현되는 문맥의 기본적이며 본질적인 성격을 보게 되었습니다. 구약성경에서 열두 군데 이상이나 긍휼이라는 단어는 계약(또는 언약)이라는 단어와 함께 나오는 것입니다. 하나님은 자기를 사랑하는 자들과 더불어 언약과 인자를 지키시는 성실하신 하나님이십니다(신 7:9).

시편 기자는 하나님께서 자기의 기름 부음을 받은 왕에게 말씀하시는 바를 듣고 증거합니다. "그를 위하여 나의 인자함을 영원히 지키고 그와 맺은 나의 언약을 굳게 세우며"(시 89:28). 인자와 언약의 개념들은 서로 절대로 떨어질 수 없습니다. 언약이라는 개념은 구약성경 전체에서 아주 기본적입니다. 언약은 하나님께서 은혜로 자기 백성 이스라엘과 특별한 관계를 맺으셨음을 의미합니다. 이 관계는, 그는 그들의 하나님이 되며, 그들은 그의 백성이 된다는 것입니다. 또한 이것은 하나님에 의해서만 시작이 되며, 그러나 백성들이 하나님께서 자기들에게 허락하신 율법을 지킴으로써 지탱되며 유지되는 것입니다(출 24:1-8).

그러한 언약의 관계에서 헤세드는 자기의 사랑하는 백성을 향한 하나님의 자세입니다. 헤세드는 하나님 자신의 백성에 대한 그의 특별한 관계에 불변하시며 충실하시며 확고하심을 의미합니다. 이것은 하나님께서 백성들과 더불어 시작하셨으며, 또한 결코 파기하지 아니하실 특별한 관계의 한계 안에서 자기 백성에 대한 하나님의 넘치는 사랑입니다. 이렇기 때문에 조지 애덤 스미스 경(George Adam Smith)은 헤세드를 "충실한 사랑"(leal love)이라고 번역했던 것입니다. 헤세드는 자기 백성에 대한 하나님의 충실한 사랑입니다.

우리가 이 긍휼(인자)의 또 다른 국면을 설명하려 하는 것도 바로 이 관계 안에서입니다. 물론 하나님의 넘치는 사랑은 모든 사람들에게 적용된다고 말하는 것도 어떤 의미에서 옳습니다. 그러나 동시에 성취되어야 할 어떤 조건들이 있다고 하는 것도 또 다른 의미에서 또한 옳습니다. 그 언약의 조건은, 백성들은, 하나님의 율법을 순종하고 그것에 봉사해야 한다는 것입니다. 율법이 백성들에게 읽혀져야 했으며, 백성들은, "여호와의 모든 말씀을 우리가 준행하리이다"(출 24:7)라고 하였습니다.

그렇기 때문에 구약성경에서는 반복하여 이 인자가 특별히 하나님을 사랑하며 그의 계명들을 지키는 자들에게 적용되는 것을 발견할 수 있는 것입니다(출 20:6; 신 5:10; 7:9). 이것은 전심으로 여호와 앞에서 행하려 하는 사람들에게 적용되는 것입니다(왕 8:23). 이것은 그의 계명들과 증언들을 전력으로 지키는 자의 것입니다(시 25:10). 이것은 그를 두려워하는 자들의 것입니다(시 103:11). 그리고 이것은 선을 구하고 행하는 자들에게 이루어지는 것입니다(잠 14:22). 하나님의 충실하심은 그에게 충실하신 자들에게 갑절이나 더 풍성하게 선물로 주어지는 것입니다.

이 헤세드, 이 긍휼이 사람들과 더불어 이루어지는 하나님의 관계 안에서 바로 하나님의 성품이기 때문에, 하나님은 이 인자와 긍휼이 사람과 사람 사이에 이루어지는 관계 안에서 모든 사람이 가져야 할 성품이기를 기대하십니다. 그렇기 때문에 자기의 삶에 있어 긍휼과 인자를 재생산하지 못한 사람들에 대한 계명이 성경 곳곳에 있는 것입니다. 사악한 자들이 긍휼을 보이지 아니한다는 것이 시편 기자들의 불평이요 정죄였습니다(시 109:16).

지혜자의 경고는, "인자와 진리가 네게서 떠나지 말게 하고 그것을 네 목에 매며 네 마음판에 새기라"(잠 3:3). 이 땅에 진리도, 인자도, 하나님을 아는 지식도 없다고 말한 것은 호세아 선지자의 비판이었습니다(호 4:1). 그는 인애와 공의를 지키라고 경고했으며(호 12:6), 아무것도, 심지어 아무 희생이나 제사도 인애(긍휼)를 대신할 수 있는 것이 없다고 경고하였습니다(호 6:6). 미가는 인간의 모든 의무는 공의를 행하며, 인자를 사랑하며, 하나님 앞에서 겸손하게 행하는 것이라고 결론 내렸습니다(미 6:8). 그리고 스가라는 우리의 형제에 대하여 공의와 인애와 사랑을 행하라고 호소했습니다(슥 7:9).

구약성경에서 긍휼은 결코 부정적인 것이 아닙니다. 다시 말씀드리면, 긍휼이란 단순히 심판을 연기하는데 동의한다든지, 벌을 감하거나 용서

한다든지, 정당하고 또한 받아 마땅한 단호함을 완화시켜 준다든지 … 이러한 것들을 의미하지 아니한다는 것입니다. 이것은 그의 계약적 백성에 대한 하나님의 넘치는 사랑이며, 하나님이 맹세하셨으며 또한 영원히 이에 대하여 진실하신 사랑이며, 자연의 섭리와 역사의 사건들 가운데서 보여진 사랑이며, 인간과 하나님의 모든 관계가 그 위에 의지해야 할 사랑이며, 사람들이 서로의 관계 안에서 넘치게 재생산해야 하는 사랑입니다.

신약성경 헬라어에서 '엘레오스'로 번역되었습니다. 그런데 이 단어는 신약성경에서 그렇게 많이 나오는 단어는 아닙니다. 모두 27회 나옵니다. 그러나 이 단어의 용법은 굉장히 중요한 것입니다.

하나님은 긍휼에 풍성하십니다(엡 2:4). 우리를 구원한 것은 긍휼입니다(딛 3:5). 우리가 은혜의 보좌에서 발견하는 것은 바로 이 긍휼입니다(히 4:16). 우리에게 예수 그리스도의 부활로 말미암아 소망을 주는 것은 그 긍휼입니다(벧전 1:3). 그리고 예수 그리스도를 통하여 우리에게 영생을 주는 것도 이 긍휼입니다(유 21). 이 단어의 용법 가운데 아주 특별하게 중요한 것은 바울 사도가 하나님의 긍휼을 이방인에게 복음을 주는 것과 연결시켰다는 것입니다(롬 9:23; 11:31; 15:9). 하나님의 넘치는 사랑은 좀 더 멀리 가고, 또 더 넓게 확산되어 최초의 계약 백성뿐만 아니라 모든 인류까지 포용하게 되었습니다.

예수님께서는 이 단어를 자주 언급하시지는 아니했습니다. 그러나 예수님께서 이 단어에 아주 중요한 의미를 부여했음은 확실합니다. 예수님께서 호세아의 예언을 두 번씩 인용하시면서, 하나님은 긍휼을 원하시며 제사를 원하시지 않는다고 말씀하셨던 것입니다(호 6:6; 마 9:13; 12:27). 예수님께서 바리새인들을 비난하셨던 것은 그들이 의식법의 세칙들에 관해서는 매우 신중했던 반면, 아주 중요한 본질들 — 정의와 긍휼과 믿음 — 을 잊어버렸다는 사실이었습니다(마 23:23). 선한 사마리아 사람의 비유는 행동으로 나타난 긍휼을 교훈하고 있으며, 모든 사람에게 가서 이 긍휼을 행할 것을 명령하고 있습니다(눅 10:37). 예수님께서도 그리스도인들이 그들의 동료들과 가져야 할 관계들 안에서 가장 중요한 특징이 바로 이 넘치는 사랑이어야 함을 명백하게 말씀하셨습니다.

우리는 이제 이 팔복의 말씀을 두 번째 배경, 즉 예수님께서 최초로 말씀하신 이방 세계의 배경으로부터 살펴보아야 하겠습니다. 그리스도가 없는 세계는 무정한 세계입니다. 그래서 긍휼은 절대로 이방인의 삶의 특징이 될 수 없었습니다.

헨리 홀란드 경(Sir Henry Holland)은 퀘타(Quetta)에서 사역했던 유명한 의료 선교사였습니다. 안질에 대한 그의 업적은 아직도 세계적으로 유명합니다. 그는 어느 때 환자가 찾아 왔는데 그의 안질이 너무 진행되어 아무런 시술도 도움이 되지 않을 지경에 놓이게 되었던 상황에 대하여 말한 적이 있습니다. 그가 이러한 사실을 환자에게 말해야만 했을 때, 주위에 있던 사람들은 조롱으로 범벅된 분노를 퍼부었으며, 환자에게 아무 치료도 필요하지 않다고 이야기했을 때, 그 환자와 더불어 주민들은 비난을 멈추지 아니했습니다. 동정심이 전혀지지 않았던 것입니다.

메리 슬레서(Mary Slessor)가 칼라바(Calabar)에서 겪었던 일 가운데서 가장 가슴을 쥐어뜯을 정도로 고통스러웠던 것은 그들 아프리카 사람들이 쌍둥이를 불길한 징조로 보며 아주 싫어했다는 사실이었습니다. 쌍둥이는 결코 생명을 이어나갈 수 없었습니다. 그들은 죽임을 당하여야 했으며, 흙으로 빚어 만든 항아리에 담겨진 채 표범의 먹이로 던짐을 당했습니다. 그리스도가 없는 세상은 긍휼이 없는 세상입니다. 우리는 이제 신약성서 시대가 무정한 요소로 가득했던 시대였음을 한 번 살펴보겠습니다.

유대인들은 죄인들에게 아주 매정했으며, 이방인에게도 아주 무정했습니다. 예수님께서 말씀하셨듯이, 회개하는 죄인 하나로 인하여 하늘에는 기쁨이 있었습니다(눅 15:7, 10). 그러나 유대인들은 다르게 가르쳤습니다. "죄인을 부추기는 사람이 세상으로부터 파멸할 때 하나님 앞에 기쁨이 있다." 예수님은 구원을 믿으셨지만, 유대인들은 말살 정책을 믿었습니다. 어떤 유대 교사들은 이방인의 가난함도 도움을 받아야 하며, 그들의 아픔도 치료받아야 하며 그들의 죽음도 유대인과 동일하게 장례를 치러야 한다고 가르치고 있는 것도 사실이지만, 이것은 유대인들의 정통 신앙이 아님이 분명합니다.

유대법에 의하면, 이방인들이 아이를 낳는 위기에 빠져 있을지라도 그들을 돕는 것이 금지되어 있었습니다. 만약 어떤 유대인이 배교자가 되었다면, 심지어 그의 생명이 위독할 지경에 놓여 있을지라도 그를 위하여 의료 혜택이 합법적으로 금지되어 있었습니다. 이방인들은 뱀의 머리가 부수어지듯 죽임을 당해야 된다고 했습니다. 그들이 창조된 목적은 지옥의 불을 위한 땔감이 되는 것 이상의 아무것도 아니었다는 것이었습니다. 거기에는 조금의 긍휼도 있을 틈이 없었습니다.

로마 세계에서 노예와 아이들의 생명은 특별히 더 멸시당했습니다. 아리스토텔레스가 말했듯이(*Nicomachean Ethics*, 8, 11, 6), 노예는 살아 있는 도구에 지나지 않는다는 것이었으니, 도구가 어찌 사람과 같은 대우를 받을 수 있었겠습니까? 주인은 자기의 노예를 마음대로 죽일 수 있었으며, 실제로 죽이기도 했습니다. 예를 들어, 베디우스 폴리오(Vedius Pollio)는 자기의 노예가 발을 헛디뎌 술잔을 깨뜨렸다 하여 그를 자기 마당의 연못에 빠뜨려 일부러 키우는 식인 장어의 먹이가 되게 하였다 합니다(Pliny, *Natural History* 9:23).

카토(Cato)가 농업에 관한 책을 썼을 때 그의 충고는 이러했습니다. "그대가 농장을 소유하게 되었다면, 재산을 살펴보아 필요 없이 많이 있는 것들을 팔아 버리게. 만약 가격이 적당하다면 그대의 기름을 팔아라. 그리고 그대의 술과 곡물의 잉여부분을 팔아라. 지친 황소, 흠이 있는 가축과 양들, 털, 가죽, 오래된 탈 것들, 오래된 도구들, 늙은 노예와 병든 노예들, 그리고 무엇이든지 남는다고 생각되는 모든 것들을 팔아 버리라"(*On Agriculture* 2:7).

유베날리스(Juvenal)는 으쓱거리는 여주인이 자기가 지명한 노예 여자를 시켜 자기 옷을 입히게 하는 장면을 묘사한 적이 있습니다. "이 머릿결은 왜 단정치 못하냐? 이 옷 주름은 왜 이렇게 완전하지 못하냐?'라고 노예에게 책망하면서 소가죽으로 만든 채찍으로 내리친다는 것이었습니다(*Satires* 6:486-492). "잔인하게 매질하는 소리를 즐겼던 주인들이 많이 있었습니다. 마치 매질 소리가 사이렌의 노래보다 더 달콤하게" 느껴졌던 모양입니다. 그들은 노예들이 두세 장의 수건을 훔쳤다 하여 고문관을 불러 빨갛게 달구어진 인두로 노예의 몸에 온갖 화상을 입히고 나서야 흡족해했습니다. 살타는 냄새를 맡으며 신음 소리를 들으며 그들은 흥청거리며 술을 마셨던 것이었습니다(*Satires* 14:16-22).

물론 다정한 주인들이 없었던 것은 아니었습니다. 그러나 공식적으로는 노예에게 동정심을 베푸는 것이 금지되어 있었습니다. 노예들은 인간다운 대접을 받을 수 없었던 것이었습니다.

고대 세계에서는 어린이들을 학대했습니다. 원하지 않는 아이들은 별로 어렵지 않게 버림을 당했습니다. 힐라리온(Hilarion)은 그의 아내 알리스(Alis)에게 주전 1년경에 편지를 했는데, 거기에는 사랑과 매정함이 이상하게 섞여 있었습니다.

> 할라리온이 그의 아내 알리스에게,
> 우리가 아직 알렉산드리아에 있는 것을 알리오. 그들이 모두 집으로 떠났을 때 내가 여기에 체류할 것인지에 대해서는 그리 걱정하지 마시오. 작은 아이를 잘 보살펴 주시오. 우리의 갚을 일이 모두 다 청산되면, 내가 곧 돌아갈 것이요. 당신에게 행운이 있어, 만약 아이를 낳는다면, 그가 남자이거든 키우고 여자이거든 버리시오. 아프로디시아스(Aphrodisias)를 통해 당신을 잊지 말아 달라는 말을 전해 받았소. 내가 어떻게 당신을 잊을 수 있겠소? 너무 염려하지 마시오.

원하지 않은 아이들을 버리는 일은 당시 아주 일상적인 일이었습니다.

스토바에우스(Stobaeus, *Eclogues* 75)에는 다음의 격언이 있습니다. "가난한 사람은 아들은 키우며, 딸들은, 만약 그가 가난할 때는 오히려 우리가 버려 준다."

버려진 아이들은 다른 사람들이 줍기도 하여 길을 들여서 창녀로 키우기도 하며, 또는 더 심할 경우에는 고의적으로 불구를 만들어 구걸인이 되어 지나가는 사람들의 동정심과 적선을 구하는데 악용되기도 했습니다.

약하거나 병이 들었거나 또는 불구의 아이들은 거의 생존할 기회가 주어지지 않았습니다. 「국가론」(*Republic* 460 B)에서 플라톤은 오직 건강한 아이들만 양육하고 결함이 있는 아이들은 버려야 한다고 주장했습니다. 아리스토텔레스도, "불구의 아이들이 절대로 양육될 수 없는 법이 있어야 한다"고 주장했습니다(*Politics* 7:14, 10).

심지어 세네카(Seneca)까지도 이렇게 말했습니다. "미친 개는 머리를 부순다. 미쳐 날뛰는 소는 죽인다. 병든 양은 칼로 찔러 다른 양들에게 감염시키지 못하도록 한다. 자연스럽지 못한 자손들은 없앤다. 태어날 때부터 약하고 비정상적인 것은 아이일지라도 물에 빠뜨린다. 해로운 것을 건전한 것들로부터 구별해 내는 것은 분노가 아니라 이성이다"(*On Anger* I. 15:2). 잔인할 정도로 비정한 이방 세계의 가치관은 그리스도의 긍휼을 아는 세계와 비교할 때 감히 생각도 못할 정도인 것입니다.

이방 세계의 무정함에 대한 마지막 예로서, 우리는 헬라의 모든 유명한 비극들이 언급하고 있는 문장을 들어 봅시다. 그것은, "행위자는 고통을 당하리라"입니다. 한 사람이 잘못된 일을 행하면 그 순간부터 네메시스(복수의 여신, 또는 인과응보의 신)가 그의 발뒤꿈치에 붙어 있게 되며, 결국 그 사람이 파멸하기 전까지 그 신이 잠자코 있지 아니한다는 것이 헬라인들의 믿음이었습니다. 온 우주는 죄인을 멸망시키기 위하여 설계가 되어 있다는 것이 헬라인들의 확신이었습니다. 긍휼의 하나님은 그들 시야 밖에 있었습니다.

이것이 바로 예수님께서 긍휼히 여기는 자의 축복을 말씀하셨던 배경이었습니다. 그리스도인들이 그의 삶에서 그리고 그의 동료들과의 관계에서 보여주어야 할 이 긍휼이 의미하는 바는 진정 무엇이었습니까? 모든 일의 본질은 결국 하나님의 넘치는 사랑을 반영하며 재생산하는 그러한 넘치는 사랑으로 다른 사람을 사랑하는 사람이 곧 긍휼히 여기는 자라는 사실입니다. 긍휼히 여긴다는 것은 하나님과 같은 자세로 인간을 대한다는 것이며, 하나님과 같은 생각으로 인간을 대한다는 것이며, 하나님과 같은 감정으로 인간을 대한다는 것이며, 하나님과 같은 행동으로 인간을 대한다는 것입니다.

알렉산드리아의 클레멘트(Clement of Alexandria)는 한번 진정한 기독교적 영지주의자는 "하나님이 되는 것을 연습한다"라는 경악스러운 진술을 했습니다. 그런데 이것이 바로 긍휼히 여김이 무엇을 의미하는지 아주 정확하게 표현한 것입니다. 그러면, 우리는 좀 더 정확하게 이 긍휼을 정의해 봅시다.

먼저 그리고 가장 중요한 것은, 이 긍휼이 넘치는 사랑, 즉 밖으로 흐르는 사랑이라는 사실입니다. 만약 그것이 넘치고 있다면, 그것은 먼저 밖을 바라보아야 할 필요가 있습니다. 긍휼은 자기중심성의 역전입니다. 이것은 자기 자신에게만 집중하는 사람이 자기 마음 안에 가질 수 없으며, 자기 삶 속에서 결코 보여줄 수 없습니다. 이것은 이기주의와 반대 개념입니다. 이것은 다른 사람의 어려움이 자신의 어려움보다 더 시급하게 느껴지는 사람의 마음가짐이며, 다른 사람의 슬픔이 자신의 슬픔보다 더 아프게 느껴지는 삶의 자세입니다. 이 긍휼은 의식적이건 무의식적이건 자신을 우주의 중심으로 생각하는 사람에게는 절대로 불가능한 것입니다.

넬스 페레(Nels Ferre)가 그의 저서 「그리스도와 그리스도인」(*Christ and the Christian*)에서 말했듯이, "교회는, 자신들에게는 죽어 있고 그리스도를 위해서는 살아 있는 사람들의 사귐"입니다. 긍휼은 자기 사랑이 하나님 사랑과 이웃 사랑으로 대체될 때 나타나며, 이것은 예수 그리스도의 위대한 명령의 성취이며 예수 그리스도의 삶의 성취입니다.

이 긍휼은 또한 개인적이며 구체적으로 넘치는 사랑이 될 필요가 있습니다. 이것은 막연하게 일반화된 선의가 아닙니다. 인본주의의 감상적 사랑은 우리가 매일매일 실제적으로 만나게 되는 이웃과 개인적인 관계를 맺거나 개인적인 사랑을 하는데 실패하는 경우가 많습니다. 그리스도인의 넘치는 사랑은 인류 사랑이 아니라 이웃 사랑입니다. 예수님의 위대하고 귀한 성품은 그가 계속하여 자신의 모든 것을 각각의 개인에게 주신다는 것입니다. 인류를 위해서는 커다란 선의와 호의를 고백하고 또 실제로 그것을 느끼면서, 동시에 어떤 개인이 자기에게 귀찮은 존재라고 생각하는 경우가 종종 있습니다. 이 넘치는 사랑과 긍휼은 인류를 향해서는 물론이거니와 나의 이웃을 향하여 나아가는 긍휼인 것입니다.

이 긍휼은 실현되는 넘치는 사랑이라고 말함으로써 표현될 수 있습니다. 이것은 단순히 감정이 아닙니다. 이것은 삶입니다. 이것은 기분이 아닙니다. 이것은 행동입니다. 신약성경의 말씀은 이렇게 말하지 않습니다. "하나님이 세상을 이처럼 사랑하셨다." 여기에서 끝나는 것이 아니라, "하나님이 세상을 이처럼 사랑하사 독생자를 주셨다"(요 3:16)로 이어집니다. 이 긍휼은 개인의 사람에게 행동으로 실현되는 바 이웃을 위한 넘치는 사랑입니다.

플로렌스 올숀(Florence Allshorn)은 말했습니다. "이상은 당신의 행동으로 나타나지 않는 한 당신의 것이 아니다." 이 긍휼은 마음 안에 기거하지만, 손으로 표현됩니다. 이웃을 돕고자 하는 욕망은 도움의 행위로 나타납니다. 이것이 하나님의 경우에서 그랬던 것처럼 말입니다.

이 긍휼, 이 헤세드, 이 넘치는 사랑이 무엇이냐고 질문하는 일이 아직 남아 있습니다. 사랑은 너무나 많은 의미의 그림자가 있는 단어입니다. 이것은 우리가 좀 더 자세하게 정의하려고 노력해야만 하는 것입니다. 로빈슨(T. H. Robinson)은 헤세드에 관해서 이렇게 말합니다. "이것은 다른 사람을 그들과 공감하면서 바라보는 것이다. 이것은 다른 사람에게 맹

목적으로 집중하는 것이 아니라, 그들과 일부러 더불어 느끼며, 그들의 입장과 관점에서 인생을 바라볼 수 있는 힘이다.”

다시 말한다면, 이 헤세드, 이 긍휼은 우리가 다른 사람의 눈으로 사물을 보며, 다른 사람의 마음으로 생각하며, 다른 사람의 심장으로 느낄 때까지 그들과 피부로 맞닿을 수 있는 능력을 의미한다는 것입니다. 그리고 이것은 곧 헤세드, 긍휼은 자신을 다른 사람과 동일시하는데서 출발한다는 말이기도 합니다. 여기에 바로 긍휼의 문제가 있습니다. 대부분의 사람은 자기들 자신의 생각들과 느낌들과 자아들에게 너무 집중하는 나머지, 자기 이웃의 감정과 삶과 자신을 의식적으로 동일시하려는 이러한 시도를 거의 하지 않거나 전혀 하지 않는 것입니다.

긍휼은 정서적인 연민의 정의 물결보다 더 큰 의미가 있습니다. 이것은 우리가 궁핍한 사람을 돕는다고 할 때, 도와주는 것 이상의 행위를 의미합니다. 이것은 기꺼이 자신을 잊고, 다른 사람과 자신을 일부러 그리고 의식적으로 동일시할 때 나타나는 것입니다. 만약 우리가 다른 사람과 그렇게 자신을 동일시할 수 있을 때 그리고 동일시하려고 할 때, 어떤 위대한 결과가 즉시로 뒤따라 나올 것입니다.

이것은 인내를 좀 더 쉽게 만들 것입니다. 다른 사람이 그렇게 생각할 수 있는 정당한 이유는 항상 있습니다. 그래서 그 사람의 마음과 감정 안으로 들어감으로써, 그리고 그의 눈으로 사물을 바라봄으로써 우리가 그 정당한 이유를 이해할 수 있으며, 그로 말미암아 인내가 좀 더 쉬워질 것입니다.

존 휘틀리(John Wheatley)는 스코틀랜드 편의 유명한 의회원이었습니다. 그는 불처럼, 혁명가처럼 말했습니다. 어느 날 그는 국왕 조지 5세에게 말했습니다. 왕은 그에게 왜 그렇게 난폭한 선동가이냐고 물었습니다. 휘틀리는 자기가 너무 잘 알고 있는 빈민가에 대해서, 그리고 거기에서 살아야 하는 사람들의 생활에 대해서, 그리고 실업이라는 심각한 문제에 대해서, 그리고 노동자들의 삶에 대해서 아주 단순하게 왕에게 설명했습니다. 그가 이야기를 마치자 왕은 조용하게 말했습니다. "만약 그대가 보아 왔던 것을 내가 보았다면, 나도 역시 혁명가가 되었을 것이네." 왕은 휘틀리의 눈으로 세계를 보았던 것이며, 그래서 그를 이해할 수 있었던 것이었습니다. 우리가 다른 사람과 우리를 동일시하려고 노력할 때 관용과 인내는 가능합니다.

　이것은 용서를 좀 더 쉽게 만들 것입니다. 어떤 사람이 현재 그렇게 행동하는 데는 항상 그럴 만한 이유가 있습니다. 모든 것을 안다는 것은 종종 모든 것을 용서할 수 있다는 것을 의미합니다. 우리가 외관으로 판단할 때, 어떤 사람이나 어떤 행위를 정죄하기 쉽습니다. 사람이 다른 사람과 동일한 입장에 서기까지는, 그리고 동일한 시험에 부딪치기까지는, 그리고 동일한 싸움에 휩싸이기까지는 아무도 다른 사람을 정죄할 실제적인 권리는 없습니다. 우리는 문자적으로 그런 일을 할 수 없고, 단지 우리가 자신을 다른 사람과 동일시하려는 노력을 할 수 있어야 합니다. 그리고 우리가 그렇게 할 때 용서를 이끄는 이해가 나올 것입니다.

　이것은 우리가 남에게 주는 어떤 도움이 좀 더 효과적이 되도록 할 것입니다. 만약 우리가 도움을 받는 사람과 우리를 동일시할 때, 우리는 이제까지 한 번도 사용해 보지 못했던 방법으로 도움을 줄 수 있게 됩니다. 왜냐하면 우리는 도움을 주면서 상처와 비굴함을 남기는 방법이 이제까지 많았기 때문입니다. 우리가 주고 싶기 때문에, 또는 우리가 다른 사람을 위하여 좋다고 생각하기 때문에, 그들에게 주겠다고 결정하는 경우가 아주 많습니다. 그러나 그러한 도움이 실제로 도움이 필요한 사람에게 아무 도움이 되지 않는 경우가 너무 많은 것입니다. 만약 우리가 다른 사람과 동일시하려는 노력을 기꺼이 한다면, 그때에 비로소 어떻게 주어야 할지 그리고 무엇을 주어야 할지 알게 될 것입니다.

　그래서 이 긍휼, 이 헤세드, 이 넘치는 사랑은 우리가 이웃과 얼마만큼 의식적으로 신중하게 동일시하느냐에 달려 있다고 할 수 있습니다. 우리는 이 긍휼이 모든 인간을 향한 하나님의 자세를 우리의 이웃을 향한 우리의 자세 안에 반영시키며 재생산하는 것임을 이미 살펴보았습니다. 그렇기 때문에 우리는 이 긍휼에 관한 마지막 의미에 이르게 됩니다. 이 긍휼의 가장 위대한 증명은 성육신입니다. 예수 그리스도 안에서 하나님은 문자적으로 우리의 피부 안으로 들어오셨으며, 우리의 눈으로 사물을 바라보셨으며, 우리의 마음으로 사물을 생각하셨으며, 우리의 감정으로 사물을 느끼셨습니다.

성육신은 인간의 죄와 슬픔과 고통에 하나님께서 완전하게 자신을 동일시시키셨음을 의미합니다. 긍휼의 가장 완전한 실례는 하나님께서 예수 그리스도 안에서 인간과 동일하게 되었다는 사실입니다. 하나님의 넘치는 사랑이 그러했기 때문에, 하나님은 이렇게 사람과 더불어 완전하게 희생적으로 동일하게 되셨던 것입니다. 그리고 이렇게 되셨기 때문에 하나님은 인간을 이해하시며 용서하시며 구원하시는 것입니다.

팔복의 이 말씀은 약속으로 마칩니다. "긍휼히 여기는 자는 복이 있나니 그들이 긍휼히 여김을 받을 것임이요." 여기에 예수님께서 이루어 놓으신 불가피한 원리가 있습니다. "너희가 비판하는 그 비판으로 너희가 비판을 받을 것이요 너희가 헤아리는 그 헤아림으로 너희가 헤아림을 받을 것이니라"(마 7:2). "너희가 사람의 잘못을 용서하면 너희 하늘 아버지께서도 너희 잘못을 용서하시려니와 너희가 사람의 잘못을 용서하지 아니하면 너희 아버지께서도 너희 잘못을 용서하지 아니하시리라"(마 6:14, 15). "긍휼을 행하지 아니하는 자에게는 긍휼 없는 심판이 있으리라"(약 2:13).

사람은 남을 판단하는 그대로 판단을 받을 것입니다. 사람이 자기 이웃에게 행하는 그대로 하나님께서 그에게 행하실 것입니다. 다른 방법이 있을 수 없습니다. 만약 이 긍휼, 이 넘치는 사랑, 다른 사람과의 이러한 동일시가 하나님의 본질적인 성품이라면, 자기의 생활 가운데서 이것을 실천하는 사람은 좀 더 하나님을 닮을 것입니다. 그리고 자기의 생활 가운데서 이것을 실천하려는 노력을 전혀 하지 않는 사람은 하나님으로부터 점점 더 멀어질 것입니다. 긍휼의 실천은 우리를 하나님과 연합시킵니다. 긍휼의 실패는 우리를 하나님에게서 분리시킵니다. 그렇기 때문에 팔복의 이 말씀의 결론은 약속이면서 동시에 경고인 것입니다.

8

마음이 깨끗한 사람들의 행복

"마음이 청결한 자는 복이 있나니 그들이 하나님을 볼 것임이요"(마 5:8)

이 복된 말씀에서 '청결'을 위하여 사용된 헬라어 단어는 의미의 폭이 아주 넓은 단어입니다. 이러한 이유 때문에 이 의미를 연구하고, 이 말씀에서 사용된 의미를 규정하는 일은 아주 필수적인 것입니다.

이 단어는 '카타로스'(katharos)입니다. 고대의 성서 밖에서 사용되었던 헬라어에서, 이 단어는 순수하게 물리적 의미에서 출발합니다. 그래서 이 단어는 때가 묻어 더러워진 옷과 비교된 깨끗한 옷을 설명하는데 사용될 수 있습니다. 이것은 흠이 없는, 섞임이 없는, 이물질이 없는 사물과 관계있는 일련의 의미를 가지고 있습니다. 이것은 깨끗한 물에 대하여 사용되었으며, 물을 섞음으로 질이 떨어지지 아니한 순수한 포도주와 우유에 대하여 사용되었습니다. 또한 육체적으로 완전하고 아무 상처나 결핍이 없는 동물에 대하여 사용되었습니다.

또는 가라지와 티가 완전하게 체질된 곡식, 제일 좋은 밀가루로 빚은 하얀 빵, 전혀 합금이 되지 않은 순금과 순은, 능률적이지 못하고 민첩하지 못한 군인들이 모두 숙청되고, 바람직하지 못한 요소들이 모두 제거되어 최상의 군사력을 보유한 군대 등을 표현하기 위하여 사용된 단어입니다. 절대적으로 순수한 피, 혈통, 가계에 대하여, 구어체가 전혀 섞이지 않고,

문법적 오류와 서투른 문체가 전혀 없는 언어에 대하여 사용되었습니다. 부채가 전혀 없으며 그 어떠한 의무도 다하지 않은 것이 없는 사람에 대하여 사용되었습니다.

의식적으로 정결한 사람, 그리고 성전에 들어가기에 의식적으로 문제가 전혀 없는 사람에 대하여 사용되었습니다. 그리고 마지막으로 이 단어가 도덕적 세계로 들어가, 오점이 전혀 없는, 더러움이 전혀 없는, 죄책이 전혀 없는 상태를 의미하게 되었습니다. 이것은 또한 전혀 오점 없이, 불명예스러운 것이 없이 일생을 산 사람들의 묘비에 사용되기도 했습니다. 동족어 '카타르시스'(katharsis)는 '씻음'을 의미하는데, 몸의 모든 더러운 것을 씻어 내는 것을 의미합니다. 이 단어는 확실하게 아주 중요한 역사와 아주 다양한 의미를 갖고 있는 것입니다.

그러나 우리가 신약성경의 어떤 단어의 의미를 알고자 할 때는 언제나 그러하듯이, 우리는 구약성경에서 '카타로스'가 어떠한 의미를 가지고 있는지 찾아보아야 하는 것입니다. 헬라어 구약성경에서 '카타로스'라는 단어는 매우 잘 나오는 단어입니다. 그래서 1백 50회 이상 나옵니다. 우리가 이 단어의 용법을 조사할 때 여기에 두 가지 확실하게 다른 용법을 발견하게 됩니다.

대부분의 경우에 있어 이것은 의식적인 정결함을 묘사합니다. 즉 먹는 것이 허용되었던 음식과 동물들, 의식적인 씻음(결례)에서 비롯되는, 그리고 제의법들을 모두 지킴으로 비롯되는 정결함, 율례와 규정들을 준수하는 일과 관계되는 정결함, 그러니까 도덕적 내용이 거의 또는 전혀 없는 종류의 정결함을 묘사하는 단어였던 것입니다. 출애굽기에서 이 단어가 37회 나타나고 레위기에서 이 단어가 34회 나타나는데, 어느 경우이든지 이 단어는 의식적 그리고 제의적 정결을 묘사합니다. 그러나 이 단어는, 그렇게 빈번하지는 않지만, 도덕적이고 영적인 정결함을 묘사하기도 합니다.

이 단어는 완전하다는 의미에서 아브라함에게 사용되었습니다(창 20:5,

6). 비록 여기에서 표현된 행위가 아주 의심스러운 행위이긴 했지만 말입니다. 이 단어는 잘못된 행위에 대한 비난이 예상되는 현장에서 아무 흠 잡을 것이 없음을 묘사하기 위하여 사용되었습니다(창 44:10). 욥기에서 이 단어는 무죄함, 정직함, 하나님 앞에서 깨끗함이라는 의미로 사용되었고 또 선한 사람의 기도를 묘사하기 위하여 사용되었습니다(욥 4:7; 8:6; 11:4; 16:17). 시편에서 이 단어는 정결한 마음과 깨끗한 마음을 묘사하기 위하여 사용되었습니다(시 24:4; 51:10). 이사야 선지자는 죄로부터 깨끗하게 되고 정결하게 된 것을 의미하기 위하여 이 단어를 사용했습니다. 그리고 이 단어는 하박국 선지자에 의해서만 사용되었는데(합 1:18), 하나님께서 악을 차마 보지 못하실 만큼 깨끗한 눈을 가지고 계시다고 할 때였습니다.

이러한 모든 경우로부터 확실하게 드러나는 것이 있습니다. 구약세계에서 정결함에는 두 가지 개념이 있었다는 사실입니다. 한 개념은 정결을 의식적 준수의 문제로서, 즉 전통적인 규정들과 금기들을 지속적으로 지키는 일, 전적인 의식(義式)적 문제로서 간주했습니다. 또 다른 개념은 정결을 삶과 행위의 문제, 그리고 마음의 생각의 상태라는 문제로서 간주했던 것입니다.

먼저, 우리는 제의적 준수로서의 정결에 대하여 살펴보기로 합니다. 이 카타로스가 이러한 의미로 구약성경에서 그렇게 자주 사용되었다는 사실은 성경의 이 의미가 얼마나 보편적으로 깊이 그리고 넓게 뿌리내렸는가 하는 사실을 증거합니다. 동물들 가운데는 정결한 것이 있었으며, 동시에 정결하지 못한 것이 있었습니다(레 11장). 시체를 만지는 것은 사람을 칠십 일 동안 부정하게 만들었습니다(민 19:11-13).

정통적인 유대인들은 식사하기 전에 특별한 방법으로 손을 씻는데, 이것은 위생적인 관심에서가 아니라 이러한 의식적이며 제의적인 정결을 위해서입니다. 먼저 그는 손가락을 모아 세우고 물이 팔꿈치까지 닿을 때까지 그 위에 물을 붓습니다. 그리고 손바닥을 서로 문질러 닦습니다. 그

후 손가락을 모아 아래로 향하게 하고 물을 팔꿈치로부터 붓습니다. 그렇게 하지 않으면 부정하며 불결하게 됩니다. 대속죄일에는 대제사장이 몸 전체를 깨끗한 물로 다섯 번 씻어야 했으며, 손과 발은 열 번 씻어야 했습니다. 이 전통적인 의식법들과 규정들을 세심하게 지키는 것은 사람을 정결하게 만들며, 하나님 앞에 기쁘게 여기심을 받게 만든다고 생각되었습니다.

이것의 또 다른 국면은 제사장을 선정하는 규례에 있습니다. 제사장이 되기 위해서는 아론의 후손이어야 했습니다. 도덕적 성품, 영적인 통찰력, 선함, 덕, 경건, 거룩함 등은 별로 중요한 문제가 아니었습니다. 우리가 앞으로 계속 보겠지만, 만약 어떤 사람이 아론의 후손이라면, 그의 어떠한 육체적 조건이 그를 제사장이 되지 못하게 방해하지는 못했습니다. 그리고 만약 그가 아론의 자손이 아니라면, 그의 모든 거룩함과 이 세상에서의 모든 도덕적 선함도 그를 제사장으로 만들지는 못했습니다.

사람이 거만한 죄인일 수도, 간음을 행한 자일 수도, 이웃을 착취하는 자일 수도 있으나, 만약 그가 아론의 후손이었다면 그는 제사장이었던 것입니다. 사람은 그를 비추는 하나님의 은혜와 더불어 살 수 있습니다. 만약 그가 아론의 자손이 아니었다면 아무리 그렇게 살지라도 제사장이 될 수 없었던 것입니다. 그러나 이러한 법을 제한했던 단 하나의 단서는, 제사장이 성전에서 희생제사를 드릴 수 없게 만들었던 1백 42종류의 육체적 결함을 규정했던 법이었습니다.

이러한 관점으로부터 볼 때, 정결은 완전하게 외적인 것이었습니다. 이것은 특정한 제의법들과 결례법들을 준수하는 문제였습니다. 마음이 여기에 전혀 개입되지 아니했습니다. 사람이 전통적인 결례법들을 준수하는 한 그는 정결했던 것이었습니다.

이것은 예수님 당시에 정결함에 대한 공식적이며 정통적인 개념이었다고 할 수 있습니다. 그렇기 때문에 예수님은 두 단어를 더 첨가함으로 말미암아 — 마음이(헬라어로는 '마음 안에') 청결한 자는 복이 있나니 — 완전하게 전통적 견해와 대립하셨으며, 또한 그러한 전통으로부터 자신을 분리시키셨던 것이었습니다.

예수님에게 있어 정결은 내적인 문제였습니다. 생각의 일이요, 마음의 일이요, 영혼의 자세에 관한 문제였습니다. 정통적인 유대인의 관점에서 본다면, 사람이 자기 마음에 교만한 생각과 거만한 생각을 가질 수 있으며, 증오와 미움의 생각을 지닐 수 있으며, 불결한 생각과 욕망들을 가질 수 있으나, 그가 외적인 제의법들을 바르게 지키는 한에 있어 그는 정결했습니다. 예수님의 관점에서 본다면, 사람이 아무리 외적인 행위가 완전하고, 그리고 의식적인 규정들을 조항조항마다 헌신적인 노력으로 아무리 잘 준수하더라도, 그가 마음의 생각이 바르지 못하는 한 그는 절대로 깨끗하지 못하다는 것이었습니다.

우리는 너무 성급하게 정결에 대한 정통적인 유대인의 개념이 너무 환상적이라고 또 확실하게 틀렸다고 정죄할 필요는 없습니다. 종교를 외적인 준수와 동일시하는 것은 결코 불가능한 일이 아닙니다. 만약 어떤 사람이 종교의 외적인 규정들 ― 가령 교회 출석, 기독교적인 관용, 성경 읽기, 경건한 행동과 언어들, 기타 등등 ― 을 잘 준수한다면 그를 종교적인 사람으로 간주하는 것은 참으로 가능합니다. 그러나 그리스도의 눈으로 본다면, 만약 그 사람의 마음의 생각과 욕망들이 하나님의 뜻에 합당하지 않다면, 그 사람은 분명히 비종교적인 사람인 것입니다.

그렇다면, 이렇게 예수님이 요구하셨던 정결은 과연 무엇이었습니까? 많은 사람에 의해서 이 정결이 성적인 정결과 동일시되어 왔던 것은 별로 놀랄 일이 아닙니다. 그러나 이것은 의미를 너무 많이 축소시키는 것입니다. 오리게네스(Origen, 설교집 73 ― 요한에 관해서)는 이렇게 말했습니다. "이것은 음행을 제거한 사람뿐만 아니라, 모든 죄악들을 제거한 사람을 의미하는 것이다. 왜냐하면 모든 죄는 영혼에 오점을 남기기 때문이다." 우리는 이보다 더 깊이 들어가야 합니다. 왜냐하면 사람이 외적인 행동에 있어서는 성적인 정결을 엄격하게 지킬 수 있어도 그 내적인 생각에 있어서는 매일 그에 대한 죄를 범할 수 있기 때문입니다.

만약 우리가 돌아가서 카타로스의 의미를 다시 조사한다면, 이 단어가 제의적 정결과 관계없이 사용되었을 때 이 단어의 모든 다른 의미들이 거의 하나의 공통 요소를 가지고 있음을 보게 될 것입니다. 이것은 더럽게 하는 다른 이물질이 아무것도 혼합되지 아니한 상태를 묘사한다는 것입니다. 아무것도 섞지 않은 우유 또는 포도주, 합금되지 아니한 은, 키질을 한 곡물 등은 모두 카타로스 합니다. 이것들은 모두 그 안에 깨끗함을 더럽힐 만한 아무 요소도 가지고 있지 아니한 것입니다.

그렇기 때문에 우리는 이 팔복의 말씀을 다음과 같이 해석할 수가 있게 됩니다. "그의 생각들과 동기들에 아무 이물질이 섞이지 아니한 사람, 그래서 그의 생각과 마음의 동기들이 절대적으로 깨끗한 사람은 복이 있나니 …" 이 팔복의 말씀은 그의 생각들, 동기들, 욕구들이 완전하게 섞이지 아니한, 순수한, 진지한 사람들의 마음이 행복하며 축복받는다는 사실을 묘사하고 있는 것입니다.

우리가 이 말씀이 말하고 있는 바를 인식할 때, 이것은 모든 팔복의 말씀 가운데서 가장 절대적인 것을 요구하고 있음을 또한 인식하게 됩니다. 이것은 가장 엄격하며 가장 정직한 자기 검사를 필연적으로 요구합니다. 그리고 이 자기 검사의 목표는 겸손이라고 말하는 것이 결코 틀리는 일은 아닐 것입니다. 외적으로는 절대적으로 관용적이며 심지어 자기희생적인 것으로 보이는 행동일지라도, 그 안에 자기만족, 또는 자기 사랑, 또는 교만의 동기가 있을 수 있습니다. 우리가 그것을 거의 의식하지 못한다 할지라도 말입니다.

심지어 가장 아름답게 보이는 일에 있어서도, 자기를 기쁘게 하려는 음흉한 동기와 다른 사람의 인정을 받으려는 숨어 있는 동기가 있을 수 있습니다. 이것은 우리가 스스로의 마음을 철저하게 조사하기 전까지는 절대로 인식하지 못할 것입니다. 심지어 다른 사람들에게 성인으로 보이는 사람이라 할지라도 그가 자신을 철저하게 조사할 때 자기가 죄인들의 괴수임을 깨닫게 되기도 합니다.

이 팔복의 말씀이 요구하는 정결함으로 이르는 길은 자신을 죽이고 마음 안에 그리스도의 생명이 솟아오르게 하는 방법밖에 다른 길이 없습니다. 이 복된 말씀을 하신 그리스도만이 그 어떤 사람이라도 이 복된 말씀이 약속한 그 축복으로 들어갈 수 있도록 할 수 있습니다.

이 복된 말씀의 약속은 마음이 깨끗한 자가 하나님을 볼 것이라는 사실입니다. 이 약속 안에도 경고가 있습니다. 하나님을 보는 것이 마음이 깨끗한 사람들에게 약속되었다는 사실은 필연적으로 하나님을 보는 것이 허락되지 아니한 사람들도 있다는 사실을 의미합니다. 우리가 보는 것은 우리 눈앞에 무엇이 있는가에 달려 있는 것이 아니라 우리 마음과 생각 안에 무엇이 있는가에 달려 있습니다.

이것은 보는 자가 생명이 있느냐에 달려 있습니다. 지식이 보는 것에 차이를 가져다줍니다. 식물학에 관한 지식이 없는 사람은 길 옆에서 수많은 풀들과 꽃들을 보아도 그것들의 이름을 붙일 수 없습니다. 그러나 전문적인 식물학자는 각각의 들풀의 이름을 알 것이며, 보통 사람은 보지 못하는 진기하고 신기한 것들을 보게 됩니다. 아무것도 알지 못하는 사람은 밤하늘의 수많은 별들을 보아도 그 별들의 이름을 알 수 없을 뿐더러 그 별들이 어디로부터 왔는지 알 수 없습니다.

그러나 천문학자는 그 별들 사이로 산책을 할 것이며, 마치 친한 친구들처럼 그 별들의 이름을 부를 것입니다. 지식이 없는 사람에게는 이러한 아름다운 별들이 아무 의미가 없는 것입니다. 지식이 없는 항해자는 자기 배를 암초 위에 올려놓을 것입니다. 의사는 평범한 사람이 볼 수 없는 것을 환자에게서 봅니다. 학자는 원고로부터 지식이 없는 사람이 알 수 없는 진리와 아름다움을 볼 수 있습니다. 우리가 얼마나 알고 있는가가 우리가 얼마나 보는가를 결정합니다.

경험도 보는 것에 차이를 가져다줍니다. 젊었을 때는 아무 감동도 없었던 일이, 어렸을 때는 단순히 웃음만 가져다주었던 일이, 나이가 그것을 해석하고 그것에 의미를 부여할 때, 커다란 감동과 눈물을 일으킬 때가 많이 있습니다. 도덕적 성품과 마음의 상태가 보는 것에 차이를 가져다줍니다. 타락한 마음과 불결한 생각을 가진 사람은 모든 것 안에서 더러운 것을 보게 되는 반면, 마음이 깨끗한 사람을 모든 것 안에서 깨끗한 것을 보게 됩니다.

그것은 우리와 하나님의 관계에서도 마찬가지입니다. 매일의 삶에 있어 우리는 하나님을 보기에 적합하든지 또는 적합하지 않든지 합니다. 우리는 그에게 가까이 가든지 또는 그로부터 멀리 가든지 합니다. 우리는 그가 우리에게 보여주고 보내고자 하시는 것에 대하여 우리의 시각을 점점 더 열 수도 있고, 또 그 반대로 닫을 수도 있습니다.

하나님을 본다는 생각은 예수님 당대의 사람들에게 즉각적인 반향을 불러일으켰을 것입니다. 하인이나 신하가 가지고 있다고 할 수 있는 특권 가운데서 가장 큰 것은 왕의 면전에 계속 서 있는 권리와 그의 얼굴을 항상 볼 수 있는 권리요 그의 지혜를 들을 수 있는 권리였습니다. 스바 여왕이 솔로몬의 모든 지혜를 들었을 때 그녀는 이렇게 말했습니다. "복되도다 당신의 사람들이여 복되도다 당신의 이 신하들이여 항상 당신 앞에 서서 당신의 지혜를 들음이로다"(왕상 10:8). 왕의 신하들과 친구들 가운데서 가장 깊은 관계에 있었던 사람들은 "왕과 함께 있는 사람들"(개역개정에는 '왕의 시종'으로 번역되었음)로 호칭되었습니다(왕하 25:19).

왕과 함께 있는 사람들이 왕의 얼굴을 바라보는 것과 같이 하나님을 바라보고 싶은 것은 사람들의 커다란 바람이었습니다. "원하건대 주의 영광을 내게 보이소서"라고 모세가 말했습니다(출 33:18). 시편 기자의 가장 커다란 행복은 의로운 중에 주의 얼굴을 보는 것이었으며 아침에 깰 때에 주의 형상으로 만족하는 것이었습니다(시 17:15). 그의 완전함 때문에 하나님께서 그를 붙드시고 영영히 하나님 앞에 세우시는 것이 그의 소망입니다(시 41:12). 과거에 하나님의 성소에서 그랬던 것처럼 주의 권능과 영광을 보는 것이 그의 커다란 욕망이었습니다(시 63:2). 정직한 자는 하나님 앞에 거할 것입니다(시 140:13). 하나님 앞에 있는 축복은 영원한 것입니다.

성경 안에서 어떤 사람이든지 하나님을 보는 것은 불가능하다고 말할 때가 많이 있습니다. 모세에게 대답하신 하나님의 응답은 이러했습니다. "나를 보고 살 자가 없음이니라"(출 33:20). 마노아가 자기에게 찾아 왔던 사람이 누구인지 알고, 자기 아내에게 두려워하면서 말했습니다. "우리가 하나님을 보았으니 반드시 죽으리로다"(삿 13:22). 그러나 하나님을 본다는 것은 문자적으로 육체적인 눈으로 하나님을 본다는 것이 아닙니다. 그것은 가능하지 않습니다. "본래 하나님을 본 사람이 없었습니다"(요 1:18). 하나님을 본다는 것은 두 가지 의미가 있습니다.

이것은 하나님을 완전하게 알게 된다는 것을 의미합니다. 이것이 바로 사도 바울이 말했던 바입니다. "우리가 지금은 거울로 보는 것 같이 희미하나 그 때에는 얼굴과 얼굴을 대하여 볼 것이요 지금은 내가 부분적으로 아나 그 때에는 주께서 나를 아신 것 같이 내가 온전히 알리라"(고전 13:12). 이것은 이제까지는 추측과 어림짐작으로 했지만 그 때에는 진리를 보고 체험하게 된다는 것을 의미합니다.

이것은 또한 하나님과 친밀한 사랑의 관계를 맺게 됨을 의미합니다. 사랑의 가장 극적인 기쁨은 사랑하는 사람과 함께 있게 되는 것입니다. 커즌(A. R. Cousin) 부인은 새뮤얼 러더퍼드(Samuel Rutherford)의 생각들을 풀이하면서 다음과 같은 시를 지었습니다.

> 나는 예수 안에서 편안히 잠을 자겠네
> 그의 형상으로 충만하게 일어나겠네.
> 그와 함께 살며 그를 경배하겠네.
> 이 눈으로 그를 바라보겠네.
>
> 신부는 자기의 옷을 보지 않고,

사랑스러운 신랑의 얼굴을 바라보는 것;
나는 영광에 눈 돌리지 않고,
나의 은혜의 왕을 바라보겠네.
그가 주는 왕관에 눈 돌리지 않고,
그의 못 박힌 손을 바라보겠네.
어린 양은 임마누엘의 나라의
모든 영광이어라.

자기의 마음이 예수님 안에서 그리고 하나님의 성령에 의하여 씻김을
받은 사람은, 자기의 동기, 생각, 정서, 욕구가 다른 이물질이 전혀 섞이
지 아니한 사람은 하나님을 보게 되는 축복이 주어질 것입니다. 이 약속
이 성취되기 시작하는 것은 이 땅과 이 시간에서도 가능합니다. 그러나
완전하게 성취되기 위해서는 영원이 필요할 것입니다. 이 땅에서도 우리
는 예수 그리스도 안에서 하나님 앞으로 나아가는 새롭고 살아 있는 길을
가지고 있습니다. 그러나 이후에 가리었던 베일이 벗겨져 하나님의 모습
이 있는 그대로 우리에게 보여질 것입니다. 만약 우리가 우리 자신을 그
의 은혜 안에서 정결하게 지키도록 노력한다면, 하나님을 알고자 하는 열
심이 그 응답을 받을 것이며, 그리고 사랑의 바람이 하나님 앞에서 그 완
전한 만족을 찾을 것입니다.

9

담을 허무는 사람들의 행복

"화평하게 하는 자는 복이 있나니 그들이 하나님의 아들이라

일컬음을 받을 것임이요"(마 5:9)

시간의 변화에 따라 단어의 의미가 변하는데, 팔복의 이 말씀의 의미는 우리들에게 많이 협소해진 것 같습니다. 우리들에게 평화는 매우 부정적인 단어입니다. 이 단어는 전쟁이나 고통의 부재 또는 중지를 주로 표현합니다. 비록 땅이 황폐해지고, 시가는 폐허화되고, 사람들이 굶어 죽어가는 상황일지라도 만약 전쟁이 끝났다면, 우리들은 평화가 돌아왔다고 말할 것입니다. 그러나 유대인들에게 평화는 그보다 더 넓은 의미가 있습니다.

화평으로 번역된 헬라어는 '에이레네'(eirene)인데, 이것은 히브리 단어 '샬롬'(shalom)의 번역어입니다. 샬롬은 두 가지 주요 의미가 있습니다. 이것은 완전한 복지, 완전한 정돈, 완전한 번영과 행복 등을 묘사하는 단어입니다. 동양인들의 인사는 '샬람'(Salaam)인데, 이 인사는 단순히 별탈 없기만을 비는 것이 아닙니다. 이것은 상대방의 모든 만족과 모든 좋은 것들이 이루어지기를 비는 인사인 것입니다. 유대인들에게 화평은 완전하고 모자람이 없는 행복의 상태입니다.

두 번째로 샬롬은 바른 인격적 관계들을 의미합니다. 이것은 사람과 사람 사이의 친밀함, 교제, 사귐, 방해받지 아니하는 호의 등을 표현합니다. 평화가 단지 전쟁이나 고통이 없는 상태를 의미하는 것이 아님을 알 수 있습니다. 평화는 삶의 행복과 형통을, 그리고 인간 관계의 완전함을 표현합니다. 시편 기자가 평화가 예루살렘 성 안에 있기를 기도했을 때(시 122:7, 8), 그는 모든 좋은 축복이 성 위에 그리고 주민들 위에 내리기를 기도한 것이었습니다.

신약성경이 바로 이 평화의 책이라고 말하는 것은 옳은 일일 것입니다. 신약성경 안에 평화라는 단어 '에이레네'는 모두 88회 나오는데, 또한 모든 책에 골고루 나옵니다. 신약성경의 서신서들이 갖고 있는 커다란 특징들 가운데 하나는, 그것들이 수신자들을 위하여 평화를 비는 기도로 시작되고 있다는 사실입니다. 바울 사도는 모든 편지에서 수신자들에게 은혜와 평화가 임하기를 비는 기도로 시작합니다. 그리고 신약성경의 편지들은 자주 "너희 모든 사람들에게 평화가 있기를!" 이라는 어구로 끝나고 있습니다.

요한 사도가 전하는 바에 의하면, 예수님께서 제자들을 떠나실 때, "평안을 너희에게 끼치노니 곧 나의 평안을 너희에게 주노라 내가 너희에게 주는 것은 세상이 주는 것과 같지 아니하니라"(요 14:27)고 말씀하셨습니다. 스튜어트(J. S. Stewart)는 이것이 예수님의 마지막 뜻이었으며 마지막 유언이었다고 말했습니다. 이 세상적인 재물과 소유들을 예수님께서 남기신 것이 아니고, 그의 화평을 사람들에게 남기셨던 것입니다.

우리는 이 복된 말씀 가운데서 아주 중요한 한 사실을 주목해야 합니다. 축복이 약속된 사람들이 바로 그것입니다. 축복을 받는 사람들은 평화를 사랑하는 사람이 아니고, 평화를 만드는 사람들입니다. 어떤 사람이 평화로우며 또 평화를 사랑하는 사람이긴 하지만, 평화를 만드는 사람이 아닐 수 있습니다. 사람이 어떤 상황에, 자기 가족에, 자기 교회에, 자기가 속한 어떤 그룹에 무엇인가 잘못된 것이 있음을 알 수 있습니다. 그가 그러한 상황을 바꾸기 위하여 어떠한 일이 있어야 함을 알 수 있습니다. 그러나 또한 그는 그 상황을 고치기 위하여 취하여진 어떤 조치는 직면하기 곤란한 어려움과 고통과 문제들을 야기시킬 수 있음도 알 것입니다.

그러한 상황에서 어떤 사람은 아무것도 행동하거나 말하지 않기로 결심하게 됩니다. 그러면서 그는 모든 사람의 평화를 위해서 그렇게 했다고 표현합니다. 그는 그러한 상황이 계속되는 것을 허용할 것이며, 모든 일들이 원활하지 않게 흘러가는 것을 내버려 두게 될 것인데, 이것은 어떤 특별한 종류의 평화를 사랑하는 그의 자세가 모든 어려움을 회피하도록 만들기 때문입니다. 그러한 사람은 화평한 사람 또는 평화 애호자라고 불릴 수도 있습니다. 그러나 그가 평화를 이루는 사람이 아닌 것은 분명합니다. 그는 결국엔 문제를 야기시키는 사람이 되고 말 것입니다. 왜냐하면 어떠한 상황이 오래 계속되면 될수록, 그의 결과들은 점점 더 심각해지며 그의 치유가 점점 더 어렵게 되기 때문입니다.

축복받는 사람은 평화를 만들기 위하여, 평화를 이루기 위하여 어려움, 불쾌함, 인기하락, 고통 등을 기꺼이 맞이할 준비가 된 사람들입니다. 이 복된 말씀에서 말하고 있는 평화는 어떤 문제를 회피함으로 생기는 그럴 듯하지만 가짜인 평화가 아닙니다. 이것은 문제를 직면함으로 나오는 평화이며, 상황이 요구할 수도 있는 그 어떠한 희생과 고통도 기꺼이 맞이함으로 생기는 평화입니다. 루터는 이 단어를 '평화스러운'이라고 번역했지만, 난외주에서 다음의 말을 첨가하면서 좀 더 자세하게 설명했습니다. "서로에게 평화를 만들고 보존하는 사람들, 이 사람들은 평화스러운 사람들보다 무엇인가 나은 사람들이다."

평화를 만드는 사람은 복이 있다고 했는데, 이 평화의 의미를 좀 더 자세하게 살펴보겠습니다.

평화, 샬롬은 우리가 이제까지 보아 왔듯이, 행복과 복지가 가장 완전하게 최상으로 도달한 상태를 의미합니다. 그렇기 때문에, 이 복된 말씀은 세상의 행복과 복지를 증가시키기 위하여 모든 일을 하는 모든 사람은 축복을 받는다는 것을 의미합니다. 사회 개혁을 위한 활동은 하나님을 위한 활동입니다. 모든 열심과 수고로써 사람이 살기에 적합한 집을 만들고 활동하기 편안한 상태를 만드는 사람은 실제적인 의미에 있어 하나님의 종들입니다.

고통을 정복하고 병자를 치유하기 위한 새로운 방법을 개발하려고 애쓰는 사람, 가난한 사람들의 양식을 해결하기 위하여 수고하는 사람, 노인들을 보살피기 위하여 노력하는 사람들은 실제적인 의미에서 하나님의 일을 하고 있습니다. 이 세상에서의 삶을 좀 더 충만하게 그리고 좀 더 행복하게 만들기 위하여 모든 일을 하는 사람은 진실로 하나님을 섬기고 있는 것입니다. 만약 모든 사람들이 하나님의 자녀라면, 우리의 하늘 아버지는 우리가 사는 것, 일하는 것, 먹고 입는 것, 약하고 궁핍하고 늙고 고통 중에 있을 때 우리가 대접받는 모든 것들을 보살피고 계심을 알 것입니다. 그렇기 때문에 열정을 가지고 자기 이웃의 행복한 삶을 위하여 애쓰는 사람은, 사람을 섬김에 있어 하나님을 섬기고 있는 것입니다. 따라서 그러한 사람들은 축복을 받을 것입니다.

평화, 샬롬의 또 다른 의미인 "바른 관계"를 생각할 때 우리는 이 복된 말씀의 의미를 좀 더 가까이 이해할 수 있습니다. 유대 랍비들은 아버지와 어머니를 존경하는 사람, 선을 행하는 사람, 사람들 사이에서 평화를 이루는 사람은 이생과 저생에서 좋은 열매를 거두게 된다고 가르쳤습니다. 모든 사람의 삶에는 세 가지의 관계가 있습니다. 그리고 각각의 경우에 있어 관계가 바르게 유지되어야 함은 가장 중요한 일 중에 하나입니다.

먼저, 자신과 가지는 관계가 있습니다. 진실로 자신과 바른 관계를 갖는 데 성공하는 사람은 복 있는 사람입니다. 초대 교부들이 이 팔복의 말씀을 종종 이러한 의미로 해석했었습니다. 알렉산드리아의 클레멘트(Clement of Alexandria)는, "자신의 영혼 가운데서 일어나는 끊임없는 전쟁을 진정시키는 사람은 복이 있다"고 해석했습니다. 아우구스티누스(Augustine)는 이 축복은, "자기 마음의 동요를 가라앉히고 복종시키는 사람, 자기들의 육체적 욕망들을 길들이는 사람"에게 내리는 축복으로 설명했습니다.

모든 사람이 최소한 어느 정도 이중성격의 증세를 보인다는 것은 경험적으로 사실로 인정됩니다. 모든 사람이 두 개의 속성을, 즉 자기를 이끌어 올리는 선한 속성과 자기를 이끌어 내리는 악한 속성을 가지고 있다는 것이 유대인들의 믿음이었습니다. 이것은 마치 선한 천사가 사람의 오른편에 서서 선한 일을 하도록 하며, 또 악한 천사가 사람의 왼편에 서서 악한 일을 자극하는 것과 흡사합니다. 인생은 "대립 감정의 끝없는 전쟁"으로 묘사되어 왔습니다. 이것은 사도 바울이 로마서 7장에서 그렇게 감동적으로 기록된 내용의 싸움이기도 합니다. "내가 원하는 바 선은 행하지 아니하고 도리어 원하지 아니하는 바 악을 행하는도다"(롬 7:19).

그 자신 안에서 두 가지 다른 법들 사이에 싸움이 있었던 것입니다. 하나는 그로 하여금 선을 행하라고 격려하며, 또 하나는 그로 하여금 악한 죄를 범하라고 유혹하는 것입니다. 이것은 또한 플라톤이 인간의 본질을 설명한 방법이기도 합니다. 그는 영혼을 가리켜 전차를 모는 전사라고 했습니다. 그 전차는 두 마리의 말이 끌고 있습니다. 한 마리의 말은 사납고 훈련이 되지 아니했고, 다른 말을 얌전하며 잘 훈련되어 있습니다. 첫 번째 말의 이름은 열정이고, 두 번째 말의 이름은 이성입니다. 그렇기 때문에 영혼은 이 둘을 조절해야 하며 쌍두마차를 잘 달리게 해야 합니다.

하우스만(H. E. Housman)은 그의 시 가운데서 보편적인 인간의 경험을 아주 생생하게 표현했습니다.

> 진리를 들으면, 나 이외의 다른 것이 일어나,
> 열기와 냉기를 동시에 뿜어낸다.
> 혈관을 통하여 얼음과 불이 동시에 흐르고,
> 공포는 욕망과 더불어 싸운다.

로버트 번스(Robert Burns)는 자기의 삶을 종종 파멸로 이끄는 그 무엇을 잘 인식하고 있었습니다. "나의 삶은 폐허화된 성전을 생각나게 한다. 한편에는 거룩함이, 그리고 한편에는 폐허가 있다. 한편에는 능력이, 그리고 한편에는 수치가 있다." 스터더트 케네디(Studdert Kennedy)는 1차 세계대전에 참전했던 한 병사의 심정을 이렇게 묘사했습니다. 대중은 그를 영웅으로 대우하려고 했고, 신부는 그를 지옥에 가야 할 죄인으로 취급하기를 고집했습니다.

> 우리 신부는 내가 죄인이라 하고,
> 영국인은 내가 성자라고 한다.
> 이 두 사람은 거짓말쟁이임이 분명한 것은,
> 나는 죄인도 성자도 아니기 때문이다.
> 나는 한 사람, 그리고 사람은 혼합된 존재이다.
> 이렇게 처음부터 태어났다.
> 그의 한 부분은 하늘로부터 내려 왔고,
> 그의 또 한 부분은 땅으로부터 나왔던 것이다.
> 그에게 완전한 것은 아무것도 없고,
> 그에게 완성된 것은 아무것도 없다.
> 그는 이제 시작한 존재일 뿐이다.
> 머리부터 발끝까지.

모든 사람은 자기가 여러 가지가 혼합된 존재임을 잘 압니다. 우리가 언제는 거의 성자와 같은 선한 일을 행할 능력이 있는가 하면, 또 언제는 거의 악마와 같은 악을 행할 수도 있는 존재임을 잘 압니다. 어느 때는 우리가 거의 희생적인 사랑을 행하는가 하면, 또 어느 때는 거의 차가운 돌처럼 냉혹하기도 합니다. 어느 때는 선한 일에 대한 환상이 우리의 지평선을 가득 채우는가 하면, 또 어느 때는 불결하고 사악한 욕망이 우리를 불쌍하게 만듭니다. 우리의 한편은 짐승이고, 우리의 또 다른 한편은 천사입니다.

이러한 종류의 삶에 있어서는 행복도 안전도 확실한 것이 없습니다. 여기에는 끊임없는 긴장과 계속되는 내적 갈등이 있을 따름입니다. 자기 안에 벌어지고 있는 내란을 경험하면서 어느 쪽이 승리할지 전혀 모르고 있습니다. 있는 그대로의 인간 모습은 불완전한 인격체이며, 완전해질 필요를 간절히 느끼고 있는 실체입니다. 확실한 것은 그러한 완성이 가능한 것은 어떤 다른 힘과 능력이 사람을 주장할 때라는 사실입니다. 사람 밖에 있는 다른 어떤 것이 와야 하며 그래서 그를 다스려야 합니다.

그리고 이것은 사도 바울이 말한 바를 똑같이 고백할 수 있을 때 가능해지는 것입니다. "그런즉 이제는 내가 사는 것이 아니요 오직 내 안에 그리스도께서 사시는 것이라"(갈 2:20). 그 자신 안에 평화를 이룬 사람은 진실로 행복한 사람입니다. 그 안에 자기모순들이 제거된 사람, 그의 내적 전쟁이 그리스도의 통제를 받고 잠잠해진 사람은 진실로 행복한 사람입니다. 모든 사람이 자신의 영혼과 자신의 인격의 내적 싸움에서 평화를 갈구합니다. 여기에서 예수 그리스도만이 그러한 평화를 가능하게 할 수 있는 유일한 인격이신 것입니다.

둘째, 사람이 이웃과 가지는 관계가 있습니다. 사람과 사람 사이에서 바른 관계를 만들어 내는 사람은 복된 사람입니다. 의심할 나위 없이 이러한 의미에서 유대인들이 이 팔복의 말씀을 받아들여 왔습니다. 왜냐하면 우리가 이미 보아 왔듯이 유대인들에게 있어서 사람들 사이에 바른 관계를 창출해 내는 것보다 더 고귀한 일은 이 세상에 없기 때문입니다. 그러한 관계의 창조보다 더 긴급하고 필수적인 것은 이 세상에 없다는 것입니다.

우리는 철의 장막, 경계선, 인종간의 분리, 민족 사이의 분열, 사람과 사람 사이의 구별 등으로 나누어진 세계 속에서 살고 있습니다. 이상한 구약 이야기는 이 나누어진 세계를 너무 자기 교만에 들떠 있는 인간에 대한 하나님의 심판으로 간주하고 있습니다(창 11:1-9). 이 이야기는 교만한 인간들이 어떻게 연합하여 하늘에 다다르는 탑을 건축하려 했는지, 그리고 하나님께서 어떻게 심판하시어 그들의 언어를 혼잡스럽게 만들어 그들로 하여금 그 이후 영원토록 분리되게 하셨는지에 대하여 말해 주고 있는 것입니다.

고대 세계에서는 이방인들과 유대인들의 분리가 있었습니다. 이러한 시대에서 만약 엄격한 정통적인 유대 가정의 아들이나 딸이 이방인과 결혼하면, 그 가정에서는 자식의 장례식을 치렀습니다. 왜냐하면 이방인과 결혼한 자식은 죽은 것과 다름없는 것으로 간주되었기 때문이었습니다. 일상적인 아침 기도에서 유대인은 자기가 이방인이 아니고, 또 노예나 여자가 아님을 하나님께 감사했습니다. 심지어 하나님 앞에서도 유대인과 이방인은 분리되었습니다. 예루살렘 성전에는 성소로 향하는 몇 개의 뜰이 있었습니다. 거기에는 이방인의 뜰, 여자들의 뜰, 이스라엘 사람들의 뜰, 제사장들의 뜰이 있었습니다. 이방인들의 뜰을 넘어 들어가는 것이 이방인들에게는 허락되지 아니했습니다.

이방인의 뜰과 여자의 뜰 사이에 '켈'(Chel)이라고 불리는 행간이 있었습니다. 이 행간 사이의 빈 공간마다 다음과 같은 경고문이 붙은 들판이 있었습니다. "다른 종족은 어느 누구도 성소 주위의 행간과 제방에 들어가지 못한다. 이를 위반하다가 붙잡히는 자는 죽임을 당할 것이며, 그는 이 죽음에 책임을 질 것이니라." 이방인에게 있어서 하나님 앞에 들어간다는 것은 유대인에게 죽임을 당함을 의미했던 것입니다.

헬라 세계에서는 헬라인들과 야만인들 사이에 "자연적" 차이라고 불리는 것이 있었습니다. "자연적"이라는 단어의 의미는 자연의 섭리에 따라 발생된 장벽과 차이이며, 세상의 구조상 불가피한 것이며, 세상이 계속되는 한 지속되어야 하는 것을 뜻했습니다. 플라톤이 생각했듯이 야만인은 헬라인들의 자연적 적이었습니다.

이소크라테스(Isocrates)는 호메로스의 희극의 위대함은 그것이 야만

인에 대한 헬라인의 전쟁에 관하여 말하고 있다는 것이며, 그리고 호메로스는 항상 젊은이들의 교육 과제가 되어서 모든 세대의 아이들은 조상들이 야만인들에 대하여 가졌던 그 증오심을 배우고 본받게 해야 한다고 주장했습니다. 헬라에서는 신비 종교와 이방인은 멸망당해도 좋은 것으로 분류되었습니다. 여기 이러한 모든 이야기에서 야만인이라 함은 헬라어를 사용하지 아니하는 모든 사람을 의미한다는 것을 기억해야 할 것입니다.

현대 세계에서도 분리는 계속됩니다. 인간의 심성에는 낯선 존재에 대한 지울 수 없는 회의가 자리잡고 있는 것 같습니다. 그래서 민족과 민족 사이에 서로에 대한 의심과 회의가 끊임없이 계속됩니다. 그러한 의심은 다른 민족들이 다른 생활 철학을 따를 때, 또는 사람들의 피부 색깔이 다를 때 더욱 악화됩니다.

그러한 세계는 다른 것이 아닌 불행과 위험으로 가득한 세계가 된다는 것은 분명한 사실입니다. 이러한 세상은 사람들이 항상 경계해야 하는 세상이며, 공격 또는 자기 방어의 목적으로 더 좋은 무기들을 만들기 위하여 애쓰는 세상이며, 언제든지 전쟁 발발이나 유혈 사태가 갑작스럽게 야기될 수 있는 세상입니다.

아프리카의 아그레이(Aggrey)는 서 아프리카의 아치모토 대학(Achimoto College)의 학장으로서 위대한 일을 했습니다. 그는 너무 젊은 나이로 세상을 떠났지만 대학을 위하여 고안해 낸 대학 배지에 자기의 생각을 기록했던 것입니다. 그 배지는 검은 색과 흰 색으로 그려진 피아노 건반의 한 부분이었습니다. 그것이 상징했던 바는 어떤 음악이든지 하얀 건반만으로는 연주할 수 없고, 마찬가지로 검은 건반만으로도 연주할 수 없다는 사실이었습니다. 아름다운 음악은 검은 건반과 하얀 건반이 조화를 이루면서 함께 사용될 때에만 완전하게 연주될 수 있는 것입니다.

분열의 위험은 확실합니다. 인간의 괴로운 역사가 그것을 증명하고 있습니다. 모든 사람이 연합을 갈구하고 있다는 것도 또한 확실합니다. 모든 사람의 기도와 환상이 그것을 보여주고 있습니다. 그러나 문제는 그러한 연합의 자원과 원동력이 어디에서 찾아지는가입니다. 고대 스토아학파들은 모든 인간들은 태어날 때부터 서로 연합될 수 있도록 되어 있다고 믿었습니다. 왜냐하면 모든 인간들이 생명을 연장하는 것은 하나님의 빛이 사람들의 몸 안에 거하기 때문이라는 것입니다.

사람이 사람인 것은 하나님의 생명을 서로 공유하고 있기 때문입니다. 그렇기 때문에 사람들은 모든 삶을 서로 나누어야 하는 것입니다. 스토아학파의 창시자인 제논(Zeno)은 완전한 국가는 모든 사람을 포함한 국가라고 생각했습니다. 그러한 국가에서는 사람들이, "나는 아테네의 시민이다"라고 말하지 아니하고, "나는 세계의 시민이다"라고 말합니다. 그러한 이상적 국가에서는 법적 소송 같은 일이 없는데, 사람들이 서로 언쟁하거나 싸우지 아니하기 때문입니다.

로빈슨(T. H. Robinson)은 이 팔복의 말씀을 주석하면서 이렇게 말했습니다. "인간 사회를 위한 하나님의 이상은 그 안에 시기, 질투, 적대심, 경쟁심들이 사라지고 우주적인 조화가 넘치는 영적 상태이다. 이 색다른 그리고 완전한 세계에서 사는 남녀들이 그들의 진실한 성공으로 가장 가치 있는 축하를 받을 일은, 그들이 이 조화를 만들어 내고 유지시키는 일에 완전하게 성공하는 것이다."

예수 그리스도의 능력 이외의 다른 곳에서 이러한 연합이 가능하리라 생각할 수 없습니다. 예수 그리스도께서 이러한 연합을 만들어 내실 수 있다는 사실에 대한 증거는 많이 있습니다. 레슬리 뉴비긴(Lesslie Newbiggin) 주교는 인도에서 교구장으로 보냈던 경험에 대하여 이야기합니다. 남인도 연합교회가 설립되었을 때, 그리고 그가 이 연합회의 소속 주교가 되었을 때, 그는 자기 교구를 심방하는 여행을 했습니다. 모든 마을에서 기독교 공동체들이 그 주교를 맞이하려고 나왔습니다. 한 마을에서는 평범하지 않게 생긴 인물이 기독교 공동체를 이끌고 나왔는데, 그 사람은 왕립공군의 제복을 입고 있었으며, 철제 지시봉을 차고 나왔습니다. 말하자면 그는 이 지시봉으로 회중들을 통제했던 것이었습니다. 그가 신호를 하니 사람들이 무릎을 꿇었고, 또 다른 신호에 그들은 일어섰습니다.

뉴비긴 주교는 그가 말할 때까지 가만히 서 있었습니다. 그의 이름은 선다람(Sundaram)이었습니다. 2차 세계대전이 발발하기 전 그는 미얀마에서 복음을 전하고 있었습니다. 일본 군대가 진입하면서 그는 체포되었습니다. 그리고 수용소로 이송되었습니다. 그가 소지했던 모든 것들이 압수당하고 그는 묶인 채 구석에 처박혀졌습니다. 일본군 장교가 들어 왔습니다. 선다람의 빈약한 소지품들이 놓여 있는 탁자로 걸어갔습니다. 그리고 타밀어(Tamil) 성경을 집어들었습니다. 타밀어는 한 글자도 몰랐지만 그것이 성경임을 알았습니다. 그는 손을 벌려 손바닥에 십자가를 그리면서 선다람에게 무엇인가를 묻는 듯 했습니다. 선다람은 일본어를 전혀 모르지만 그 장교가 자기가 기독교인인지를 묻는 것임을 알았습니다. 그래서 머리를 끄덕거렸습니다. 그 장교는 그 앞으로 걸어가서는 그 앞에 서서 두 손을 벌려 십자가 모양을 만들어 보였습니다. 그러더니 묶은 줄을 풀고 그의 소지품을 돌려주고는, 문을 가리키며 나가라고 말했습니다. 그리고 선다람이 자유를 향하여 걸어 나가기 전에 그 일본 장교는 기념물로서 자기의 지시봉을 그에게 건네주었습니다. 그런데 이 장교의 지시봉은 철제였으며 이것으로 그가 인도의 회중들을 지도했던 것입니다.

여기에는 서로의 언어를 전혀 모르는 두 사람이 있었으며, 현재 서로 전쟁 중에 있는 두 나라에서 온 사람들이 있었습니다. 말하자면 이들 가운데는 인간적인 언어로서 결코 넘어갈 수 없는 깊은 간격이 있었으나, 이 간격을 그리스도께서 다리를 놓으셨던 것입니다. 예수 그리스도께서 두 개로 갈라진 틈을 메우셨으며, 이리하여 그리스도 안에서 두 사람은 다시 만날 수 있었던 것이었습니다.

"그리스도는 세상의 소망"이라는 표어가 오늘날보다 더 절실한 때는 이제까지 없었습니다. 만약 기독교 선교사들이 침략군과 함께 선교지에 들어가지 아니했더라면, 오늘날의 바른 관계의 평화는 훨씬 바람직하게 이루어졌을 것입니다.

그러나 오늘날 우리가 살고 있는 세상은 나라와 나라 사이의 분열뿐만 아니라 개인과 개인의 분열도 커다란 문제입니다. 인간의 심성이 증오와 용서 못하는 정신의 고향이라는 이야기는 자주 진실로 들려집니다. 사람과 사람을 분리시키는 시기, 투기, 증오가 가져오는 비극은 그 누구보다 예수님께서 잘 알고 계셨습니다.

그런 악한 마음들은 심지어 예수님의 제자 공동체까지 침투했던 것이었습니다. 예루살렘으로 가는 도중에 그들은 누가 제일 큰가라는 문제로 서로 싸웠습니다(막 9:34). 야고보와 요한은 야심 있는 요청을 주님께 했는데, 곧 주의 나라가 오면 자기들에게 중요한 자리를 달라는 것이었습니다. 이렇듯 열두 제자들 사이에는 다툼이 많이 있었습니다(막 10:35-45). 심지어 십자가의 그림자가 보이는 마지막 만찬 자리에서도 그들은 누가 더 큰가, 누가 더 앞서는가라는 문제로 다투었습니다(눅 22:24). 다시 말씀드리지만, 오직 예수 그리스도만이 자신 안에서 사람과 사람 사이의 바른 관계를 창조해 내실 수 있습니다.

브라이언 그린(Bryan Greene)은 미국 전도 여행에서 겪었던 일을 이야기합니다. 전도 여행이 끝날 무렵, 참여했던 사람들과 여기에서 그리스도를 찾은 사람들이 많이 모였습니다. 이 자리에서 그는 아무든지 이 전도 운동을 통해서 무엇을 얻었는지, 그리고 이 운동이 자기들에게 어떠한 의미를 주었는지를 미사여구 없이 간결하게 한 문장으로 말해 보라고 했습니다. 그랬더니 한 흑인 소녀가 일어났습니다. 그는 간단하게 말하는데 어려움을 느끼지 않았는데, 그에게는 여러 말로 표현할 능력이 없었던 것이었습니다. 그녀가 말했습니다. "이 전도를 통하여 저는 예수 그리스도를 찾았습니다. 그리고 그분께서 저에게 저의 아버지를 살인한 사람을 용서할 수 있는 능력을 주셨습니다." 그는 나를 용서할 수 있게 만드셨습니다. 오직 사람들이 예수 그리스도와 바른 관계를 맺게 될 때, 사람들 사이에서의 바른 관계를 맺을 수 있게 되는 것입니다.

여기에 그리스도인들의 과제의 한 부분이 있습니다. 그리스도인들은 사람과 사람 사이의 관계를 바르게 하기 위하여 애써야 합니다. 어떤 사회이든지, 그것이 가정이라는 사적인 사회이든지 또는 기관이나 교회 같은 공적인 사회이든지, 여기에는 분열시키는데 영향을 끼치는 사람들이 있고 또 화해시키는데 영향을 끼치는 사람들이 있습니다. 다툼을 심는 사람이 있는가 하면 평화를 심는 사람이 있습니다. 기독교적인 화해는 하나님을 향한 면과 사람을 향한 면이 있음을 항상 기억하여야 합니다. 이것은 사람이 하나님과 갖는 화해와 동시에 사람이 다른 사람과 갖는 화해가 있음을 의미합니다. 그리고 사람과 사람 사이에 바른 관계를 만들어 내며, 유지시키며, 회복시키는 사람보다 더 축복받는 사람이 없는 것입니다.

사람에게는 세 번째의 관계가 있습니다. 하나님과 가지는 관계입니다. 이 관계에서 사람은 무한한 질적 차이와 엄청난 거리감만을 단순히 의식할 수 있습니다. 여기에서는 사람이 하나님으로부터 숨으려 노력하는 바, 그러한 공포와 소외의 관계일 수 있습니다. 마치 옛 이야기에서 아담이 그랬던 것처럼 말입니다(창 3:8). 이것은 적의와 적대감의 관계일 수도 있습니다. 스윈번(Swinburne)은, "최고의 악한 존재 —하나님"이라고 말하기까지 했습니다. 마치 하나님이 존재하지 않는 것처럼 삶을 살아가는, 완전한 무관심의 관계일 수도 있습니다. 그러나 우주의 창조주이시며 지탱하시는 분이시며 다스리시는 분이신 하나님, 그 안에 오직 사랑밖에 없는 하나님을 만나는 것도 어렵지 않습니다.

여기에서도 오직 예수 그리스도만이 그 관계를 만들어 내실 수 있습니다. 예수님에게 다른 것도 사실이지만, 예수 그리스도 안에서 우리는 사람들에 대한 하나님의 자세를 완전하게 볼 수 있다는 사실도 확실히 진리입니다. 그리고 우리가 예수 그리스도 안에서 아버지를 본다는 사실을 깨달을 때(요 14:9), 그리고 하나님이 예수님과 같으신 분이심을 깨달을 때,

그 때에 하나님 앞을 떠나기보다는 오히려 그를 찾고, 또 하나님으로부터 도망가기보다는 그를 찾고, 또 하나님의 현존 안에서 기쁨과 평안을 누리는 그러한 새로운 관계가 우리와 하나님 사이에 태어나게 되는 것입니다.

나라와 나라 사이의 담, 사람과 사람 사이의 담, 그리고 사람과 하나님 사이의 담을 허무는 사람을 진실로 복 있는 사람입니다. 삶의 어떠한 영역에서도 바른 관계의 생산을 일생의 과업으로 생각하는 사람은 행복합니다. 그러한 관계는 예수 그리스도와 가지는 자신의 관계가 바를 때 그의 삶을 더욱 풍성하게 만들 수 있는 것입니다.

복된 말씀 이후에 약속이 뒤따라 나옵니다. 화평하게 하는 사람은 하나님의 자녀로 일컬음을 받을 것입니다. 히브리 표현에서, "일컬음을 받는다"라는 구절은, "인정을 받는다", 또는 "그러한 지위를 얻는다", 또는 "생각된다", 그리고 "간주된다"를 의미합니다.

화평하게 하는 사람은 하나님의 자녀가 되는 영예를 얻게 될 것입니다. 더 나아가 여기에서 하나님의 자녀라는 번역은 그렇게 정확한 것은 아닙니다. 이것은 하나님의 아들들이 되어야 하는데, 이것은 히브리어에서 아주 특별한 의미를 가지고 있습니다. 히브리어에는 형용사가 아주 적습니다. 예를 들어, 시편 23편에는 형용사가 전혀 없습니다. 이러한 부족을 보충하기 위하여 히브리인들은 어떠한 덕목 또는 자질을 설명하는 형용사 대신에 "~의 아들"이라는 구절을 사용합니다. 그래서 예를 들어 바나바는 위로의 아들입니다. 이 말은 곧 그가 위로하며 달래는 성향을 갖고 있는 사람이라는 의미입니다. 야고보와 요한은 우레의 아들입니다. 이 말은 곧 그들이 천둥 같은 그리고 폭풍 같은 성격을 갖고 있는 사람이라는 뜻입니다. 어떤 사람이 평화의 아들이라고 불릴 수 있습니다. 이 말은 그 사람이 평화롭고 원만한 성격의 소유자라는 뜻입니다.

그렇기 때문에 "하나님의 아들들"이라는 구절은 하나님과 닮은 사람들을 의미하는 것입니다. 이 복된 말씀은 이렇게 번역되어도 아주 좋을 것입니다. "삶의 모든 영역에서 바른 관계들을 형성해 내는 사람들은 복되다. 왜냐하면 그들은 하나님과 닮은 일을 하고 있는 것이기 때문이니라.”

신약성경에는 반복적으로 하나님이 평화의 하나님으로 불림을 받고 있습니다(롬 15:13; 16:20; 빌 4:9; 고후 13:11; 딤전 5:23; 히 13:20–21). 하나님은 바른 관계들의 위대한 창설자이십니다. 그는 자신과 사람들 사이에서 바른 관계를 확립하며, 또 회복하기 위하여 자기의 아들을 우리에게 보내셨습니다. 그렇기 때문에 사람과 사람 사이에, 그리고 사람과 하나님 사이에, 그리고 사람과 자신의 어지럽고 나누어진 마음 사이에 바른 관계를 만들기 위하여 애쓰고 괴로워하며 또 기도하는 사람은 하나님과 닮은 사람이라고 불리는 것이 적절하며, 또 하나님과 같은 일을 하고 있다고 말하는 것이 아주 정확하게 맞는 일인 것입니다. 그의 일생이 사람들 사이에 평화를 가져오기 위하여 쓰여지는 사람보다 더 하나님을 닮은 사람은 없습니다. 그리고 이 사람의 행복보다 더 커다란 행복을 누리는 사람도 없습니다.

10

순교자의 고통이 가지는 행복

"의를 위하여 박해를 받은 자는 복이 있나니 천국이 그들의 것임이라

나로 말미암아 너희를 욕하고 박해하고 거짓으로 너희를 거슬러

모든 악한 말을 할 때에는 너희에게 복이 있나니 기뻐하고 즐거워하라

하늘에서 너희의 상이 큼이라 너희 전에 있던 선지자들도 이같이 박해하였느니라"

(마 5:10-12)

초대 교회의 언어에 관한 한 가장 중요하고 또 초대 교회를 가장 잘 설명하는 사실 중 하나는 제1세기가 끝나기 전에 증인이라는 단어와 순교자라는 단어가 동일한 헬라어로 표현되었다는 사실입니다. 이 단어는 '마르투스'(martus)인데, 일상적인 헬라어에서의 원래의 의미는 증인이었습니다. 그런데 이 단어가 동시에 순교자를 의미하는 단어가 되었는데, 왜냐하면 그 시대의 증인이었던 사람은 대부분 순교자가 되었기 때문이었습니다. 우리가 신약성경을 번역하다가 이 단어를 만나면, 성경 기자의 두 의미 중 어느 것으로 우리에게 말하려 했는지 잘 모를 때가 많이 있습니다.

서머나 교회에게 편지하면서 사도 요한은 "내 충성된 마르투스 안디바"에 관하여 말합니다(계 2:13). 그리고 우리는 안디바가 그리스도의 충성된 증인이었으며 또 충성된 순교자였음을 잘 알 수 있습니다. 왜냐하면 당시 살인적 시대에 사는 많은 사람의 경우가 그랬던 것처럼, 그에게는 하나의

의미는 또 다른 의미를 함축했기 때문이었습니다. 이것이 바로 순교자의 고통이 가지는 행복에 관하여 이야기하는 복된 말씀인 것입니다.

우리는 먼저 박해의 불가피성에 관하여 생각함으로 시작해야 합니다. 예수님에게는 놀라울 정도로 또는 거의 경악할 정도의 정직함이 있었습니다. 아무도 자기가 거짓 행위로써 예수님을 따라도 된다고 말할 수 없습니다. 예수님은 제자들이 예상할 수 있는 바를 말씀하셨는데, 다시 말하면 그들이 예수님의 이름으로 인하여 고통당해야 한다는 것이었습니다. 그를 따르는 것은 필연적으로 십자가를 져야 함을 수반했습니다(마 16:24).

예수님은 자기의 제자들이 공회 앞에서 채찍을 맞을 것이며, 관리들에게 끌려 갈 것이며, 자기에 대한 충성 때문에 모든 사람에 의하여 미움을 받을 것에 대하여 의심하지 아니하셨습니다(마 10:16-22; 막 13:9; 눅 21:17). 그리스도인들을 죽인 자들이 자기들은 하나님에게 봉사했다고 생각할 날이 곧 올 것입니다(요 16:2). 예수님이 이 세상에 속하지 아니하셨던 것처럼, 제자들도 이 세상에 속하지 아니했습니다. 그리고 세상이 그를 미워했던 것처럼 필연적으로 그들을 미워할 것입니다(요 15:18-19; 17:14).

요한이 특별하게 사용했던 용어 가운데서 세상은 "하나님 없이 스스로 살아가려는 인간의 본질"로 정의되어 왔습니다. 하나님으로부터 떠나려는 인간의 본질은 하나님을 존재의 중심으로 생각하는 인간의 본질과 상반됩니다. 어느 날 이 팔복의 말씀을 확실히 기억했던 베드로가 사람들에게 이것을 또 말했습니다. 만약 그들이 그리스도께서 고통 받으셨던 것처럼 의를 위하여 고통 받는다면 축복이 그들의 것이라고 말입니다(벧전 3:14). 그리고 만약 그들이 그리스도의 이름으로 인하여 멸시를 받는다면 축복은 그들의 것이라고 말입니다(벧전 4:14). 예수님은 의심할 것 없이 자기를 따르는 데에 대가가 있으며, 자기에 대한 충성은 십자가를 수반한다는 사실을 자기 제자들에게 남겨 두셨습니다.

　그렇다면 이방인의 관점으로부터 박해가 불가피한 이유는 과연 무엇이었습니까?

　그리스도인들은 무엇인가 다르다는 아주 단순하나 기본적인 사실이 있습니다. 그리고 사람들은 무엇인가 다른 사람에 대해서는 항상 의심을 갖고 생각합니다. 대중에 관한 한 그들은 순응이 괴롭지 아니한 삶을 사는 방법을 택합니다. 그런데 그리스도인들은 불가피하게 순응주의자가 아닙니다. 테르툴리아누스(Tertullian)는, "우리는 군중들과 다른 삶을 영위한다는 평판을 가지고 있다"라고 말했습니다(*Apology* 31). 이방인들이 보기에 그리스도인들은 "구석에 숨어 살며 대낮에 햇빛을 피하며 남들 앞에서 침묵을 지키며, 그러나 자기들의 은신처와 거처에서는 말이 많은 사람들", "다른 사람들과 자신들을 구별하는 사람들"입니다(Minucius Felix, *Octavius* 8).

　그리스도인들의 차이점은 모든 영역에서 온갖 방법으로 나타났습니다. 그리고 이 본질적 차이에 대해서는 우리가 나중에 다시 살펴보겠습니다. 그리스도인은 완전히 다른 도덕적 기준을 가지고 있습니다. 순결은 새로운 덕목이었으며 새로운 요구였습니다. 그리스도인들은 모든 사회생활을 기꺼이 또는 억지로 포기하려 했습니다. 모든 이방인의 식사는 이방 신에게 술을 바치는 행위와 기도드리는 것으로 시작되었습니다. 그러나 이러한 관행에 그리스도인들은 동참할 수 없었습니다.

　대부분의 이방인들의 축제와 사교적 모임은 신전 경내에서 거행되었는데, 먼저 제사가 드려지고 통상적으로 몇몇 신들의 '상에서' 함께 식사하자는 초청이 있게 됩니다. 그러한 축제와 회합에 그리스도인들은 갈 수 없었습니다. 불가피하게 그리스도인들은 무례하며 야만적이며 거만한 것으로 보여졌습니다. 왜냐하면 그러한 사회적 모임에의 초청을 그리스도인들은 거절했기 때문이었습니다. 심지어 일상적인 근로 생활에서도 그리스도인들은 문제였습니다. 그리스도인들은 노예 해방에 동의하는 주장을 했을 뿐만 아니라 스스로 노예를 형제로 대우했으며, 이뿐 아니라 진실로 노예가 자기 형제임을 믿었던 것입니다.

로마의 세 번째 주교인 칼리스투스(Callistus)는 노예 출신이었습니다. 그는 귀족 출신의 여자와 노예였다가 해방된 남자 사이의 결혼을, 만약 그들이 그리스도인이라면 허용함으로써 이방인의 감정을 극도로 자극시켰습니다. 그러한 결혼은 이방인 특히 로마 법률의 눈에 완전히 불법이었으며 결코 결혼이라고 할 수도 없었습니다. 로마문명은 노예 제도를 기초로 건설되었으며, 그리스도인들은 그것의 가장 핵심적인 근거를 무너뜨리고 있는 것처럼 보였습니다.

만약 어떤 그리스도인이 엄격하게 일사불란하며 단호하게 그리스도의 증인으로서 살기를 계속한다면 그의 모든 행동은 위험 가운데 빠지게 됩니다. 또한 그리스도인은 투사나 배우도 될 수 없었습니다. 심지어 석수장이도 이방인의 신전의 벽을 건축하는데 참여하기도 했을 것이며, 양복장이도 이방인 사제의 옷을 만드는데 동참하기도 했을 것이며, 향 생산자는 이방인 제사를 위한 향을 만들기도 했을 것입니다. 그러나 이 모든 것들을 그리스도인들은 거부했습니다. 가장 엄격했던 테르툴리아누스는 그리스도인이 학교 교사가 되는 것까지 금지시켰습니다. 왜냐하면 그러한 가르침은 신들의 신화를 말하는 책들을 교과서로 사용해야 했으며, 또 이방인의 월력에 따라서 종교적 절기를 준수해야 했기 때문이었습니다.

그리스도인들은 거의 모두가 당대의 모든 사회적 경제적 생활로부터 이별을 해야 했습니다. 그러면서 이별하는 이웃들과 비교하여 더 좋은 행복, 더 나은 조건을 선택한다고 생각하지 않았습니다. 사실 사회로부터 떨어져 나오는 그들 앞에는 온갖 불행과 고난이 도사리고 있었던 것입니다. 그리스도인들은 이웃들과 아주 떨어져 살기를 원하는 사람으로서, 그리고 생활 관습과 방법이 너무 달라 사회 질서를 와해시킬 수 있는 사람으로서 주위로부터 미움을 받았던 것입니다.

그리스도인들에게 닥쳐왔던 박해 가운데 최소한 얼마는 유대인들과 관련되었습니다. 유대인들이 박해와 관련되었던 것은 이중적인 면이 있었습니다. 먼저, 교회가 시작될 때 초대 그리스도인들은 거의 모두 유대인이었으며, 또 그리스도교가 팔레스타인에서 시작되었으며, 또 예수님 자신이 유대인이었기 때문에, 기독교 초기에는 이방인들이 기독교와 유대교를 구별하지 못하고 혼동했던 것이었습니다. 이방인들에게는 기독교가 유대인들의 한 당파로 보였습니다. 반(反)유대주의는 오늘날에 새롭게 생긴 것이 아닙니다. 고대 세계에서도 유대인들은 주위로부터 굉장히 미움을 받았습니다.

유대인들에 관한 온갖 험담들이 세상에 퍼져 있었습니다. 지성소 안에 나귀 머리가 있다는 말이 나돌았습니다. 왜냐하면 광야에서 유대인들이 목말라 거의 죽어 갈 무렵, 나귀가 그들을 물 있는 곳으로 인도했다는 것이었습니다. 플루타르크(Plutarch)는 이 이야기를 받아들이지 아니했지만, 유대인들의 신은 돼지였다고 암시했습니다. 왜냐하면 돼지고기가 그들에게 신성시되었다는 것이었습니다(Tacitus, *Histories* 5:2–5; Plutarch, *Symposium* 4:5; Juvenal, *Satires* 14:96–106).

유대인들이 안식일을 지키는 습관은 그들이 게으르며 나태하다는 평판을 듣게 만들었습니다. "오, 마르코마니 사람이여! 오 카디 사람들이여! 오 살마티안 사람들이여! 나는 그대들보다 더 게으른 사람들을 결국 발견했노라"라고 마르쿠스 아우렐리우스(Marcus Aurelius)가 말했습니다 (*Ammianus Marcellinus* 22:5). 이보다 더 심한 것은 알렉산드리아에 옛날에 유대인들이 이방인들을 죽여 제사를 드렸다는 소문이 퍼져 있었습니다.

유대인들이 로마인들에 의하여 특별히 보호를 받았다는 것도 사실입니다. 왜냐하면 지금과 마찬가지로 유대인들은 세계적인 금융가요 무역가들이었기 때문이었습니다. 그러나 지금이나 그때나 사람들이 유대인들에 대한 엄청난 반감을 가지고 있기는 마찬가지입니다. 언제나 사람들은 유대인들을 미워하였습니다. 불가피하게 그리스도인들이 이러한 반(反)유대 감정에 휘말리게 되었습니다. 그리고 불가피하게 그리스도인들은 빈번하게 유대인들에게 떨어지는 박해에 연루되었던 것입니다.

두 번째로, 그리스도인들이 당했던 박해들 가운데 최소한 어느 정도는 그 배후에 유대인들이 있었다는 사실입니다. 유대인 가운데는 당시 권세를 누렸던 사람들과 가까이 지내는 사람들이 있었습니다. 세계적인 사업과 금융에서 누렸던 그들의 위치 때문에 그들은 정부 관료들과 귀족들과 접촉하게 되었습니다. 아주 자연스럽게 그들은 자기들이 그리스도인들과 아무 관계가 없다는 이야기를 많이 할 수밖에 없었습니다.

그리고 종종 관료들로 하여금 그리스도인들에 대적하는 행동을 하도록 설득하는데 영향력을 행사하기도 했습니다. 회당 주변에는 이방인들이 많이 모여들었습니다. 그들이 비록 할례를 받아들이거나 모든 유대 율법을 받아들이지는 않았지만, 한 하나님에 대한 유대인의 신앙과 유대인의 도덕적·윤리적 율법에 상당히 매력을 느꼈기 때문이었습니다. 특별히 유대교의 도덕적 가르침은 여자들에게 아주 매력적이었습니다. 회당에서 제사를 드리기 위하여 왔던 많은 여자들 가운데 고위 관료들의 유대인 부인들이 상당히 있었습니다. 안디옥 회당이 그러한 모습을 전형적으로 보여줍니다(행 13:50).

유대인들은 이러한 부인들로 하여금 자기 남편들이 그리스도인들에 법적 행동을 하도록 설득하는데 주저하지 아니했습니다. "회당은 박해의 온상이었다"라고 테르툴리아누스는 말했습니다(*Scorpiace* 10). 그리스도인들이 박해를 받았던 것은 대중들이 그리스도인과 유대인을 혼동했고, 그리고 유대인들이 그리스도인들에 대적하는 심한 박해를 하는 데 그들의 광범위한 영향력을 행사했기 때문이었습니다.

그리스도인들은 무신론자들로 오해를 받았습니다. 이방인들 가운데는 형상이 없는 예배를 납득하지 못하는 사람들이 많이 있었습니다. 그리고 유일신 신앙은 그들에게 아무런 매력을 주지 못했습니다. 더욱더 심각했던 것은 그리스도인들이 국가의 신들을 모독한다고 비난 받았다는 사실이었습니다. 그리스도교가 이 세상에 있기 전까지 고대 신들에 대한 숭배에는 거의 아무 실재가 없었음이 사실입니다. 그럼에도 불구하고 이러한 옛 신들에 대한 숭배는 국가적 신앙이 되었습니다. 그러한 제의에 참여하는 것은 모범적 시민의 의무였습니다. 그리고 이 예배가 지켜지지 아니하면 그 신들이 국가에 재난을 가져다주는 복수를 한다고 믿고 있었습니다. 그러한 신들에 대한 제사는 전통이 되었으며, 그것은 사회와 국가에 안전을 가져다주는 것이라고 믿겨졌습니다.

그래서 테르툴리아누스는 이렇게 기록했습니다. "만약 티베르 강이 범람하여 도시를 덮는다면, 또는 나일 강의 수위가 오르지 아니한다면, 또는 비가 오랫동안 내리지 아니한다면, 또는 지진이나 기근이나 질병이 있게 된다면, 즉시 '그리스도인들을 사자의 밥이 되게 하자'는 외침이 일어났다"(Tertullian, *Apology* 40). 아우구스티누스는 북아프리카에서, "비가 내리지 아니한다면, 그것은 그리스도인들 때문이다"는 말이 속담이 되었다고 말합니다(Augustine, *The City of God* 2:3). 그리고 그의 위대한 저작인 「하나님의 도성」(*The City of God*)은 주후 401년에 있었던 로마의 함락이 모욕당하고 버려진 신들의 분노 때문이 아니었음을 보여주기 위하여 계획되었던 것입니다. 당시 그리스도인들을 세상의 재난에 대한 희생양으로 취급하는 경향이 너무 쉽게 만연되었으며, 그것이 또한 아주 편리한 자구책으로 생각되었던 것입니다.

그리스도교의 결과 가운데 부인할 수 없는 것 중 하나는 그리스도교가 가정을 분열시키는 경우가 사실 있었다는 것입니다. 이러한 의미에서는 기독교가 평화를 주기 위해서 아니라 검을 주기 위해서 왔다는 것이 옳게 느껴지기도 했습니다. 아들이나 딸이 그리스도인이 되어 가족들의 반대를 받을 때, 또는 남편과 아내가 이 새로운 종교 때문에 이별해야만 할 때 문제의 상황은 일어나지 않을 수 없었습니다. 기독교가 사람으로 하여금 가장 가까운 사람들과, 가장 사랑하는 사람들과 불화하게 만들며, 그리고 사람의 원수가 자기 가족 중 한 사람이라는 것이 문자적으로 옳은 것으로 드러났습니다(마 10:34-37).

그리스도인은 이 땅에 자기에게 가까이 있는 사람들을 사랑하는 것보다 더 그리스도를 사랑해야 할 준비를 해야 했습니다. 그리스도인들은 "가족 관계에서 희미한 자들"이라는 비난을 받아야 하는 상황이 불가피해졌습니다. 이렇기 때문에 이방인들은 자기들의 가정에 불화를 가져다주는 이 종교를 불가피하게 미워하게 되었던 것입니다.

비록 가정이 불화하게 되고 깨어지지 않을지라도 심각한 문제들은 여전히 있었습니다. 아내는 그리스도인이 되었으나 남편은 그대로 이방종교를 믿는 상황이 있을 수 있었습니다. 테르툴리아누스는 이방종교를 믿는 남편들의 분노를 이렇게 말했습니다. 즉 그들은 자기의 아내들이 "형제들을 만나기 위하여 이 거리 저 거리 다른 남자들의 집을, 특별히 가난한 사람들의 집을 방문"하는 것을 굉장히 싫어했다는 것입니다. 테르툴리아누스는 계속하여 증언합니다. "그들은 자기의 아내들이 밤 새워 지속되는 그리스도인들의 모임에 참석하는 것을 허락하지 않았다. 또한 유월절 절기를 지키는 것도 허락하지 않았다 … 그들은 자기의 아내들이 감옥으로 가서 순교자들의 사슬에 입 맞추는 것을 허락하지 않았으며, 심지어 형제들끼리 평화의 입맞춤하는 것조차 허락하려 하지 않았다"(Tertullian, *To his wife* 2:4, 5).

사람들은 그러한 남편들에게 많은 동정을 느끼지 않을 수 없습니다. 기독교가 종종 많은 가정에 아주 어려운 상황을 만들 수밖에 없다는 사실, 그리고 많은 경우에 있어 격렬한 증오를 받을 수 있다는 사실은 명백합니다.

그리스도인들을 미워하게 만든 여러 가지 일 가운데서 아주 지독한 것이 사람들 가운데 유포되고 있었는데, 그것은 한 번 입에 오르내리기 시작하면서 그칠 줄 몰랐습니다. 몸젠(Mommsen)은 이렇게 기록을 남겼습니다. "그리스도인들의 비밀 회합은 성적으로 문란한 의식을 행하며, 또 이 모임은 모든 범죄의 온상이라는 확신이 사람들 마음에 가득했다. 그래서 사람들은 끔찍한 혐오감을 가지고 있었으며, 이에 대하여 말하고 생각하는 것조차 수치스럽게 생각했다."

이러한 험담들은 그리스도인들의 예배가 갖는 비밀 때문에 더 강화되었습니다. 그리고 특별히 그리스도인들이 아닌 사람들은 모두가 성례전으로부터 엄격하게 소외되고 배격된다는 사실은 더욱 사람들의 증오를 가중시켰습니다. 비밀은 항상 의심을 불러일으킵니다. 주요한 험담은 세 가지가 있었습니다. 그리스도인들은 사람들의 고기를 먹는다는 비난을 받았는데, 이것은 성례전 말씀 가운데서 그리스도의 몸을 먹으며 피를 마신다는 언급 때문에 생겨났습니다. 그들은 엄청나게 비도덕적이라고 비난을 받았는데, 이것은 그리스도인들의 회합이 아가페, 즉 사랑의 잔치라고 불리었기 때문이었으며, 그리고 형제들끼리 서로 주고받는 평화의 입맞춤의 습관 때문이었습니다.

그리스도인들은 아이를 죽여 그들의 예배 식사로 먹는다고 주장되었습니다. 이것은 그리스도인들이 아이들에게 세례를 주기 위하여 그들을 모임에 데리고 가는 것을 사람들이 보고 꾸며낸 아주 비정하며 악의적인 험담이었습니다. 그러한 비난들이 어떻게 생겨났으며, 또 그리스도교의 원수들이 이것들을 사용하여 어떻게 그리스도교를 박해했는지 보는 것은 그렇게 어려운 일이 아닙니다. 비록 그들이 이러한 험담들이 거짓임을 알고 있더라도, 세상에는 나쁜 소문을 더 즐겨 믿으려 하는 사람이 많기 때문이었습니다.

우리는 박해의 가장 근본적 원인에 대해서는 아직 살펴보지 않았습니다. 박해의 근본적 원인은 기독교와 황제 숭배 사이에 있었던 충돌이었습니다. 황제 숭배는 로마 황제를 신으로 숭배함을 의미합니다. 황제 숭배에는 긴 역사가 있었으며 긴 발전 과정이 있었습니다. 로마 제국의 황금기와 공화정 시기에는 속국 사람들이 로마의 지배를 분개하지 않았습니다. 많은 경우에 있어 로마 군대를 환영했으며 심지어 의아함과 함께 진심에서 우러나오는 감사함으로 로마 군대를 맞이하기도 했습니다. 심지어는 속국의 왕들이 자발적인 자기의 자유의사로 자기 왕국을 로마에게 넘겨주는 경우까지 있었습니다.

로마는 세상에 '팍스 로마나' 즉 로마의 평화를 가져다주었습니다. 로마 사람들이 한 나라의 정부를 정복하면, 그것은 평등한 로마의 정의가 도착한 것이었습니다. 그러면 사람들은 예측할 수 없이 변덕스러운 정부로부터, 그리고 가끔 야만적이며 피에 굶주려 있는 독재자들로부터 자유를 얻게 되는 것이었습니다. 로마의 행정부가 들어오면, 도로가 깨끗하게 포장되었고, 해적들이 들끓었던 바다가 정화되는 등 새로운 안전한 생활로 접어들게 되는 것이었습니다.

굿스피드(E. J. Goodspeed)는 이렇게 표현했습니다. "로마의 통치를 받는 속국 사람들은 자기의 사업을 경영할 수 있고, 가족을 위한 생업에 종사할 수 있으며, 편지를 주고받을 수 있으며, 안전하게 여행을 할 수 있는 조건을 발견하고, 그리고 자기가 이렇게 새롭게 변한 조건 가운데 살고 있음을 깨닫고 로마의 강한 손을 감사하게 생각했다." 이 결과로 사람들은 로마의 정신에 깊은, 그리고 진심에서 우러나오는 감사를 돌렸습니다. 로마의 정신이 로마 여신이 된 것은 아주 자연스러운 단계였습니다. 그래서 주전 2세기까지 소아시아에는 로마 여신을 숭배하는 신전들이 많이 세워졌던 것입니다.

인간의 마음과 생각은 상징을 필요로 하는 것이 특징입니다. 그렇기 때문에 로마 여신과 로마의 정신을 보면서, 이것이 로마 황제 안에 육화되었다는 생각을 갖는 것은 또 하나의 쉬운 과정이었습니다. 황제가 로마를 구현했습니다. 로마는 곧 황제이며 황제는 곧 로마였습니다. 황제 안에 로마의 정신이 거주하며, 로마 여신이 땅 위에 갖는 거처가 바로 황제였습니다. 실제로 신의 머리를 갖고 있는 황제상이 세워진 최초의 신전이 주전 29년 페르가뭄(Pergamum)에 건축되었던 것입니다.

이렇게 되기까지 로마와 황제의 숭배는 아주 자발적으로 성장된 것이며, 사람들에게 강요된 것이 아니었습니다. 처음에 황제들은 이에 대하여 아주 주저했습니다. 클라우디우스(Claudius)는 자기를 위하여 세워지는 신전을 거절했습니다. 왜냐하면 그가 직접 말한 것처럼 자기 동료로부터 반감을 사는 것을 원하지 아니했기 때문이었습니다. 그러나 서서히 한 사상이 관료들의 마음에 싹트기 시작했으며 형태를 갖추기 시작했습니다. 로마 제국의 문제는 곧 통일의 문제였습니다. 로마 제국은 유프라테스 강으로부터 영국을 넘어 아일랜드 연안까지 뻗쳐 있었습니다. 이것은 독일부터 북아프리카까지, 스페인부터 이집트까지 뻗어 있었습니다.

여기에는 온갖 종족의 사람들, 언어들, 신앙들, 전통들이 있었습니다. 그들이 어떻게 하나의 통일을 이룰 수 있었겠습니까? 그들의 삶 속에 하나의 제국이라는 의식을 어떻게 불어넣을 수 있었겠습니까? 공통된 종교가 갖는 연합시키는 힘보다 더 강한 힘이 없습니다. 그래서 황제 숭배, 가이사(카이사르) 숭배가 기반을 내리기 시작했습니다. 지역적 신앙이나 조상 숭배 전통은 어느 것도 보편성을 갖기 어려웠습니다. 오직 로마만이 보편적이었습니다. 이 결과는 램지(W. M. Ramsay)가 말하듯이, 가이사 숭배가 제국 정책의 '머릿돌'이 되었다는 것입니다.

이것은 의도적으로 보편화되었습니다. 이것은 제국의 모든 지역으로 의도적으로 조직화되었습니다. 도처에 황제 신을 섬기는 신전이 세워졌습니다. 지금 콜체스터(Colchester)인 옛 로마 성읍에서 주후 61년 영국 보아디케아(Boadicea)교도들이 비극적이며 큰 재난을 불러일으켰던 반란은 바로 이 로마 신전에서의 가이사 숭배의 시행이 가지고 온 대가라고 말할 수 있습니다.

또 다른 조처가 있었으며, 그리고 이것은 실시되었습니다. 가이사 숭배는 보편적인 명령이 되었습니다. 제국 내의 모든 종족과 나라에 강요되었습니다. 그런데 단 하나, 유대인들만이 예외였습니다. 일 년 가운데 어느 특정한 날에 모든 로마 시민들은 가이사의 신전에 가서 한 묶음의 향을 태우면서, "가이사가 주이시다"라고 말해야 했습니다. 그가 이러한 의식을 행했을 때, 이것을 증명하는 증명서가 주어졌고, 또 이것은 그가 항상 소지해야 했습니다.

우리는 한 가지 일을 주목해야 합니다. 로마인들은 종교적으로 아량이 없는 사람들이 결코 아니었다는 사실입니다. 그들은 이제까지의 역사에서 가장 관용적이었습니다. 사람들은 한 묶음의 향을 태우며 가이사가 주(主)라고 인정한 후 떠나가 자기가 좋아하는 신을 어떤 것이든지 섬길 수 있었습니다. 그러한 숭배가 공공질서와 공공 예의에 나쁜 영향을 주지 않는 한 말입니다. 그렇기 때문에 가이사 숭배는 정치적 충성의 시험이 가장 우선적이며 중요한 목적이었음을 단번에 드러내는 것이었습니다. 이것은 사람이 좋은 시민인가 아닌가에 대한 시험이었습니다. 그리고 만약 어떤 사람이 가이사를 인정하는 의식을 행하기를 거부한다면, 그는 자동적으로 반역자로, 혁명가로, 충성심이 없는 자로, 불량한 시민으로 낙인이 찍히게 되었습니다.

기독교와 가이사 숭배가 머리를 맞대며 서로 충돌한 것은 바로 여기였습니다. 그리스도인들이 절대 할 수 없었던 말은, "가이사가 주(主)이시다"였습니다. 그리스도인들에게는 예수 그리스도가, 그리고 예수 그리스도만이 주(主)이셨습니다. 로마인들에게 그리스도인들은 지독하게 아량이 없는 자들로, 그리고 비정상적으로 완고한 자들로 보여졌습니다. 더욱 심각했던 것은 그리스도인들은 제국의 통치를 거부하는, 충성심이 없는 시민으로 보여졌다는 것입니다. 만약 그리스도인들이 향을 태우면서 공식적으로, "가이사가 주이시다"라고 말했다면, 그는 기쁜 마음으로 그리스도를 섬길 수 없었습니다. 그리스도인들은 타협하지 아니했던 것입니다.

로마인들은 이러한 그리스도인 무리들을 로마 제국의 존재까지 위협하는 잠정적인 혁명주의자들의 집단으로 간주했습니다.

박해가 계속되었거나 언제나 있었던 것은 결코 아니었습니다. 오랜 기간 동안 그리스도인들은 평화롭게 지내도록 허용되기도 했습니다. 그러나 다모클레스(Damocles)의 칼처럼 박해는 항상 그리스도인들을 향하여 자세를 갖추고 있었습니다. 언젠가 악의적인 정보제공자가 있다면, 대중들의 요구가 있다면, 행정가가 결정만 내린다면 법조문들이 실시되고 폭풍이 불어닥쳤던 것입니다. 그리스도인다운 그리스도인들은 법적으로 범법자들이었습니다. 테르툴리아누스는 이렇게 말했습니다. "대중들은 단 한 가지 일을 가지고 그리스도인들을 미워한다. 그들은 여러 가지 기소된 죄목들을 하나하나 조사하는 경우가 없다. 그들은 단지 그리스도인이라는 이름 하나만 자백 받으면 끝일 뿐이다"(Tertullian, *Apology* 2).

그래서 우리는 유대인들의 적의, 대중들의 험담과 증오, 정치적 원리들, 모든 것이 그리스도인들을 불가피하게 박해할 수밖에 없도록 되어 있음을 보게 됩니다. 그리스도인들은, 그리스도인이기 때문에 국가의 대적, 대중들의 원수, 범법자로 간주되었던 것입니다.

우리가 박해받는 사람들의 체험을 살펴볼 때, 순교자의 고통을 당하는 자들의 행복에 관하여 말하는 이 팔복의 말씀이 얼마나 놀라울 정도로 역설적인지를 좀 더 생생하게 보게 됩니다. 그리스도인들의 박해는 하나 이상의 형태로 실시되었습니다. 가장 온건한 방법이 사회적으로 추방당하는 것이었습니다. 그리스도인은 불가피하게 이방인(outsider)이 되어야 했습니다. 항상 열려 있던 문이 그리스도인을 향해서는 닫혀졌습니다. 우리가 이제까지 보아 왔듯이, 그리스도인들은 계속되는 험담들에 직면해야 했습니다. 베드로전서에서는 그리스도인들을 대항하며 악한 말을 하는 사람들에 관하여 여러 번 언급되어 있습니다(벧전 2:12; 3:16).

그리스도인들은 하루하루를 극심한 험담이 유포되어 있는 사회에서 살아야 했으며, 심지어 가장에 의하여 박해와 추방을 당해야 하는 사회에서 살아야 했습니다. 이러한 이방인들의 의심과 증오는 한 지역에 전쟁 약탈, 파괴적 행위, 폭풍 등이 발발했을 때 더 극심해졌습니다. 히브리서는 당시 그리스도인들이 자기들의 재산들이 약탈당하는 것을 불평 없이 받아들였음을 잘 이야기해 주고 있습니다(히 10:34).

우리는 공식적 박해에서 그리스도인들에게 가해졌던 온갖 종류의 형벌들을 볼 때, 그것이 얼마나 가학적 변태성과 야만성을 내포하고 있는지 알게 됩니다. 워크만(H. B. Workman)은 그의 저서 「초대교회의 박해」
(*Persecution in the Early Church*)에서 그리스도인들이 직면해야 했던
공포들을 이렇게 요약합니다.

"만약 우리가 엄격하게 역사적인 기록으로 남아있는 사례들만 제한
하여 살펴본다 하더라도 박해의 야만적인 성격을 경악스러운 것이었
다. 당시 사법적 조처의 대부분이 잔인하긴 했지만 그리스도인들에
대한 형벌은 특별히 더 심했다. 어떤 경우에는 부모를 살해한 자에게
가해지는 형벌이 그리스도인들에게 가해졌는데, 즉 뱀이 들어 있는
자루에 함께 묶인 채 바다에 던져졌다. 또 어떤 경우에는 큰 돌에 묶
인 채 강물에 던져지기도 했다. 그리스도인들에게는 십자가형이 충분
하지 않다는 생각이 퍼져 있었다. 그래서 그리스도인들은 나무에 매
달린 채 뼈가 부서지도록 나무로 맞았다. 그러면서 상처에는 고통을
가중시키기 위하여 식초와 소금이 뿌려졌다.
테비아(Thebias)에서 디오클레티아누스(Diocletian)의 박해 동안
에 그리스도인들은 투석기에 결박된 채 사지가 모두 끊어지는 형벌을
받았다. 이그나티우스(Ignatius) 같은 사람은 야수에게 던져졌다. 또
어떤 사람들은 야수들의 뿔에 묶인 채 이리저리 끌려 다니는 경우도
있었다. 여자들은 발가벗기운 채 그물에 갇힌 상태에서 사나운 황소
의 공격을 받도록 방치되었다. 많은 사람들은 '뾰족한 조개껍질 위에
눕혀지는' 형벌을 받았으며, 화형을 당하기 전에 칼, 창, 송곳 등으로
고문을 당했다. 적지 않은 사람들이 마차 바퀴 사이에 묶여져 사지가
찢어졌으며, 말들이 사방으로 잡아당기는 능지처참형을 당하기도 했
다.
어떤 사람들은 발은 점점 불에 태우면서 머리에는 찬 물을 붓기도
했는데, 형벌을 당하는 사람이 너무 빨리 죽지 않도록, 그리하여 오랫
동안 고통을 당하도록 하기 위해서였다. 디오클레티아누스 황제의 하

인 중 한 사람이었던 피터는 뼈가 보이기까지 채찍에 맞았으며, 그 후 석쇠 가까이 끌려가서, 자기 몸에서 떨어져 나온 살이 타는 형벌을 당해야 했다. 리용에서는 사람들이 비엔의 상투스(Santuus of Vienne)의 끈질긴 고집을 꺾기 위하여 그의 국부를 불로 지지기까지 했다. 사람들의 등에 불에 녹은 납을 붓기도 했다. 황제의 특별 사면의 은혜를 입은 소수의 사람만이 두 눈이 불에 지져진 채 석방되었다 한다 … 물론 사형을 당하기 전에 가해졌던 여러 가지 고문은 말할 나위도 없다.”

이러한 것들은 상상하기가 그렇게 아름답거나 즐거운 경험들이 아닙니다. 그러나 그리스도교는 인간적 의미와 신적 의미에서 모두 피를 요구하는 신앙임을 잘 기억해야 하는 것입니다.

우리는 이러한 박해의 이유가 무엇이었는지에 대하여 다시 간략하게 살펴봅시다. 우리는 가이사 숭배의 정치적 요구가 상황을 어떻게 지배했는가를 이미 살펴보았습니다. 그러나 최소한 어느 정도 대중들의 여론이 배후에 없는 한, 행정 당국의 편에서 그러한 박해의 요구가 성공할 수도 그리고 계속될 수도 없었을 것입니다.

그리스도인들이 증오를 받는 주요 이유는 그들이 무엇인가 다르다는 사실이었습니다. 신약성경에서 그리스도인들을 묘사하기 위하여 사용된 단어는 아주 중요한 의미가 있습니다. 그것은 ‘하기오스’(hagios)라는 단어입니다. 이것은 빈번하게 ‘성도들’로 번역되는 단어입니다. 이 단어의 표준적 의미는 ‘거룩하다’입니다. 이 단어의 근본적 의미, 어근적 의미는 ‘다르다’입니다. 하기오스한 것, 거룩한 것은 다른 사물과 무엇인가 다릅니다.

성전이 거룩하다는 것은 그것이 다른 건물들과 다르기 때문입니다. 안식일이 거룩한데, 왜냐하면 다른 날들과 다르기 때문입니다. 그렇기 때문에 그리스도인들은 근본적으로 다른 사람들입니다. 그런데, 만약 그러한 다름이 세상 생활로부터 은둔함으로써 표현된다면, 거기에 다른 사람에 의하여 싫게 여겨지는 것은 가능할지라도, 그러한 싫은 감정이 박해까지 야기한다는 것은 생각하기 어렵습니다. 그러나 그리스도인들의 다름은 이 세상 안에서 표현된 다름이었습니다. 바울 사도는 광야에 은둔하고 있는 성도들에게, 또는 수도원에 있는 성도들에게 편지한 것이 아닙니다. 그는 빌립보와 로마에 살고 있는 성도들에게 편지한 것이었습니다. 그렇기 때문에 그리스도인들이 그들의 삶에 있어서 이러한 다름 때문에 이방인들과 부딪쳐야 했던 것이 불가피하였습니다.

더 나아가 그리스도인들의 삶에서 표현되어진 다름은 이방인의 생활양식을 말없이 비판하며 심판하는 다름이었습니다. 그리스도인들이 비판하며 정죄하며 실망하며 사는 것은 아니었습니다. 또한 그리스도인들이 의식적으로 자기의 의로움을 주장하며 우월감을 느끼며 살았던 것도 아니었습니다. 이것은 단순히 그리스도인의 윤리는 그 자체가 이방인의 생활 방법과 기준을 비판하며 정죄하는 것이었기 때문입니다. 사람들은 침묵적으로 자기들을 정죄하는 그리스도인들을 항상 제거하려고 노력할 것입니다.

초대 아테네 정치인 가운데 가장 유명했던 사람 중에 아리스티데스(Aristides)가 있었는데, 그는 의인(Just)이라고 불리어졌습니다. 끝에 가서 그는 추방당했는데, 그 어떠한 범죄가 그에게 있었기 때문이 아니라, 단순히 사람들이 그 사람의 선함을 보고 굴욕과 수치를 느꼈기 때문이었습니다. 플루타르크는 당시 사람들이 어떤 사람을 추방할지 말지에 대하여 투표를 했음을 증언합니다. 어떤 사람의 추방에 찬성하는 투표를 할 사람은 오스트라콘(ostracon), 즉 토기 조각에 그의 이름을 기록하게 했습니다. 글을 읽을 줄 모르는 어떤 사람이 아리스티데스에게 가까이 왔습니다. 그는 아리스티데스를 전혀 알지 못하는 사람이었기 때문에, 옆에서 눈으로 보면서도 그가 아리스티데스인지 몰랐습니다.

그리고 글을 쓸 줄 모르기 때문에 옆에 있는 아리스티데스에게 아리스티데스를 추방하기 위하여 오스트라콘에 아리스티데스라는 글자를 기록해 달라고 부탁했습니다. 아리스티데스는 그에게 물었습니다. 아리스티데스가 그에게 과연 무슨 나쁜 일을 했으며, 또 아리스티데스가 추방당하도록 투표를 할 정도로 아리스티데스에게 해를 입었는가에 대하여 질문했던 것입니다. 그 남자는 이렇게 대답했습니다. "아니오, 전혀 그렇지 않습니다. 나는 아리스티데스가 누구인지도 모릅니다. 그러나 그가 도처에서 '의인' 이라고 불리는 것을 듣기가 이제 지겨워졌습니다."

의로운 사람이 존재한다는 사실 그 자체가 싫은 일이었습니다. 명석하지만 무절제했던 아테네의 젊은이 알키비아데스(Alcibiades)와 소크라테스(Socrates) 사이에는 절친한 우정이 있었습니다. 그러나 가끔 알키비아데스는 소크라테스에게 이렇게 말하곤 했습니다. "소크라테스, 나는 자네를 싫어하네. 왜냐하면 내가 자네와 함께 있을 때는 나의 현재 모습이 인식되기 때문이네."

그리스도인들이 박해를 받았는데, 그것은 그들의 삶에 있어 다른 점들이 많은 이방인들의 비난의 대상이 되었기 때문이었습니다. 베드로는 이방인들이 그리스도인들을 험담하는 것은 다른 이유 때문이 아니고 그리스도인들이 그들과 같은 유형의 죄악을 범하지 않기 때문이라고 말했습니다(벧전 4:4). 그리스도인들이 자기가 소속되어 있는 공동체에서 항상 양심대로 행동하려고 노력한다는 이유 때문에 다른 구성원들로부터 박해를 받기 쉬운 처지에 있게 된다는 것은 인간적 상황에서 언제나 있을 수 있는 사실입니다.

그리스도인들이 자기의 입장을 굳이 말로 표현할 필요는 꼭 없습니다. 그의 존재와 그의 생활 자체가 그가 움직이는 단체, 사회, 조직의 구성원들에게 양심의 가책이 되는 것입니다. 이것은 말로 비판하고 다른 사람의 단점을 끊임없이 지적하는 그러한 문제가 아닙니다. 이것은 의식적으로 우월감을 느끼고 있다는 문제도 아닙니다. 이것은 단순히 그리스도인의 생활이 있다는 것이 이 세상의 생활이 어떠해야 된다는 것을 상기시켜 주며, 또 현재의 세상을 정죄하고 있기 때문입니다. 사람이 자기의 양심에 대하여 침묵을 지키려 노력한다는 것은 결코 새로운 일이 아닙니다. 공동체의 양심으로서 그리스도인들은 하나님 없이 사는 세상의 편으로부터 증오와 시기와 공격을 받지 않을 수 없는 것입니다.

그렇다면, 이러한 박해와 이러한 공격에 대항하는 그리스도인들의 방어책은 무엇입니까? 위대한 초대 교회 당시 그리스도인들이 박해를 대응하기 위하여 폭력을 사용할 수도 있는 가능성을 전혀 생각하지 아니했다는 사실은 주목할 만하며, 그리고 굉장히 중요하며 의미심장합니다. 그리스도인들의 수가 아주 많아지고 그리스도인들의 일치된 행동이 로마 정부를 역전시킨 것은 그리 일찍 이루어진 것이 아니었습니다. 그러나 그리스도인들은 기독교가 어떤 종류의 폭력을 사용함으로써 지켜질 수 있다고 믿지 아니했습니다.

박해를 대항하는 방법으로 그리스도인들은 두 가지의 무기가 있었습니다. 첫 번째, 그들은 **그리스도인의 삶**이라는 무기가 있었습니다. 베드로가 부탁하기를, 그리스도인들은 세상의 험담에 대하여 침묵을 지키라고 했습니다. 그리고 아주 아름답게 생활함으로써 이러한 험담들이 거짓으로 증명되도록 하라고 했습니다. 그리스도인들은 스스로가 충성되고 유용한 시민임을 보여주어야 하며, 그리고 선하고 양심적인 종임을 보여주어야 합니다. 그리하여 이방인들의 험담들이 침묵하도록 해야 하는 것입니다(벧전 2:12-18). 그리스도인들은 좋은 양심을 가지고 있어 자기들을 향한 비난을 부끄럽게 만들어야 합니다(벧전 3:13-16). 박해의 시대에 교회는 영원히 유효하며 진리로 남아 있는 한 위대한 원리를 터득했는데, 그리스도인들의 유일한 진술은 선한 생활이란 진술입니다. 그리스도교의 유일한 방패는 그리스도인입니다.

두 번째로, 그리스도인들은 **그리스도인들의 변증**이라는 방어책을 가지고 있었습니다. 그리스도인들은 자기들 안에 소망이 있는 이유에 대하여 묻는 모든 사람들에게 대답할 준비가 항상 되어 있어야 한다는 것이 베드로의 주장이었습니다(벧전 3:15). 다른 말로 표현하자면, 만약 그리스도인이 그리스도인의 신앙에 대한 공격을 당하게 되면, 그는 자기가 무엇을 믿는지 그리고 왜 그것을 믿는지 알고 있어야 한다는 것이었습니다.

어떤 종류의 박해를 당했을 때 이에 대하여 사용할 수 있는 그리스도인들의 유일한 무기는 그리스도인의 삶을 증명하는 것이었으며, 그리고 그리스도인의 믿음을 지혜롭게 설명하는 것이었습니다.

박해에 관하여 우리에게 아직 남아 있는 문제가 하나 있습니다. 박해받는 사람의 축복을 우리가 어떻게 말할 수 있습니까? 순교자의 고통이 받는 축복에 관하여 우리가 어떻게 말할 수 있습니까? 표면적으로는 이것이 이상하게 그리고 모순되게 그리고 역설적으로 보이지만, 우리가 이에 대하여 다시 한 번 더 생각해 볼 때, 박해에는 기쁨이 있음을, 그것도 특별히 순교자의 기쁨인 그 기쁨이 있음을 알게 됩니다.

박해는 사실 경의의 표시입니다. 어떤 사람을 박해한다는 것은 그 사람을 너무 중요하게 평가한 나머지 그를 제거해야 되겠다고 생각한다는 것을 의미합니다. 게으른 사람, 무능력한 사람, 우유부단한 사람 등을 박해할 사람은 아무도 없습니다. 그의 생활이 너무 실제적인 영향을 끼치며, 너무 적극적인 영향력을 행사한 나머지 사회가 그를 위험스럽게 생각하는 그 사람에게 박해는 오는 것입니다.

조지 버나드 쇼(George Bernard Shaw)는 세상이 저자에게 줄 수 있는 가장 멋있는 경의의 표시는 그의 책을 불사르는 것이라고 했습니다. 왜냐하면 그렇게 함으로써 세상은 이 책을 너무 역동적이며 폭발적으로 간주한 나머지 이 책이 계속적으로 사람의 마음에 영향을 끼치게 하지 않겠다는 사실을 증명하는 것이기 때문입니다.

박해는 박해받는 사람의 믿음이 극히 순수하며 진지하다는 사실에 대한 증거입니다. 기회주의적인 그리스도인, 타협하는 그리스도인, 양다리를 걸치는 그리스도인, 위선적인 그리스도인, 적당히 믿는 그리스도인은 절대로 박해받지 아니할 것입니다. 박해를 받는다는 것은 진정한 그리스도인으로서 경의의 표시를 받는 것입니다.

박해는 충성을 증명할 수 있는 기회입니다. 일이 어렵게 되었을 때 그리스도인의 충성을 철저하게 시험할 수 있게 됩니다. 박해는 그리스도인에게 자기가 그리스도의 복음에 부끄럽지 아니함을, 그리고 자기가 누구에게 속해 있는지 또 자기가 누구를 섬기는지 주저 없이 말할 수 있음을 보여줄 수 있는 기회를 제공합니다.

박해받는 것은 성도들, 예언자들, 그리고 순교자들의 길을 걷고 있음을 의미합니다. "너희 전에 있던 선지자들도 이같이 박해하였느니라"(마 5:12). 박해받는 사람들 가운데 있게 되는 것은 우리가 자기의 이름이 믿음의 명예로운 두루마리에 기록되는 위대한 무리 중 한 사람임을 아는 짜릿한 기쁨을 가지고 있음을 의미합니다.

박해를 견디는 것은 의심할 것 없이 기쁨의 길입니다. 시간이 갈수록 역사의 심판은 박해받은 사람의 편이지 결코 박해하는 사람의 편이 아닙니다. 제임스 러셀 로웰(James Russell Lowell)은 미국의 시인인데 '현재의 위기'라는 시에서 이렇게 말한 바 있습니다.

> 처형틀 위엔 영원히 진리가 있고,
> 보좌 위엔 영원히 오류가 있다.
> 처형틀은 미래를 다스리고,
> 보좌는 희미하게 망각되어진다.
> 하나님은 그림자 중에 계시어,
> 자기 백성을 감찰하신다.

그러나 — 이것이 더 중요할 수 있습니다 — 박해를 용감하며 충성스럽게 받아들이는 것은 사람이 자신에게 내리는 판결에 만족하도록 만듭니다. 스토아 학자들은, 사람을 끝까지 분석하면 사람이란 잘못된 일을 하고 박해를 회피하기보다 바른 일을 하고 박해를 받아들이게 된다는 사실을 본능적으로 알며 인정한다고 주장하곤 했습니다. 그들은 아주 유명한 예화를 사용했습니다.

헬라 역사에 하르모디우스(Harmodius)와 아리스토게이톤(Aristo-geiton)이라고 불리는 훌륭한 두 사람이 있었는데, 그들은 자유를 위하여 폭군에 대항하는 거사를 계획했습니다. 그들의 음모는 발각되었습니다. 이 두 사람은 유명한 아테네의 접대부와 가깝게 지내고 있었습니다. 이 여자는 암사자의 의미가 있는 라에아에나(Laeaena)라고 불리어졌습니다. 하르모디우스와 아리스토게이톤이 체포되고 사형을 당한 후 라에아에나도 체포되었습니다. 그리고 이 음모에 가담한 다른 사람들의 이름을 강제로 자백시키려고 온갖 방법이 동원되었습니다.

라에아에나는 그녀의 옛 친구들이며 고객들인 사람들과의 신의를 지키려고 결심했기 때문에 말하지 아니하려고 고문을 당하는 중에 혀를 의도적으로 깨물었습니다. 그래서 그녀를 기념하기 위하여 아테네 사람들은 혀 없는 암사자라는 유명한 청동상을 세웠던 것이었습니다. 스토아 학자들은 질문을 제기합니다. 당신은 그녀의 사치, 그녀의 쾌락, 그녀의 안락의 나날 중에 있는 라에아에나가 되겠는가? 또는 자기를 친구라고 불렀던 사람들에게 신의를 잃기보다 차라리 자기 혀를 깨문 시간에 있는 라에아에나가 되겠는가? 이 질문에 어떠한 대답을 해야 하는지는 말할 필요가 없습니다. 본능적으로 사람의 마음은 고문 가운데 있었던 라에아에나의 편으로 기우는 것입니다.

영국 교회의 역사는 이러한 행동의 원리에 있어 아주 특별한 사례가 있습니다. 토머스 크랜머(Thomas Cranmer)는 캔터베리의 대주교였습니다. 그는 개신교에 기우는 경향이 있었으며 개신교들과 아주 밀접한 관계를 가지고 있었습니다. 메리(Mary) 여왕이 즉위했을 때 그녀는 개신교를 멸절시키기 위한 그녀의 박해의 생애를 개시했습니다. 그리고 크랜머도 체포되었습니다. 그러자 그는 자기의 생명을 구하기 위하여 개신교회와의 모든 관계를 철회하겠다는 각서에 여섯 번이나 서명했습니다. 그러나

이 각서도 그의 생명을 건지지 못했습니다. 그러나 죽어야 할 때가 왔을 때는 오히려 크랜머에게 새로운 용기가 생겼습니다. 옥스퍼드에 있는 세인트 메리 성당에서 그는 또다시 그 각서를 반복할 것을 강요받았습니다.

그는 반복하지 않고 오히려 마지막 연설을 통하여 회중들에게 깊은 감동을 주었습니다. "이제 나는 이제까지 생애를 통하여 말하고 행했던 그 어떤 것보다 나의 양심을 괴롭히는 심각한 일에 부딪혀 있습니다. 이것은 진리와 위배되는 문서를 퍼뜨리는 일입니다. 그러나 이제는 나의 마음의 생각에 있는 진리와 위배되지만 나의 손으로 쓴 것들, 그리고 혹시나 나의 생명을 구하기 위하여 죽음의 공포 때문에 쓴 것들을 부인하며 거부합니다. 그리고 나의 마음과 어긋나는 나의 손이 먼저 죄를 범했기 때문에, 나의 손이 먼저 형벌을 받아야 합니다. 만약 내가 화형을 당해야 한다면, 나의 손이 가장 먼저 불에 태워져야 할 것입니다."

그리고 그가 화형대로 가까이 갔을 때, 그의 손을 뻗어 타오르는 불길 속으로 집어넣으면서 이렇게 말했습니다. "이것이 그것을 쓴 손입니다. 그래서 먼저 형벌을 당해야 합니다." 그리고 불길 속에서 손을 굳게 잡고 있은 채, 그는 절대 동요하거나 소리를 지르지 않았습니다. 그의 생명이 다할 때까지 말입니다. 크랜머에게는 순교의 기쁨이 도망가는 기쁨보다 훨씬 컸습니다. 박해를 회피하는 것은 순간의 고통을 피하는 것일 수 있습니다. 그러나 결국에는 스스로 삶을 참지 못할 정도로 괴롭게 만드는 자기모멸의 슬픔을 가져다 줄 뿐입니다. 박해를 직면하는 것은 순간의 고통을 가져다 줄 수 있습니다. 그러나 결국에는 마음의 만족과 평화에로 이끄는 길이 되는 것입니다.

신약성경을 통틀어서, 박해를 받아들이며 인내하는 것은 사람을 예수 그리스도와 특별한 관계를 맺게 한다는 확신이 가득합니다. 당하지 않아도 되는 고통과 박해를 받아들이는 것은 그리스도의 모범을 따르는 것이며 그의 발걸음을 따라 걷는 것입니다(벧전 2:21–24). 신앙과 충성이 가져다 주는 고통은 그를 위해서입니다(빌 1:29). 이러한 의미에서 신약성경의 사상은 굉장히 담대한 것입니다. 신앙을 위하여 고통을 감수하는 것은 예수 그리스도의 고난에 참여하는 자가 되는 것이며, 공유자가 되는 것입니다(벧전 4:13-16).

　가장 위대한 사상을 보는 것은 바울에게서입니다. 신앙을 위하여 고난을 당하는 것은 "그리스도의 남은 고난을 채우는 것입니다"(골 1:24). 이것의 의미는 다음과 같습니다. 그리스도인이 고난을 당할 때, 그는 그리스도의 고난에서 모자라는 부분을 채우기 위하여 고난당한다는 것입니다. 마치 그리스도의 고난의 모든 것을 완전하게 이루는 것처럼 말입니다. 무엇을 의미합니까? 그리스도의 고난에 어떻게 불완전한 것이나 또는 모자라는 것이 있을 수 있습니까?

　사람의 건강과 행복한 삶에 기여할 수 있는 어떤 위대한 발견이 한 과학자에 의하여 그의 실험실에서 이루어졌다면, 그것은 모든 사람들이 선용할 수 있도록 만들어져야 합니다. 발견 그 자체는 싸움의 중간입니다. 그것을 사용할 수 있게 만드는 것이 또한 중요한 것입니다. 그리고 그것을 사용할 수 있도록 만드는 것이 무지, 편견, 적의 및 반대와 더불어 오랜 기간 싸운 후에 가능해지는 것이 종종 있습니다. 발명품을 사람이 이용할 수 있도록 만드는데 쓰이는 비용이 처음 발명할 때 쓰이는 비용보다 더 큰 경우가 많이 있습니다.

　여기에 그리스도의 사역과 그리고 우리가 그것에 동참하는 사역 사이에 있는 위치와 역할이 비유될 수 있습니다. 그리스도의 일은 완전하게 이루어졌습니다. 십자가는 극복되었으며 승리가 왔습니다. 그러나 그리스도께서 무엇을 행하셨는지에 관한 소식과, 그리고 그리스도 안에 구원이 제공되었다는 소식이 모든 사람에게 전파되어야 하는 과제가 아직 남아 있습니다. 그 소식을 전하는 일은 희생을 요구합니다. 그것은 희생과 고난과 순교와 죽음을 부를 수도 있습니다. 그리고 그러한 모든 고난은 실제적인 의미에서 그리스도의 남은 고난을 채우는 것이라 할 수 있습니다. 왜냐하면 이것이 없이는 그리스도의 희생이 사람들에게 알려질 수 없기 때문입니다.

더 나아가 예수 그리스도는 이 세상을 모든 사람을 위하는 세상으로 만들기 위하여 살고, 그리고 죽으셨습니다. 그는 모든 곳에 있는 사람들이 구원과 죄 용서와 하나님과의 평화를 알 뿐만 아니라, 그들이 하나님의 아들과 딸들이 마땅히 살아야 할 그러한 건강과 행복과 자유와 기쁨의 삶을 살게 하기 위하여 사셨으며, 그리고 돌아가셨습니다. 이것은 엄청난 희생을 대가로 치릅니다. 기독교인이라는 이름이 주어질 수 있는 그러한 종류의 사회와 세상이 만들어지기 위해서는 그러한 일이 계속되어야 할 것입니다. 그러한 세상과 그러한 사회를 만드는 것은 그리스도의 목적이었습니다. 그렇기 때문에 그러한 세상을 만들기 위하여 일하고 수고하며 고난당하며 인내하는 사람은 실제적 의미에 있어 그리스도의 고난을 채우며 완성시키는 것이라 할 수 있는 것입니다.

가장 위대한 사상이 바로 이것입니다. 신앙을 위하여 그리고 그리스도께서 위하여 죽으신 사람들이 좀 더 잘 되기 위하여 고난당하는 사람은 그리스도의 고난에 동참하는 사람이며, 심지어 그의 주님의 고난에 모자라는 부분을 채우는 사람인 것입니다.

그러한 고난의 궁극적인 보상은 명백합니다. 예수 그리스도는 아무에게도 빚을 지지 아니합니다. 그리스도의 고난에 참여한 사람은 불가피하게 그리스도의 영광에 동참할 것입니다. 만약 우리가 그와 더불어 고난을 당하면 우리는 그와 더불어 영광스럽게 될 것입니다(롬 8:17). 고난에 참여하는 자가 되는 것은 위로에 참여하는 자가 되는 것입니다(고후 1:7). 만약 우리가 그와 함께 고난을 당하면 우리는 그와 함께 다스릴 것입니다(딤후 2:12). 그리스도교의 본질은 그리스도와 연합하는 것입니다. 그리고 그러한 연합은 필연적으로 그의 고난과의 연합, 그리고 그의 영광과의 연합을 포함하는 것입니다.

맺는말

우리는 이제까지 팔복의 말씀을 연구하면서 생각해 왔습니다. 이제 말씀드려야 할 것이 두 가지 남아 있습니다. 하나는 경고하는 일이며, 그리고 나머지 하나는 격려하는 일입니다.

1) 경고하는 일부터 시작합시다. 팔복의 말씀과 산상수훈 말씀 전체가 누구에게 주어진 것인가를 주목할 필요가 있습니다. 제자들에게 주어진 말씀들입니다(마 5:1). 다시 말씀드리자면, 팔복의 말씀과 산상수훈은 헌신된 그리스도인에게 주어진, 그리고 이들에게만 가능한 삶의 방법을 묘사하고 있다는 것입니다.

우리는 사람들이 만약 팔복의 말씀과 산상수훈의 가르침대로 살게 된다면, 세상은 아주 새로운 그리고 완전한 평화와 사랑의 시대로 들어가게 될 것이라고 말하는 것을 자주 듣습니다. 라이오넬 커티스(Lionel Curtis)는, 교회는 그 자체가 목적으로 간주되어서는 안 되며, 반대로 하나님께서 땅 위에 행복한 나라를 건설하는데 사용되는 수단과 도구로 이해되어야 한다고 주장합니다. 그는 계속하여 말하기를, 만약 행복한 나라가 무엇을 의미하는지 묻는다면, "산상수훈의 말씀이 정치적으로 실현된 나라"라고 대답하겠다고 합니다. 완전한 세상으로 가는 길은 산상수훈의 가르침을 받아들이며 그것대로 사는 것입니다.

많은 사람들이 다음으로 잘하는 말이 이것입니다. "우리가 기독교 신학에 관하여는 신경 쓰지 말고 오로지 기독교 윤리만을 완성시키자. 종교 때문에 괴로움을 당하지 아니하는 윤리를 가져 보자. 예수가 누구였는지,

또는 그가 사람에게 주장한 것이 무엇이었는지 생각하지 아니하는 윤리를 가지자.”

이것의 대답은 기독교 윤리는 오직 헌신된 그리스도인에게만 가능하다는 것입니다. 이러한 진술에 대한 증거는 명확합니다. 세상은 거의 이천 년 동안 산상수훈과 그리고 이로부터 명백해진 기독교 윤리를 가지고 있었습니다. 그러나 이를 성취시키고 실천으로 옮기는 일에는 전혀 가까이 가지 못하고 있습니다. 이것은 여전히 꿈과 환상으로 남아 있습니다. 기독교인의 윤리는 기독교인의 역동하는 힘이 없이는 절대 불가능하다는 것은 분명한 진리입니다.

이 세상에는 ‘해야 한다’와 ‘할 수 있다’ 사이에 분명한 차이가 있습니다. 사람이 이론적으로 무엇을 해야 한다는 것과 실제적으로 무엇을 할 수 있다는 것 사이에 분명한 차이를 두는 것이 이 세상입니다. 비대하게 살찐 중년 남자에게 백 미터를 십 초 안에 달릴 수 있어야 한다고 말하는 것은 지극히 옳을 수도 있습니다. 그러나 평범하게 이해할 수 있는 사실은 그가 그렇게 할 수 없다는 것입니다.

우리가 산상수훈을 기초로 살아가는 사람들만 모여 있는 세상을 생각할 때, 모든 꿈은 이러한 종류의 삶을 살 수 있게 하는 원동력을 솟아나오게 하는 예수 그리스도에 대한 헌신 없이는 불가능함을 알 수 있습니다. 우리에게 자기 계명을 주신 자만이 우리들로 하여금 이러한 계명들에 복종할 수 있게 하실 수 있습니다. 기독교 윤리는 그리스도 없이는 절대로 불가능합니다. 기독교인의 헌신 없이는 이 세상과 기독교의 능력과 기독교의 삶과 같은 것이 있을 수 없습니다.

기독교인 남자 그리고 기독교인 여자를 만드는 것은 기독교 윤리가 아닙니다. 기독교 윤리를 살 수 있는 사람이 곧 기독교인 남자요 기독교인 여자인 것입니다. 기독교 윤리의 진수인 산상수훈은 제자들이었던 사람들에게 주어진 말씀이었습니다. 그렇듯 기독교 윤리는 예수 그리스도에 대한 헌신으로부터 결코 떨어질 수 없는 것입니다.

2) 그러나 여기에는 또한 격려할 일도 있습니다. 제자들은 예수님이 그들에게 모든 것을 가르쳐 주기 전에도 제자였습니다. 즉 그들은 자기들의 삶을 예수 그리스도의 삶에 붙들어 매기 전에 예수님의 모든 말씀을 이해해야 되겠다고 기다리지 않았습니다. 그들은 먼저 자기들의 삶을 그에게 헌신했으며, 그 후 그는 그들을 가르치셨습니다.

자기들이 이런저런 교리를 이해하지 못한다고 해서, 또는 기독교 내에는 자기들에게 신비스럽게 생각되는 어떠한 일들이 있다고 해서, 스스로를 예수 그리스도에게 또는 그의 교회에게 헌신하기를 거부하는 사람들이 많이 있습니다. 체스터튼(C. K. Chesterton)은 오직 바보만이 하늘을 자기 머리 안에 집어넣으려고 애쓰며, 이 경우 그의 머리가 깨어지지 아니하면 이상한 것이라고 오래 전에 말한 적이 있습니다. 그리스도인과 지혜로운 사람은 자기의 머리를 하늘 안에 두는 일에 아주 만족하는 것입니다.

언젠가 예수님께서 아주 적절한 말씀을 하셨습니다. "사람이 하나님의 뜻을 행하려 하면 이 교훈이 하나님께로부터 왔는지 내가 스스로 말함인지 알리라"(요 7:17). 만약 우리가 그리스도인의 길을 걷기로 작정을 하고 떠난다면, 비록 그리스도의 교훈과 가르침에 대한 우리의 이해가 아주 불완전하며 부정확하다는 사실을 잘 인식한다고 하더라도, 우리가 아는 대로 하나님의 뜻을 행하려 하면 할수록 그것이 우리에게 점점 더 명확해질 것입니다. 로마의 옛 속담이 있는데, "길을 떠나면 문제가 풀린다"입니다. 모든 것을 이해하기 위하여 기다리는 사람은 영원히 기다리게 될 것입니다. 우리가 현재 알고 있는 것을 가지고 우리는 시작해야 합니다. 그리고 우리가 계속할 때 우리는 점점 더 많이 이해하게 될 것입니다.

이상(理想)이 우리 앞에 있습니다. 이상에 이르는 길은 예수 그리스도에 대한 헌신입니다. 그리고 그 헌신을 위해서 우리가 완전히 이해할 것을 기다릴 필요가 없습니다. 우리는 사랑과 더불어 시작할 수 있습니다.

주기
도문

저자 서언

이 주기도문 강해의 내용은 대부분 「설교자들의 계간 잡지」(*The Preacher's Quarterly*)에 연재했던 글들을 한 데 묶어놓은 것입니다. 이제 그것들을 모아 작은 책으로 다시 펴낼 수 있도록 허락해 주신 「설교자들의 계간 잡지」의 편집인 겸 발행인께 감사를 드립니다.

사실 주기도문에 대해 뭔가 새롭고 특이한 설명을 가한다는 것은 불가능한 것 같습니다. 하지만 주기도문은 너무나 자주 성도들에 의해 암송되는 것이어서 자칫 아무런 의미 없이 되풀이 될 위험성이 있습니다. 그래서 주기도문을 암송하는 순간에 그 기도가 의미하는 바가 무엇인지 깨닫고 좀 더 신중하고 조심스럽게 주기도문을 암송할 수 있도록 하는데 이 책이 작은 도움이 될 수 있었으면 합니다.

윌리엄 바클레이
글래스고 대학에서

서문

뭐라고 해야 할까?

우리가 어린 시절에 편지를 쓰려고 할 때 우리는 종종 부모님이나 어른에게 가서 "어떻게 쓸까요?" 하고 묻곤 합니다. 그리고 많은 사람들, 대부분의 사람들은 대개 이런 식으로 삶을 살아가게 됩니다. 동양에서는 편지 대서(代書)는 전문적인 직업에 속하는 것이었습니다. 편지 대서자가 조그만 책상 위에 잉크병과 펜을 놓고 있으면 편지를 쓸 일이 있는 사람들이 그에게 와서 편지를 써 달라고 요청했던 것입니다. 사람들은 무엇을 말해야 할지 자기들에게 일러줄 사람이 필요했습니다. 우리나라 같은 경우는 사람들이 서점에 가서 모범 편지투를 사서 이런저런 경우에 편지를 어떻게 써야 할지에 대한 표본을 구할 수가 있습니다.

우리가 "뭐라고 해야 할까?" 묻게 될 때 정말 그러한 질문을 하고 있는 것은 아니라고 생각됩니다. 우리는 상대방의 친절이나 선물에 대해서는 감사의 말을 하기를 원할 것입니다. 또 어떤 경우에는 도움이나 어떤 정보를 요청하기도 합니다. 우정이나 사랑, 선의의 뜻을 표하기도 하고, 우리의 바람, 동정, 축하, 심지어 불만을 표시하기도 합니다.

어쨌든 우리는 적어도 이 정도는 알고 있습니다. 사실 대부분의 사람들이 가지고 있는 문제는 무엇을 말해야 할지 모른다는 것보다는 그것을 어떻게 표현해야 할지 모른다는 데에 있는 것입니다. 아주 극소수의 사람만이 자기의 뜻을 분명히 표현할 수 있으며 대부분의 사람들은 그들의 생각을 말로 표현하는데 상당한 어려움을 느끼고 있으며 더욱이 그들의 감정을 표현하는 데는 더 많은 어려움을 느끼고 있습니다.

어떤 사람이 "뭐라고 해야 할까?" 하는 질문을 다른 사람에게 할 때는 그는 실제 그다지 큰 도움을 받지 못합니다. "우선 자리에 앉아서 쓰기 시작하세요." 그 사람은 바로 이것을 할 수 없다는 데에 문제가 있는 것입니다. 그는 어떻게 자리에 앉아서 그가 말해야만 하는 것을 쓸 수 있을까 갈등하고 있는 것입니다. 이것은 연설에 있어서도 마찬가지입니다. 결혼 피로연이나 그 외에 다른 모임에서 연설을 부탁받은 사람은 흔히 연설에 재능이 있는 사람에게 찾아가서 도움을 구합니다. "결혼식에서 연설을 하나 해야만 하는데 뭐라고 말해야 할지 모르겠네. 좀 가르쳐 주겠나?" 이때에 그는 자기 자신과 그 자리에 모인 사람들의 격려와 축하를 전해야 한다는 것은 잘 알고 있습니다. 그러나 그는 그것을 어떻게 해야 할지, 뭐라고 서두를 꺼내야 할지 모르겠다는 데에 그의 고민이 있으며, 단순히 "자리에서 일어나서 말하라"고 하는 것은 별다른 도움이 되지 못하는 것입니다. 만일 그렇게 할 수 있다면 그는 도움을 청할 필요가 없었을 것입니다.

어떤 사람이 "뭐라고 해야 할까?" 하는 질문을 하게 될 때 그가 도움을 받을 수 있는 길은 두 가지가 있습니다. 다른 사람이 그를 위해 편지나 연설의 내용을 불러주고 그가 받아 쓰든지, 아니면 아예 그 내용을 대신 써주는 것이 그 한 가지 방법입니다. 하지만 이것은 그다지 좋은 방법이 아닙니다. 그런 식으로 도와주게 되면 그것은 다른 사람의 편지, 다른 사람의 연설이 되고 말기 때문입니다. 의심할 바 없이 그 편지나 연설의 내용은 훌륭하고 좋은 것이겠지만 그 편지나 연설을 하는 당사자가 사용하는 스타일이나 방법이 아닌 생소한 표현들이 사용되고, 그래서 거기에는 그 사람 특유의 개성이나 독특한 체취가 담겨 있지 않게 됩니다.

그러나 그를 도울 수 있는 또 다른 방법이 있습니다. 그 도움이 필요한 사람에게 이미 완성된 편지, 연설 등을 불러주거나 써주는 것이 아니라 그로 하여금 자신이 말하고자 하는 것을 자신의 말로 표현할 수 있도록 해주고 길잡이가 되어주는 개요나 양식을 제공해 주는 것입니다. 바로 이 방법이 훨씬 좋은 것인데 그 이유는 그가 말하고자 하는 것을 자신의 방법으로 표현할 수 있기 때문입니다.

　기도에 관한 언급에 있어서 예수와 그의 제자들 사이에 일어났던 것은 바로 이러한 방법이었던 것입니다. 그들은 기도하기를 원했습니다. 그들은 자신들의 필요와 요구들을 알고 있었고 하나님은 그것들을 채워 주실 것을 믿었습니다. 그러나 그들은 기도를 어떻게 시작해야 할지 몰랐습니다. "주여, 우리에게 기도를 가르쳐 주옵소서"(눅 11:1). "너희는 기도할 때에 이렇게 하라." 예수님은 제자들에게 주기도문을 가르쳐 주셨습니다(눅 11:2; 마 6:9). 그러나 예수님은 그들이 어린아이처럼 그 기도문을 단순히 암송하게 하기 위한 것이 아니라 한 기도의 모범유형을 보여주려 하셨던 것입니다.

　우리들도 대부분 이런 제자들의 경험을 하게 됩니다. 우리는 우리가 하나님을 필요로 한다는 것을 잘 알기 때문에 기도하고자 합니다. 그러나 우리가 어떻게 기도를 시작해야 할는지, 어떻게 우리의 기도를 아뢰야 할지 잘 알지 못합니다. 그래서 예수님은 그의 제자들에게 했던 것처럼 우리에게 주기도문을 제시해 주고 계시며, 그것은 단순히 그대로 암송해야만 하는 기도로서가 아니라 우리의 기도를 위한 모범유형으로서 우리에게 주신 것입니다.

　이 유형은 단순하면서도 매우 포괄적인 것임을 알 수 있습니다. 예수님은 이 주기도문을 통해 우리에게 다음과 같이 말씀해 주십니다.

> 너희가 기도할 때
> 하나님은 너희의 왕이요 아버지시라는 것을 기억하라.
> 너희는 그 안에 사랑과 능력이 균형 있게 조화를
> 이루신 분에게로 나아가라.
> 너희가 기도할 때

너희의 매일 필요한 것들을 하나님께
아뢰기를 주저하지 말라.
너희가 기도할 때
너희의 잘못들을 하나님께 고백하기를 두려워 말라.
너희가 기도할 때
너희의 미래와 그 모든 염려들을 하나님께
맡길 것을 잊지 말라.

예수님은 그의 제자들의 요청에 따라 그 제자들에게, 또한 우리들에게 주기도문을 제시해 주셨습니다. 이 주기도문은 그 자체가 하나의 완전한 기도인 동시에 모든 기도를 위한 모범유형인 것입니다.

1

기도하는 백성
(A Praying People)

예수님의 제자 중의 하나가 예수님께 와서 어떻게 기도해야 하는지 가르쳐 달라고 한 것은(눅 11:1) 지극히 자연스러운 일입니다. 왜냐하면 유대인들은 전통적으로 기도하는 백성이었기 때문입니다. 그들은 하나님께서 그들의 기도를 원하시면 그들이 하는 기도를 들어주시는 분이라는 확신을 가지고 있었습니다. 유대의 랍비는 "거룩하신 하나님께서 의로운 자들의 기도를 원하신다"고 외쳤습니다.

또 시편 기자는 다음과 같이 노래했습니다. "여호와께서는 자기에게 간구하는 모든 자 곧 진실하게 간구하는 모든 자에게 가까이 하시는도다"(시 145:18). "그들이 근심 중에 여호와께 부르짖으매 그들의 고통에서 건지시고"(시 107:6). "그가 내게 간구하리니 내가 그에게 응답하리라"(시 91:15). 이처럼 유대인들에게는 기도의 전통과 유산이 있었으며 예수님의 제자들은 예수님에게서 기도에 대한 가르침을 받기 전에 이미 이러한 기도의 유산들을 가지고 있었습니다.

유대인들은 기도의 능력에 대해서 결코 의심하지 않았습니다. "기도는 우리 입술의 무기이며 강력한 무기이다"고 랍비는 말하고 있는 것입니다. 유대인들은 하나님께서 그의 귀와 마음을 자기 자녀들의 기도에 열어놓고 계심을 의심하지 않습니다. "하나님께 기도를 드리고 있을 때는 여자나 노예, 부자와 가난뱅이, 현자와 우둔한 자 모두가 하나님 앞에 동등한 것이다." 비록 세계의 모든 사람이 동시에 기도하더라도 하나님은 한 사람 한 사람의 기도를 다 듣고 계십니다. 그래서 흔히 이러한 구절을 인용하는 것을 볼 수 있습니다. "기도를 들으시는 주여 모든 육체가 주께 나아오리이다"(시 65:2).

또 흔히 이렇게들 이야기합니다. "인간의 왕은 한 번에 두세 사람의 이야기밖에 들을 수 없다. 그러나 하나님은 그렇지 않다. 하나님은 모든 사람이 동시에 기도한다 하더라도 그들 모두의 기도를 들어 주신다. 인간과 달리 하나님은 아무리 많은 사람들의 말을 듣는다 하더라도 결코 진력이 나는 일이 없으시다. 그분은 인간들이 드리는 기도에 싫증을 내는 일이 결코 없다는 말이다."

또한 하나님은 그의 자녀들이 끊임없이 그에게로 나아오는 것을 귀찮아하시지 않습니다. 이러한 비유가 하나 있습니다. "어떤 사람이 그의 친구를 방문하게 되었습니다. 그의 친구는 그를 친절하게 맞으며 그를 소파에 앉도록 했습니다. 그가 다시 방문하자 이번에는 그에게 의자를 권했고, 그 다음에는 간이 의자를 내주었으며, 다시 찾아오자 그에게 이렇게 말했습니다. '간이 의자가 저기 있으니 가져다 앉게.'"

그러나 우리 하나님은 그렇지 않습니다. 이스라엘 백성들이 하나님의 집을 두드릴 때마다 하나님은 우리를 기뻐 맞아 주십니다. 세상에 어느 나라가 이스라엘처럼 하나님께서 그들에게 가까이 계신 나라가 있겠습니까? 사람들에게 있어서는 친구가 계속해서 집에 찾아오게 되면 점점 덜 반가워지게 되고, 마침내 귀찮은 사람이 될지 몰라도 하나님은 결코 그런 분이 아닙니다.

A. D. 70년에 예루살렘 성전이 훼파되자 유대인들은 하나님께 제사를 드릴 수 없게 되었습니다. 따라서 기도만이 하나님께 드릴 수 있는 번제와 봉헌이 되었습니다. 그러나 이미 예루살렘 성전이 훼파되기 전부터 유대의 많은 랍비들이 하나님께서는 번제보다 기도를 더 원하신다고 주장

하였습니다.

"하나님께서 이스라엘에게 말씀하시되, 열심히 기도하라. 기도보다 더 귀한 것이 없느니라." "제사의 규례에서 이르시기를 만일 누가 수소가 있으면 그것을 바치게 하고 수소가 없으면 숫양이나 어린 양, 또는 비둘기를 바치게 하라. 비둘기를 바칠 여유가 없는 자는 가루 한 움큼을 바치게 하고 그것도 없는 자는 단지 하나님께 기도를 드리게 하라." 유대의 랍비들이 말하는 것처럼 기도는 단지 필요할 때만 하는 것이 아니라 끊임없이 계속 드려야만 하는 것입니다. 탈무드는 집회서에 나오는 "의사를 필요로 하기 전에 먼저 그만 높이라"고 하는 구절을 그 예로서 사용하고 있습니다. 그리고는 계속해서 다음과 같이 말합니다.

"거룩하신 하나님께서 말씀하시기를, 지면에 비를 내리게 하고 이슬이 맺히게 하며 식물이 자라게 하고 사람을 보존하게 하는 것은 내가 하는 일이다. 그러면 너희는 나의 하는 일을 보고 나를 찬양하고 내게 기도해야 하지 않느냐? 그러므로 너희는 '내가 이미 부족함 없이 풍족한데 무엇 때문에 기도해야 하느냐? 내게 만일 불행한 일이 생기면 그때 기도하고 탄원하면 되지' 하고 말하지 말라. 너희에게 불행이 닥치기 전에 미리 준비하고 깨어 기도하라." 그러므로 기도는 필요할 때 외치는 구원요청이 아니라 하나님과의 끊임없는 대화이며 교제인 것입니다.

프리드랜더(Friedlander)는 인간으로 하여금 기도하도록 만드는 마음의 감정들을 아주 잘 설명해주고 있습니다. 우리는 우리 마음속에 들어 있는 모든 것들을 하나님 앞에 내어놓아야 합니다. 그렇게 함으로써 우리 마음속에 있는 욕망들을 점검해 볼 수 있으며 그 속에 어떤 불경하고 부당하며 천박한 요소들이 있지 않은지 살펴볼 수 있습니다. "기도는 우리의 마음을 정화시키고 순결하게 하며 고상하게 만들어 줍니다. 기도는 우리의 약한 생각을 사라지게 하며 마음의 고통과 슬픔으로부터 해방시켜 줍니다." 그러면 프리드랜더가 말한 것처럼 하나님 앞에 내어놓아야 할 우리의 마음을 살펴봅시다.

우리는 먼저 우리의 '사랑'을 하나님 앞에 내어놓아야 합니다. "내가 여호와를 항상 송축함이여 내 입술로 항상 주를 찬양하리이다"(시 34:1). "주여 내 입술을 열어 주소서 내 입이 주를 찬송하여 전파하리이다"(시 51:15). 또한 우리의 '감사'를 하나님께 아뢰야 합니다. "주께서 내게 응답하시고 나의 구원이 되셨으니 내가 주께 감사하리이다"(시 118:21). "나는 감사하는 목소리로 주께 제사를 드리며"(욘 2:9).

어느 한 랍비는 다음과 같이 말했습니다. "다른 기도는 다 중단된다 하더라도 감사의 기도만은 중단될 수 없다." 그러나 정당하고 올바른 것에 대해 하나님께 감사드리도록 해야 합니다. 탈무드에는 이런 구절이 있습니다. "이집트 군사들이 바다에 빠져 수장되어 죽는 동안 천사들이 하나님께 찬송과 영광을 돌리려 하자 하나님께서는 그들을 꾸짖으셨다. '나의 자녀들이 내 눈앞에서 멸망당해 죽어가고 있는데 내가 너희의 찬송을 들어야 한단 말이냐?'"

이러한 유대 랍비들의 말처럼 어느 누구도 다른 사람이 당한 불행에 대해 하나님께 감사해서는 안 됩니다. 누구나 하나님께 기도드릴 때는 그 마음에 하나님의 거룩함을 가져야 합니다. 하나님께 대한 사랑과 신뢰, 확신과 함께 창조주 하나님 앞에서 피조물에 대해 편파적인 우호를 나타내지 않도록 하나님께 대한 경의를 가지고 있어야만 합니다. 랍비 시몬은 말하기를 "우리는 기도할 때에 '쉐키나'(하나님의 영광)가 우리 앞에 있음을 잊지 말아야 한다"고 하였습니다.

기도할 때에 우리는 하나님의 거룩함을 마음속에 지녀야 하지만, 또 이 외에 두 가지 요소가 더 있어야 합니다. 즉, 우리 속에 하나님께 순종하려는 마음과 하나님을 기쁘게 해드리려는 마음이 있어야 합니다. "주의 말씀의 맛이 내게 어찌 그리 단지요 내 입에 꿀보다 더 다니이다 주의 모든 계명들이 의로우므로"라고 시편 기자는 노래하고 있습니다(시 119:103, 172).

또한 우리 마음속에는 하나님의 뜻을 거스르지 않을까 하는 두려움이 있어야 합니다. "여호와의 산에 오를 자가 누군가 곧 손이 깨끗하며 마음이 청결한 자로다"(시 24:3, 4). 이것은 시편 기자의 단언입니다. "여호와여 내가 무죄하므로 손을 씻고 주의 제단에 두루 다니나이다"(시 26:6). 또한 무엇보다 우리는 기도할 때에 우리의 연약함을 하나님께 아뢰야 합니다.

우리는 인생의 불확실성을 잘 알고 있으며 그 인생 여정 속에서 우리에게 갑자기 시련이 닥칠 때 우리의 무력함을 잘 알고 있습니다. 그래서 시편 기자는 "여호와는 압제를 당하는 자의 요새이시요 환난 때의 요새이시로다"(시 9:9) 하고 노래하고 있습니다. 또한 탈무드에는 이렇게 기록되어 있습니다. "칼날이 이미 목에 닿아 있다 할지라도 우리는 계속 하나님께 기도를 드리며 믿음을 버리지 말아야 한다." "여호와 하나님께 대한 희망을 잃지 말고 다시 기도하라."

유대인들이 기도에 대해 가지고 있는 사상에 대해 살펴봐야 할 또 다른 요소들이 있는데 이런 것들을 통해서 예수님이 제자들에게 기도에 대해 가르치시기 전에 이미 그들은 기도에 관한 전통적인 유산을 가지고 있었음을 알 수 있습니다.

'회개'는 기도에 있어 중요한 부분입니다. "눈물의 문은 결코 닫히지 않습니다." 회중들이 아무런 제물을 가지고 오지 않더라도 그들이 울며 기도할 때 하나님은 그들을 받아주십니다. 유대인들은 회개의 기도에 비상한 능력이 있다고 생각했습니다. 유대인들은 소위 '하나님의 역설'이라는 것에 심취되어 있었습니다. 하나님의 법령은 변개될 수 없는 것이었고 하나님의 법은 어길 수 없는 것이었으며 하나님의 심판은 면할 길이 없는 것이었습니다. 그래서 죄인들에 대한 하나님의 심판은 변경할 수 없었습니다. 그러나 하나님의 은총과 자비에 의한 놀라운 기적들이 가끔 일어났습니다.

유대인들은 통회하고 자복하는 심령의 기도가 하나님의 분노를 자비로 바꾸어 준다는 것을 분명히 믿었습니다. "왜 의인의 기도는 갈퀴와 같다고 말할까요? 갈퀴가 곡식들을 이곳에서 저곳으로 옮겨 놓는 것처럼 의인의 기도는 하나님의 자비를 이곳에서 저곳으로 옮겨 주기 때문입니다." 랍비 이쉬마엘이 제사장의 직무를 하고 있었을 때 그는 향을 피우기 위해서 지성소로 들어갔습니다. 거기서 그는 하나님을 뵙고는 이렇게 기도했습니다. "하나님, 당신의 자비로 당신의 분노를 가라앉히는 것이 당신의 뜻이길 원하옵니다." 하나님은 이 기도를 받아들이시고 동의하셨습니다.

아마 유대의 종교예술 작품 중에 가장 놀라운 것은 하나님께서 자신의 자비가 온 세상에 충만하길 스스로 기원하는 것을 묘사한 작품일 것입니다. 따라서 하나님께서 스스로 기원하시는 것은 이런 것입니다. "나의 자비가 분노를 참게 하고 정의로운 심판보다 앞서게 하며, 나의 자녀들을 준엄한 정의의 심판보다는 사랑과 동정심에 의해 다스리게 되기를."

이스라엘 아브라함스(Israel Abrahams)는 시편 다음가는 훌륭한 찬양시 〈왕관〉(Royal Crown)에서 솔로몬 가비롤(Solomon Gabirol)의 시를 인용하고 있습니다. "나는 너로부터 떠나 다시 너에게로 날아간다." 즉, 이 시는 하나님께서 죄를 용서하시기 위해서는 무엇인가 하나님 스스로도 그를 위한 수고를 치러야 함을 나타내 주고 있는 것입니다.

한편 공동체의 기도는 가장 위대한 기도입니다. 한 개인의 기도는 흔히 이기적인 것이 되기 쉽습니다. 그래서 가장 위대한 기도는 공동체의 기도이며 이 기도에서는 한 개인이 자신을 분리시켜서는 안 됩니다. "이스라엘은 하나의 띠로 공동체를 이루게 될 때에 비로소 구원받게 될 것입니다. 모든 사람들이 연합하여 하나가 될 때 '쉐키나'(하나님의 영광)의 현존을 체험하게 될 것입니다." 자기 동족들의 고통을 함께 나눈 모세처럼 공동체의 어려운 문제에 함께 동참하는 사람만이 또한 공동체가 받는 위로에 참여할 수 있습니다. 의인은 죽음의 순간에도 자신의 이익을 생각하지 않고 공동체의 유익을 생각합니다.

모세는 그가 죽을 것이라는 하나님의 음성을 듣고도(민 27:12-14) 그의 관심은 자기 자신에 관한 것이 아니었으며 하나님께서 자기를 대신할 새로운 지도자를 세워 주실 것을 간청하였습니다. 아마 이러한 사상을 나타내 주는 단적인 예를 다음과 같은 이상한 랍비의 기도문에서 찾아볼 수 있습니다. "여호와여, 여행자들의 기도가 단지 '여행을 잘 할 수 있게 해 주소서' 하는 기도이지 않게 하소서."

이 기도의 속뜻은 그 나라 백성들이 모두 비가 오기를 기다리고 있는데 여행자가 그의 여행을 위해 비가 오지 않게 해 달라고 간청하는 기도여서는 안 된다는 것입니다. 그렇다고 해서 유대인들이 개인의 사적인 기도를 경멸하거나 저주하는 것은 결코 아닙니다. 단지 유대인들은 이기적인 기도를 혐오하고 공동체를 위한 기도를 중요시하고 있으며, 따라서 주기도문에는 '나' '나를' '나의' '내 것'과 같은 단어들이 쓰이고 있지 않다는 것을 기억해 두어야 합니다.

유대인들은 기도에 있어서 '인내'가 필요하다는 것을 분명히 믿고 있었습니다. 모세는 하나님께서 그에게 "그만해도 족하니 이 일로 다시 내게 말하지 말라"(신 3:26)고 하셨을 때조차도 여전히 하나님의 자비와 용서를 위해 기도하였습니다. 이처럼 우리의 기도에 아무런 응답이 없을 때에도 우리는 기도를 중단해서는 안 됩니다. 이스라엘 백성들이 금송아지를 만들고 우상 숭배를 자행한 죄를 중재하기 위해 모세는 40일 동안 하나님 앞에 나아가 기도했습니다(신 9:18, 25).

이사야 선지자가 히스기야 왕에게 그가 죽을 것이라는 예언을 하나님의 이름으로 선언하자 히스기야 왕은 그의 병상에서도 끊임없이 기도하였음을 성경 속에서 발견할 수 있습니다(사 38:1-5).

날카로운 칼날이 목을 겨누고 있는 순간이라 하더라도 우리는 하나님의 은총과 자비를 구해야만 합니다. 기도와 회개와 구제는 하나님의 법령을 변개케 하는 세 가지 조건들입니다. 유대인들은 하나님께 매달리고 탄원하는 것을 아주 자연스럽고 정당하게 생각했습니다.

기도는 인내와 끈기를 가지고 해야 하지만 또한 거기에는 겸손함이 있어야 합니다. 하나님께 기도드리는 사람은 그가 바로 하나님의 뜻을 구해야 한다는 것을 명심해야 합니다. "당신께서 원하신다면 …"; "당신의 보기에 선하신 대로 행하여 주소서" 하는 기도야말로 기도를 시작하는 표준이 되는 것입니다. "전능하신 하나님께서 하시는 일은 무엇이든지 바로 우리를 위한 것임을 알아야 한다." 아무도 자기의 기도에 대한 응답을 자신의 당연한 권리처럼 여겨서는 안 됩니다. 거만한 기도는 하나님이 보시기에 혐오스러운 것입니다.

"사람은 다음과 같은 3가지 죄악에 대해 매일 책임을 져야 한다: 악한 생각, 비방 그리고 자기의 기도에 대한 지나친 기대. 기도하면서 자기는 그 응답을 받을 만한 자격이 있다고 생각하는 사람은 실제 아무것도 받지 못하고 만다." 즉 이 경구는, 기도에 대해 지나친 기대와 자신감을 갖는 것은 하나님께서 자기의 기도를 반드시 들어주셔야 한다는 오만이 될 수 있다는 것을 암시해 주고 있습니다.

기도의 응답은 언제나 은총에 의한 것이지 기도자의 권리는 아닙니다. "너의 기도는 응답될 수도 있고 응답되지 않을 수도 있는 탄원이 되어야 한다. 그 기도가 반드시 들어주어야만 하는 요구나 요청이 되지 않게 하라." 따라서 우리는 기도할 때에도 하나님은 창조주이시고 우리는 그 피조물임을 잊지 말아야 합니다.

유대인들에게 중보기도는 매우 중요한 의미를 가진 것이었습니다. 중보기도란 응급의 상황에 있는 사람을 위해 대신 기도해 주는 것을 말합니다. 랍(Rab)은 다음과 같이 말했습니다. "자기의 이웃을 위해 대신 기도해 주어야 하는 사람이 그 중보의 기도를 하지 않았을 때 그는 죄를 범하는 것이다." 여기에서 유대인들의 기도에 있어 이기적인 것을 혐오하는 모습을 엿볼 수 있습니다. 그만큼 자기 자신을 위한 기도 못지않게 이웃을 위한 기도도 중요한 것입니다.

이 정도로 기도가 유대인들의 정신과 생활에 있어 중요한 것이었던 만큼, 예수께서 제자들에게 기도에 대해 가르치실 때에 그에 따른 위험과 오용 등에 대한 책임감을 느끼셨을 것입니다. 가장 큰 첫 번째 위험은 형식주의에 따른 위험입니다. 유대인들은 기도를 **빼먹어서는** 안 되기 때문에 그들의 일상생활 중 적당한 때에 기도를 드리기 위하여 기도에 관한 여러 법칙과 규정들을 세워 놓았던 것입니다.

그러나 이런 형식주의는 다음과 같은 두 가지 이유 때문에 부적절한 것이었습니다. 첫째, 이 형식들은 단지 일상생활 중에 적당한 때에 기도드리려는 의도에서 생겨난 것들이기 때문입니다. 둘째, 이 형식주의의 위험성을 유대인들 자신이 더 잘 알고 있었습니다. 그들은 그들의 율법에 의해 이러한 형식주의의 모순점들을 극복하려 했습니다.

쉬러는 다음과 같이 말합니다. "신앙생활의 중심이 되는 기도마저도 견고한 형식주의의 족쇄 속에 갇히게 되고 말았다." 형식주의 속에도 진리가 있긴 하지만 그것은 부분적인 것이었으며 위험성이 있는 것이었습니다. 우리는 형식보다는 그 뒤에 감추어져 있는 이상(理想)을 볼 수 있어야만 합니다. 왜냐하면 그것은, 아리스토텔레스의 말처럼 어떤 사람, 어떤 제도든지 그것이 나타내는 결과를 통해서 판단되어야 하기 때문입니다.

1) 기도시간에 대한 규정(형식)이 있었습니다. 열심 있는 유대인들은 하루에 세 번, 오전 9시, 정오, 오후 3시에 기도를 드렸습니다. 모든 일들을 가능한 한 고대(古代)에까지 소급시키려고 하는 유대인들의 특성에 따르면 아침에 드리는 기도는 아브라함에게까지 거슬러 올라가고(창 19:27), 오후의 기도는 이삭에 의해 기인되며(창 24:63), 저녁 기도는 야곱에 의해 기인되는 것입니다(창 28:11). 또한 다니엘도 예루살렘을 향해 하루에 세 번 기도를 드렸습니다(단 6:10).

이것은 완전한 형식주의였고 기도할 시간이 되면 가능한 한 여러 사람이 보는데서 기도하려고 함에 따라서 이 기도는 허식과 겉치레의 기도가 되고 말았습니다. 한편, 다윗도 다음과 같이 말하고 있음을 볼 수 있습니다. "저녁과 아침과 정오에 내가 근심하여 탄식하리니 여호와께서 내 소리를 들으시리로다"(시 55:17). 이것은 물론 종교적 의식의 기도입니다. 하지만 열심 있는 유대인이라면 또한 이렇게 말할 것입니다. "그가 하루

온 종일 끊임없이 기도할 수는 없는가?"

2) 또한 기도 장소에 대한 형식주의가 있었습니다. 올바른 시간에 기도해야 하는 것과 마찬가지로 올바른 장소에서 기도를 드려야 했습니다. 아바 벤자민(Abba Benjamin)은 "우리의 기도는 회당(Synagogue)에서 드릴 때에 하나님께서 들으신다"고 했으며, 랍비 휴나(Huna)는 "정해진 기도회를 가진 사람은 아브라함의 하나님이 그의 도움이 되어 주신다"고 했습니다. 또한 랍비 요하난(Jochanan)은 우리가 기도를 위해 특별한 장소를 정해 놓아야만 한다고 이야기하고 있습니다.

베드로와 요한은 오후 3시(제 구시) "기도 시간"이 되어 성전에 올라갈 때에 성전 미문에서 나면서부터 앉은뱅이 된 자를 만나 그를 고쳐 주었습니다(행 3:1). 하지만 이처럼 성전에서 기도하는 것만이 유대인들의 기도 법칙인 것은 아닙니다. 랍비 요카난(Jochanan)은 기도하는 사람은 그의 집에서 주위가 꼭 막힌 공간에서 하라고 말하고 있습니다. 이것은 가정예배에 관한 언급 중에 훌륭한 말이기도 합니다.

또한 시편 중의 한편 미드라쉬에 이런 구절이 나옵니다. "하나님께서 이르시되, 기도하려면 네 성읍의 회당에서 기도하라; 만일 할 수 없거든 들에 나가 기도하라; 그것도 안 되면 네 집에서 기도하라; 그렇지 않으면 네 침실에서 기도하라; 그것도 안 될 때는 네 침대 위에 누워 조용히 마음속으로 기도할지니라."

하나님은 어디에나 계십니다. 들판의 나무 꼭대기에 올라가서 일할 때나 건축 공사장의 나무판에서 일하고 있을 때에라도 언제 어디서든지 우리는 기도할 수 있습니다. 회당에서 기도할 때는 예루살렘을 향해 기도하도록 되어 있고, 성전에서는 지성소를 향해 기도하도록 되어 있습니다.

하지만 또한 유대의 랍비들은 이렇게 말하고 있습니다. "맹인이나 방향을 파악할 수 없는 사람은 그 마음을 하늘에 계신 아버지 하나님께로 향하고 기도하라." 사실 기도 장소에 대한 규정은 있을 수 있습니다. 그러나 그러한 형식주의를 초월해서 하나님께서는 인간의 손으로 지은 그 어느 성전에도 계시지 않는 것이 확실합니다.

3) 기도의 형식과 순서에 대한 형식주의가 있었습니다. 유대인들의 기도 중에 가장 위대한 것은 쉐모네 에스레(Shemoneh' Esreh; The Eighteen)이었습니다. 이것은 "당신께 감사하나이다"하는 구절로 끝나는 감사기도 형식의 18개로 된 기도문이었습니다. 이것은 테필라(Tefillah)라고도 불렸는데 그 의미는 '탁월한 기도문'(The prayer)이라는 것이었습니다.

이 기도는 모든 유대교 회당 예배 속에서 드려졌으며 경건한 유대인들은 하루에 세 번씩 이 기도를 드렸습니다. 만일 이 기도를 전부 드릴 수 없을 때는 이 기도 중 일부를 발췌하기도 했습니다: "여호와여 우리에게 당신의 길을 밝히 보이소서. 우리의 마음을 정케 하시고 당신을 두려워하게 하소서. 우리의 죄를 사하시고 우리를 구원하여 주소서. 우리를 슬픔에서 건져주소서. 당신의 푸른 초장에서 쉼을 얻게 하시고 흩어진 우리 무리들을 세상 사방에서부터 모으소서. 의인들로 하여금 당신의 나라의 재건을 즐거워하게 하시고 성전의 건축을 기뻐하게 하소서. 당신의 종 다윗의 뿔을 높이 드시고 당신이 기름 부으신 이새의 아들의 빛을 드러내게 하소서. 여호와여, 우리의 기도를 들으시는 당신께 감사하나이다."

일상생활의 모든 일들에 대한 정해진 기도문들이 있었습니다. 이런 기도문들은 베라콧(Berachoth) — 그 의미는 '감사'라는 뜻 — 이라고 불리는 미쉬나(Mishnah)에 나타나 있습니다. 과일이나 채소 등 땅의 소산을 대하게 될 때는 이런 기도를 올립니다; "나무의 실과와 포도열매와 이 땅의 모든 결실을 맺게 하신 당신께 감사드리나이다." 땅에 떨어지는 운석이나 천둥과 번개, 지진과 폭풍이 일어날 때는 이런 기도를 올립니다. "그 권능과 능력이 온 세상에 가득한 하나님께 감사드리나이다." 또 산이나 언덕, 강, 사막 등을 대하게 될 때는 "창조의 주님께 감사드리나이다" 하는 기도를 드리며, 심한 풍랑이 휘몰아칠 때는 "참된 심판을 내리시는 하나님께 감사하나이다" 하고 기도합니다.

또 만일 집을 새로 짓거나 재물을 얻게 되었을 때는 "우리에게 생명을 주신 하나님께 감사하나이다" 하는 기도를 드립니다. 성읍을 들어올 때나 나갈 때나 늘 하나님께 기도를 드리는 것입니다. 이러한 기도 의식과 관습은 하나의 형식이 되어 버리고 말았으며, 마치 무슨 주문을 외는 것과 같이 되어 버리고 말았습니다. 하지만 한편 이런 기도의 습관으로 인해 당시의 유대인들은 하나님의 임재로 가득한 세상을 살고 있었으며, 세상의 모든 사건들을 통해 창조주이시며 모든 생명의 근원이신 하나님을 바라볼 수 있었던 것입니다.

4) 기도의 길이에도 형식주의가 있었습니다. 예수님은 "너무 장황하게 기도하는 것"에 대해 경고하셨습니다(마 6:7). 한편 유대 랍비들의 가르침은 오히려 예수님의 가르침과 부합하고 있습니다. 랍비 메이어(Me'ir)는 이렇게 말했습니다. "하나님을 향한 우리의 기도는 늘 간결한 것이어야 한다." 또 랍비 치야 벤 아바(Chijja ben Abba)는 이렇게 말하고 있습니다. "자기의 기도를 쓸데없이 길게 하고, 길게 기도함으로써 응답받으리라고 기대하는 사람은 낙심하게 될 것이다."

랍비들의 이와 같은 가르침은 매우 현명한 것입니다. 왜냐하면 그들은 기도를 길게 해야 할 때와 짧게 해야 할 때가 있음을 알고 있었기 때문입니다. 그래서 모세는 미리암을 위한 기도에 있어서는 "하나님이여 원하건대 그를 고쳐 주옵소서"(민 12:13)라고만 기도했지만, 그는 또한 "내가 사십 주 사십 야를 여호와 앞에 엎드려서 기도하였나이다"(신 9:18)라는 말을 하고 있습니다.

가끔 유대인들의 기도는 카디쉬(Kaddish)의 두 번째 절처럼 하나님께 대해 수많은 수식어를 나열하기도 합니다. "거룩하신 하나님의 이름을 찬양하고 영광 돌리며 존귀와 찬송과 감사와 경배를 돌릴지어다." 그러나 랍비들의 가르침에 의하면 하나님께 대한 형용사는 다음의 3가지만을 사용하는 것이 적절합니다 — 위대하시고, 전능하신, 경배의 하나님.

한편 위의 주장과는 상반된 경구들도 있습니다. "의인이 기도를 장시간

드릴 때에 그의 기도는 응답되어진다.” “우리가 기도를 하루 내내 계속 할 수 있다면.” 하지만 이런 경구들은 하나님의 임재를 끊임없이 갈구하는 사람의 기도, 마음 깊은 곳에서 우러나오는 기도를 강조하려는 것입니다.

우리는 유대인들의 기도에 있어서의 형식주의에 대한 비판을 가하게 됩니다. 그 형식주의는 고정화된 기도문의 한 단어라도 잘못 읽는 것에 대해 엄중한 경고를 가하고 있기 때문입니다. 이러한 형식주의는 부당한 것이며, 위대한 유대의 교사들은 이 형식주의에서 벗어나고자 많은 노력을 했습니다.

한편, 유대인들은 기도에 있어 첫 번째로 필요한 요소를 다음과 같은 번역하기 어려운 낱말로 이야기합니다. “기도는 ‘카완나’(Kawannah)를 필요로 한다.” ‘카완나’는 집중력과 헌신을 뜻하는 것입니다. 즉, 그것은 눈과 마음과 생각이 여호와 하나님께만 향해 있는 것을 말합니다. 기도에 있어서 이런 태도의 필요성은 유대의 모든 경건한 문학과 사고 속에 드러나 있습니다.

“당신의 마음이 천국을 향하여 있는 한 기도를 길게 하든 적게 하든 그것은 문제가 되지 않는다.” “모든 것이 마음의 ‘카완나’에 달려 있다.” 우리가 길을 가고 있다 할지라도 기도를 하기 위해서는 멈춰 서서 “경외와 두렵고 떨리는 심정으로 우리의 마음을 하나님께로 향하지 않으면 안 된다.” 걷는 동작 때문에 정신 집중이 안 되고 생각이 흩어질지도 모르기 때문입니다.

“기도하는 사람은 그의 생각을 하나로 모아야만 한다.” 랍(Rab)은 “그 마음이 차분히 정돈되지 않은 사람은 기도해서는 안 된다”고 이야기합니다. 랍비 차니나(Chanina)는 그의 마음이 심란할 때는 기도하지 않았습니다. 유대인들은 두 손을 위로 쭉 뻗고 서서 기도했으며, 랍비 암미(Ammi)는 이렇게 말하고 있습니다. “기도할 때 그의 마음을 두 손에 담아 기도드리지 않으면 그 기도는 받아들여지지 않는다.” “기도하는 사람은 눈은 아래를 향하되 그 마음은 위를 향해 있어야 한다.” 또한 랍비 엘르아 잘(Eleazar)은 다음과 같이 말합니다. "늘 자신의 마음을 점검해 보라: 자신의 마음을 하나로 집중시킬 수 있으면 기도하고, 그렇지 않으면 기도하지 말라."

경건한 유대인들은 틀에 박힌 듯한 형식적인 기도를 매우 싫어했습니다. "기도는 마치 무슨 문서를 읽듯 암송해서는 안 된다." 이런 것을 피하기 위해 매일 새로운 기도를 드려야 합니다. 기도가 틀에 박힌 과제나 임무처럼 될 때, 그것은 진정한 의미에서 더 이상 기도가 될 수 없는 것입니다.

미쉬나(Mishnah)는 마음의 준비가 되지 않은 채 기도하기 위해서 일어나서는 안 된다고 선언하고 있습니다. 또한 랍비들은 우리가 사업이나 여행에서 돌아오자마자 바로 기도하기보다는 한 시간 정도 마음을 정돈하고 마음의 준비가 된 후에 기도하라고 말하고 있습니다.

이제 많은 유대인들의 기도문 중에서 3편의 위대한 기도문을 소개함으로써 기도에 대한 유대인들의 태도에 대한 고찰을 마무리하고자 합니다. 유대인들은 이 3편의 기도문을 지금도 사용하고 있으며 우리 기독교인들도 이 기도문을 통해 많은 유익을 얻을 수 있습니다. 먼저 잠들기 전에 하나님께 드리는 기도문이 여기 있습니다:

"온 세계의 왕이신 우리의 하나님 여호와여, 당신께 감사하나이다. 당신은 내게 잠을 주시고 내 피곤한 두 눈에 안식을 주시나이다. 내 조상의 하나님이시며 나의 하나님이신 여호와여, 나로 평안 중에 눕게 하시며 평안 속에서 다시 깨게 하소서. 나의 번뇌나 악몽이 나를 괴롭히지 말게 하시고 완전한 평안과 휴식을 얻게 하소서. 나로 죽음의 잠을 자지 않도록 눈을 다시 뜨게 하소서. 내 눈에 빛을 주신 이가 당신뿐이니이다. 오 여호와 하나님, 온 세상에 빛을 주시는 당신께 감사하나이다."

이제 두 번째 기도문은 랍비 얀나이(Yannai)가 그의 제자들에게 가르쳐 준 것으로 아침에 일어나서 드리는 기도문입니다:

"죽은 자를 깨우시는 여호와여, 당신께 감사하나이다. 나의 하나님 여호와여, 내게 선한 마음과 선한 희망, 선한 본성과 선한 심령을 주옵시고 겸손한 마음과 겸손한 마음과 겸손한 영을 주옵소서; 우리가 당신의 이름을 욕되게 하지 않게 하시고 우리가 사람들의 비방거리가 되지 않게 하소서; 우리의 희망이 번뇌가 되지 않게 하시고 우리가 우리 육체의 재능에만 의지해서 살지 않게 하소서. 그것이 주는 유익은 적고 그것이 주는 수치는 크기 때문입니다; 우리의 분깃을 당신의 율법 속에 두게 하시고 당신의 뜻을 행하는 자들과 함께 하게 하소서; 당신의 집과 당신의 성소, 당신의 나라와 당신의 성전이 우리 시대에 속히 이루어지게 하소서."

이제 세 번째 기도문은 랍(Rab)의 기도문입니다;

"우리의 하나님 여호와여, 우리에게 장수와 평화와 축복의 날들을 허락해 주소서. 우리의 육체를 강건하게 하시고 죄를 두려워하게 하시며 수치와 징벌을 당치 않게 하소서. 우리에게 번영과 영광의 날을 허락해 주시고 율법을 사랑하고 천국에 대한 경외가 있게 하소서. 당신 속에 거하는 삶을 통해 선을 향한 마음이 가득하게 하소서."

예수님의 제자들이 예수님께 나아와 무엇을 어떻게 기도해야 하는지 가르쳐 달라고 하였을 때 그들은 이미 매우 귀중한 기도에 관한 전통과 유산들을 가지고 있었습니다. 그러나 이 유산들은 예수님의 가르침을 통해 더욱 위대하고 가치 있는 것들로 나타날 수 있었던 것입니다.

2

우리 아버지
(Our Father)

우리가 주기도문의 기도 내용을 상세하게 연구하기 전에 먼저 주기도문의 전체적인 형식에 대해 잠깐 살펴볼 필요가 있습니다.

기도는 하나님의 올바른 위치를 인정하는 것으로부터 시작되어야 합니다. 주기도문에 나오는 처음의 세 기원은 하나님의 이름을 거룩하게 하실 것과 하나님의 나라가 임하실 것과 하나님의 뜻을 행하실 것을 위해 간구하고 있습니다. 이러한 기원을 한 후에야 우리 자신의 필요와 우리 자신을 위한 간구를 드릴 수 있는 것입니다. 우리가 기도할 때 가장 큰 잘못은 그 기도가 흔히 자기중심적이고 자기 유익만을 위한 기도가 되기 쉬운 것입니다.

우리는 우리의 필요에만 급급한 나머지 하나님께서 원하시는 것을 생각지 못하는 수가 있습니다. 우리는 자신의 욕망에만 사로잡혀서 하나님의 뜻을 잊어버리기 쉽습니다. 우리는 하나님께 기도를 드리는 것에만 열중해서 하나님께서 우리에게 말씀하실 기회를 드리지 못하는 수가 많으며, 우리의 사정을 아뢰기에만 급급한 나머지 하나님께 귀를 기울이려 하지 않습니다.

그래서 예수님은 주기도문을 통해 우리가 이런 잘못을 범하지 않도록 가르치시려는 것입니다. 주기도문은 우리들 자신이 아니라 하나님을 기도의 중심에 놓음으로써 기도를 시작하고 있습니다. 우리가 원을 그릴 때, 그 원의 중심점이 바로 잡혀야만 올바른 원을 그릴 수 있는 것처럼 우리의 기도에 있어서 하나님이 올바른 위치에 놓이게 될 때에 다른 모든 것들도 제 위치를 찾게 될 것입니다.

그래서 주기도문은 하나님의 존엄하심과 하나님의 목적을 상기하고 하나님의 뜻을 받아들이는 것으로 그 기도를 시작하고 있는 것입니다.

주기도문의 두 번째 부분은 우리가 기도에 대해 이제껏 배운 것 중에 가장 포괄적인 기도입니다. 그러면 이 두 번째 부분에 나타난 세 가지 기원을 살펴보겠습니다:

> 우리에게 오늘날 일용할 양식을 주시옵고
> 우리가 우리에게 죄 지은 자를 사하여 준 것 같이
> 우리의 죄를 사하여 주시옵고
> 우리를 시험에 들게 하지 마시옵고
> 다만 악에서 구하시옵소서.

이 세 가지 기원 중 첫 번째 것은 우리가 현재 필요로 하는 것을 위한 기도입니다. 한편 두 번째 기원은 우리의 과거의 죄를 위한 기도입니다. 그리고 세 번째 기원은 우리의 미래의 복지와 안녕을 위한 기도인 것입니다. 이 세 가지 기원은 우리의 과거, 현재, 미래의 삶을 위한 것이며, 그것들을 하나님 앞에 맡기는 것입니다. 현재의 삶에 필요한 양식, 과거를 위한 용서, 미래를 위한 도움 등 우리의 모든 삶이 하나님께 맡겨지는 것입니다.

그러나 한편 이 세 가지 기원은 그 이상의 내용을 담고 있습니다. 첫 번째 기원인 일용할 양식을 위한 기도를 드릴 때, 우리는 창조주이시며 모든 생명의 근원이 되신 '성부 하나님'(God the Father)을 생각하게 됩니다. 두 번째 기원, 우리의 죄 용서함을 위한 기도를 드릴 때에는 모든 인류와 우리들을 위한 구세주이시고 구속주이신 '성자 하나님'(God the Son)을 생각하게 됩니다. 그리고 세 번째 기원인 죄에 **빠지지** 않는 삶을 살게 해 달라고 기도드릴 때에는 모든 인간을 보호하시고 도와주시고 인도하시는 "성령 하나님"(God the Holy Spirit)을 생각하게 됩니다.

따라서 이 세 가지 기원은 우리를 성부, 성자, 성령과 연결시켜 주는 것입니다. 이처럼 놀라울 만큼 적은 단어와 낱말을 사용하였음에도 불구하고 위의 세 가지 기원은 모든 생명을 삼위일체 하나님 전체에로 향하게 하는 것입니다.

주기도문의 형식은 다른 모든 기도들을 위한 전형적 모델입니다. 왜냐하면 주기도문은 먼저 하나님을 올바른 위치에 놓고 있으며 우리의 과거, 현재, 미래 전부를 성부 성자 성령께로 향하게 하는 것이기 때문입니다.

그러면 이제 다시 주기도문의 첫머리 단어인 "우리 아버지"(Our Father)에 대해 살펴보겠습니다. "우리 아버지"라는 말이 나타내는 뜻은 사전 속에 나타난 어떤 단어의 정의보다도 더 많은 함축적인 의미를 가지고 있습니다. 어떤 단어건 그 단어에 대한 사전적인 정의 외에 경험을 통한 해석이 첨가되어야 하기 마련인데, 이런 점에 있어서 '아버지'라는 단어만큼 함축적인 의미를 가진 말은 없을 것입니다.

'아버지'라는 단어는 그 자체에 두 가지 의미가 있습니다. 먼저 그것은 "생명의 기원으로서의 아버지"(paternity)의 의미로 사용됩니다. 이것은 단지 한 아이의 출생에 관계된 사람을 나타내는 의미로서 사용되는 것입니다. 간혹 어떤 사람은 'paternity'의 의미에서 한 아이의 아버지가 되긴 했지만 자기가 낳은 그 아이에 대해 구체적인 관심과 책임감을 가지지 않을 수도 있습니다.

하지만 또한 '아버지'라는 단어는 "그 특수한 관계와 친밀성에 있어서의 아버지"(fatherhood)라는 의미로서 사용됩니다. 이런 의미로 사용될 때에 그것은 아버지와 그 아들 사이에 있는 사랑과 친밀, 신뢰와 신실함의 관계를 나타내는 것입니다. 우리 기독교인들은 하나님께서 먼저

‘paternity’의 의미에서 우리의 아버지가 되신다는 것을 믿습니다. 이것은 곧 하나님께서 우리의 생명의 근원이 되신다는 것을 뜻합니다.

하지만 다른 종교들과는 달리 우리 기독교만이 갖고 있는 독특한 신(神) 관념은 하나님께서 ‘fatherhood’의 의미에서 우리의 아버지가 되신다는 생각입니다. 우리는 하나님과 우리 인간들 사이에 예수 그리스도를 통한 친밀함과 사랑의 영원한 관계가 이루어져 있으며 이것을 통해 하나님과 인간이 함께 만나고 있음을 믿습니다. ‘아버지’에 대한 이런 두 가지 의미를 유대 랍비들은 알고 있었습니다.

랍비들은 선량하고 신실한 후견인에 의해 양육된 한 고아 소녀에 대한 이야기를 다음과 같이 들려주고 있습니다. 그 소녀가 어느 날 마침내 결혼을 하게 되었습니다. 그 결혼의 법적 수속을 담당한 서기관이 그녀에게 물어 보았습니다. “당신의 이름은?” 그녀는 대답을 했고 서기관은 이어서 물어 보았습니다. “당신 아버지의 이름은?” 그러자 그녀는 대답을 하지 않고 서 있었습니다. 그 소녀의 후견인은 “왜 대답하지 않느냐?”하고 묻자 그 소녀는 이렇게 말하는 것이었습니다. “나는 당신 외에는 아무도 내 아버지로 생각한 적이 없기 때문입니다. 길러주신 분이야말로 아버지이며 단지 낳기만 한 사람은 진정한 나의 아버지가 아닙니다.” 그러므로 랍비들은 이스라엘 백성들에게 말하기를, 이스라엘의 진정한 아버지는 이스라엘 백성을 낳은 조상들이 아니고 이스라엘을 보호하고 양육하신 하나님이시라고 말해 왔던 것입니다.

그래서 우리가 “우리 아버지 하나님”이라고 부를 때, 우리는 단순히 ‘paternity’(생물학적 부성)를 머리 속에 떠올리기보다는 ‘fatherhood’(아버지됨)의 의미를 생각하게 되는 것입니다.

예수께서 제자들에게 “우리 아버지”라는 기도를 가르치실 때 예수님은 이스라엘의 풍부한 유산과 전통을 상기시켜 주셨습니다. 왜냐하면 하나님의 아버지 되심(fatherhood)은 유대인들에게는 매우 친밀한 사상이었기 때문입니다. 유대인들이 즐겨 사용했던 신앙고백들이 성경 속에 다음과 같이 나타납니다.

"너희는 너희 하나님 여호와의 자녀이니"(신 14:1). "나는 이스라엘의 아버지요"(렘 31:9). "그는 네 아버지시요 너를 지으신 이가 아니시냐 그가 너를 만드시고 너를 세우셨도다"(신 32:6). "그러나 여호와여, 이제 주는 우리 아버지시니이다 우리는 진흙이요 주는 토기장이시니 우리는 다 주의 손으로 지으신 것이니이다"(사 64:8). 유대인들의 하나님께 대한 충성과 헌신이 이처럼 성경 속에 잘 나타나 있습니다. 하나님이 그들의 아버지 되심을 믿는 신앙이 유대인들에게는 든든한 보증과 같은 것이었습니다.

1) 하나님의 아버지 되심에 대한 신앙은 그들로 하여금 하나님과의 친밀감을 갖게 해 주었습니다. 유대인들은 하나님이 아버지가 되시기 때문에 그의 자녀들의 기도를 들으시고 응답해 주시며, 그의 모습을 자녀들에게 나타내 주신다는 것을 믿었습니다. 출 26:18-25에 나오는 성막 건축에 대한 하나님의 명령을 유대인들은 이렇게 해석합니다.

쉐키나(Shechinah)는 광채 나는 구름의 모습으로 성막이나 성전에 나타나는 하나님의 영광을 말하는 것이었습니다. 하나님께서 "내가 거할 처소를 지어라" 하실 때, 모세는 의아해했습니다. 왜냐하면 모세는 하나님의 영광은 천상, 천하에 가득하다는 것을 잘 알고 있었는데 자기가 어떻게 하나님의 영광이 머물 수 있는 거처를 지을 수 있겠는가 의아해했던 것입니다. 그러나 하나님은 모세에게 말씀하십니다.

"나의 생각은 너의 생각과 다르다. 너는 성막을 위하여 널판을 만들되 남쪽을 위하여 널판 스무 개를 만들고 북쪽을 위하여도 널판 스무 개로 하고 … 성막 뒤 곧 그 서쪽을 위하여는 널판 여섯 개를 만들고 성막 뒤 두 모퉁이 쪽을 위하여는 널판 두 개를 만들라. 그것이 내게 족하니라(출 26:18, 20-23). 그리고 내가 임재해서 그 곳에 나의 영광이 머물게 하리라 … 너희는 너희 하나님 여호와의 자녀이며 나는 너희의 아버지라(신 14:1; 렘 31:9). 아버지와 가까이 있는 것은 자녀들의 영광이요 자녀들과 가까이 하는 것은 아버지의 영광이라; 그러므로 아버지 되신 하나님이 자녀들과 가까이 있을 수 있도록 거처를 만들지니라."

하나님은 그의 영광을 그의 성막에 머물게 하십니다. 하나님은 아버지 이시고 우리는 그의 자녀들이기 때문에 아무리 비천한 가정, 아무리 작고 보잘것없는 교회라 할지라도 하나님의 영광은 그 곳에 임재해 계시는 것입니다. 하나님은 그 어느 곳이라 할지라도 그의 자녀들과 함께 계실 수 있으며 또한 함께 하시려고 합니다.

랍비들은 이것을 또한 다른 방식으로 설명하기도 합니다. 랍비 유다 벤 시몬(Judah ben Simon)은 다음과 같이 말했습니다. "우상은 가까이 있으면서도 멀고, 하나님은 멀면서도 가까이 계신다." 사람들이 그 말의 의미가 무엇이냐고 묻자 그는 이렇게 대답했습니다. "우상 숭배자는 자기 집 안에 우상을 세워 놓기 때문에 그것은 가까이 있다고 할 수 있다. 하지만 정작 그 우상에게 도움을 청할 때, 그것은 아무런 도움을 줄 수 없기 때문에 결국 우상은 그 숭배자로부터 멀리 떨어져 있는 것이다. 그러나 하나님은 멀리 있으면서도 가까이 계신다." "어째서 그렇습니까?" 사람들이 물어 보았습니다. "천국은 여기에서 오백년 이상을 가야 할 만큼 멀리 떨어져 있다. 그래서 하나님이 우리로부터 먼 곳에 계시다는 말이다. 하지만 또한 하나님은 우리와 가까이 계시다. 왜냐하면 우리가 마음속으로 기도하면서 하나님을 찾게 되면 그분은 즉각 우리의 기도를 들으시며 응답해 주시기 때문이다."

비록 하나님이 지극히 높은 천국에 계시지만, 또한 천국이든 이 땅이든 하나님의 영광을 그 속에 가둘 수는 없지만, 그럼에도 불구하고 하나님은 가장 작고 보잘것없는 곳에, 깨끗하고 단순한 심령 속에 머물고 계십니다. 왜냐하면 하나님은 우리의 아버지가 되시기 때문입니다.

2) 하나님이 그들의 아버지가 되신다고 하는 믿음은 그들로 하여금 하나님의 자비로운 심판과 회개하는 심령에 대한 용서를 확신하게 해주었습니다. 우리는 다음과 같은 기록을 볼 수 있습니다. "하나님께서 이스라

엘에게 이르시되 내가 너희를 위하여 행한 모든 기사와 이적들을 보라. 내가 그것을 위해 너희들에게 구하는 것은 단지 너희가 나를 너희 아버지라고 부르고 너희는 내 자녀가 되어 나의 이름을 영화롭게 하는 것이라.” 인간들에 대한 하나님의 본질적인 관계는 아버지로서의 관계이며, 아버지 되신 하나님의 뜻은 그의 모든 자녀들이 이러한 관계 속에 기꺼이 동참하게 하려는 것입니다.

유대인들은 하나님을 심판자로 여겼으며 동시에 그들의 아버지로 여겼습니다. 유대인들의 기록을 보면 하나님의 심판대 앞에 선 두 사람이 재판장을 두려워하여 벌벌 떨자 그들에게 두려워 말고 용기를 가질 것을 권고하는 다음과 같은 이야기가 나옵니다.

“이스라엘은 하나님의 심판대 앞에 서게 되고 그 심판자 앞에서 겁을 집어먹게 될 때 수종드는 천사들이 나타나 이렇게 이야기합니다. ‘두려워하지 말라. 너희는 알지 못하느냐? 성경에 이르기를 그가 나의 성읍을 건축하리라’(사 45:13) 한 것 같이 그분은 너희의 동료가 되어 주신다.”

그 천사들은 또 말하기를 “너희는 알지 못하느냐? 성경에 이르기를 ‘하나님과 연관 맺은 이스라엘의 자손들’(시 148:14)이라 한 것 같이 그분은 너희의 친척이 되어 주신다. 너희는 알지 못하느냐? ‘내가 내 형제와 친구를 위하여 말하리니’(시 122:8)라고 이르신 것처럼 그분은 너희의 형제가 되어 주신다.”

그 천사들은 또 말하기를, “너희는 알지 못하느냐? 성경에 이르기를 ‘그분은 너희 아버지가 아니냐?’(신 32:6) 하신 것처럼 무엇보다도 그분은 너희의 아버지가 되어 주신다.” 이처럼 심판자이신 하나님이 우리의 동료, 친척, 형제, 아버지가 되어 주신다는 믿음과 생각은 정말 훌륭한 것입니다.

하나님께서 아버지가 되신다는 신앙이 있었기 때문에 유대인들은 그들의 죄를 회개하기만 하면 용서를 받을 수 있다는 것을 확신하였습니다. 아버지께 와서 “제가 잘못했습니다” 하는 아들을 그 아버지가 용서해 주듯 하나님도 그의 자녀들의 죄를 용서해 주십니다. 하나님께서 말씀하시기를, "내가 이스라엘이 돌아오기를 기다림이 아비가 그 아들을 기다림보다 더하며 어미가 그 딸을 기다림보다 더하도다."

유대인들은 종종 그들의 죄를 회개하고 하나님께 돌아올 것을 촉구하는 예언자와 그들의 죄를 깨닫긴 했지만 그들의 죄가 부끄러워 감히 하나님께로 나아가지 못하고 있는 백성들의 모습을 묘사하곤 했습니다. 그러면 하나님께서는 그들에게 이렇게 말씀하십니다. "너희는 내게로 돌아오라. 너희가 돌아올 곳은 하늘에 계신 너희 아버지가 아니냐? 나는 이스라엘의 아비니라"(렘 31:9).

아버지를 떠나 집을 나가버린 한 왕의 아들에 관한 이야기가 랍비들의 글에 나옵니다. 그 왕은 그의 신하를 보내서 그 아들을 돌아오게 하라고 분부하였습니다. 그러나 아들은 "내가 부끄러워 무슨 얼굴로 아버지께 돌아가리이까?" 그러나 아버지는 이렇게 이야기합니다. "아들이 아버지한테 돌아오는 것이 뭐가 부끄러울 게 있느냐?"

바로 이러한 이야기는 하나님과 이스라엘의 관계를 설명해 주는 것입니다. 이 이야기는 탕자의 비유에 나타난 하나님의 모습과 매우 비슷한 데가 있습니다. 탕자의 비유 속에는 집을 나간 아들이 집에 돌아올 것만을 늘 기다리는 아버지의 모습으로 하나님을 묘사하고 있습니다.

3) 유대인들이 하나님을 그들의 아버지로 생각하면서도 그들은 그 아버지의 개념을 감상적으로 해석하지는 않았습니다. 그들은 그들이 스스로 하나님께 순종해야 한다는 것을 알고 있었습니다. 그들은 하나님을 자애로운 아버지로 여김으로써 죄를 지어도 되는 것으로 생각하지는 않았습니다. 오히려 그것은 그들의 복종을 요구하는 것이었습니다. 예언자들이 하나님께 하나님의 자녀들을 위해 자비를 베풀어 주실 것을 기도할 때 하나님은 이렇게 말씀하셨습니다.

"그들이 나의 뜻을 행할 때에는 그들은 나의 자녀이지만 내 뜻을 행하지 않을 때에는 그들은 나의 자녀가 아니니라." 또 랍비의 글을 보면 이런 구절이 있습니다. "하늘에 계신 아버지 하나님의 말씀에 귀를 기울이라. 네가 그의 말씀에 순종하면 그는 너를 외아들 같이 여기실 것이요 순종하지 않으면 너를 노예처럼 여기시리라. 네가 그의 뜻을 행하면 그는 너의 아버지가 되실 것이요 너는 그의 아들이 될 것이다. 그러나 그의 뜻을 행치 아니하고 그의 뜻을 거스르면 너는 그의 노예가 되고 그분은 너를 부리는 주인이 될 것이다."

바로 여기에 하나님의 뜻은 어떤 일이 있어도 반박될 수 없다는 생각이 드러나고 있습니다. 하나님의 뜻을 기꺼이 순종하는 사람은 하나님의 자녀입니다. 하나님의 뜻을 거역하려는 사람도 결국은 그 뜻에 순복할 수밖에 없습니다. 그러나 그것은 사랑하는 아들로서가 아닌 노예로서의 순종이며, 자발적인 순종이 아니라 강요된 순종인 것입니다.

유대인들은 이러한 사실을 출애굽기 17:11에서 이스라엘 백성들이 아말렉과의 전쟁에서 모세의 두 팔이 들어올려질 때는 이스라엘이 승리하고, 그의 두 손이 내려올 때는 이스라엘이 싸움에서 지는 모습을 통해 묘사하고 있습니다. "하지만 사실상 모세의 두 팔이 전쟁에 어떤 영향을 줄 수 있을까요? 이것은 이스라엘 백성들이 하늘에 계신 아버지 하나님께 순종하고 그들의 마음을 높은 곳에 두게 될 때에 그들은 승리하였고, 그렇지 않을 때는 패배했었다는 것을 말하려는 것입니다."

마찬가지로 불뱀에 물린 자들이 치료를 받은 것은 놋뱀을 바라보았기 때문이라기보다는 그들의 마음과 눈을 높은 곳에 계신 하나님 아버지께 두었기 때문에 그들은 치료받을 수 있었던 것입니다. 유대의 설교자들은 사람이 어떻게 "하나님을 알 수 있을까?" 하는 물음에 대해 이렇게 대답했습니다. "사람은 그의 선한 행실과 율법에 대한 상고(연구)를 통해 하나님을 알 수 있다."

아이를 가르치는 교사의 책임은 아이들에게 "하늘에 계신 아버지의 뜻을 행하도록 가르치는 것"입니다. 테마(Tema)의 아들인 랍비 유다(Judah)는 다음과 같은 훈계를 하고 있습니다. "하늘에 계신 너의 아버지의 뜻을 행하기 위해 표범처럼 강하며 독수리처럼 날쌔고 수사슴처럼 빠르며 사자처럼 강하여라."

이처럼 유대인들은 하나님이 그들의 아버지 되신다는 생각을 죄를 지어도 무방하다는 데로 끌어가지 않고 자발적인 순종과 신실한 복종의 의무와 연관지어 생각했던 것입니다.

4) 이제 마지막 네 번째로, 하나님이 그들의 아버지가 되신다는 생각은 유대인들로 하여금 인류의 형제애에 대한 책임감을 느끼게 해주었습니다. 랍비 요세(Jose)는 이렇게 말합니다. "왜 하나님께서 과부와 고아들을 사랑하실까? 그것은 왜냐하면 그들의 눈이 하나님을 바라고 있으며 성경에 기록된 바 하나님은 고아의 아버지시며 과부의 재판장이시기 때문이다(시 68:5). 그래서 그 고아와 과부들을 강탈하는 자는 그들의 아버지이신 하나님을 강탈하는 것이다." 하나님은 친히 아버지가 되시기 때문에 그의 자녀들을 돕지 않고 괴롭히는 자를 방관하시지 않습니다. 기독교가 생겨나기 이전에 심지어 예수께서 제자들에게 "하늘에 계신 우리 아버지"라고 기도하도록 가르치기 이전에 이미 하나님께서 아버지가 되신다는 생각이 유대인들의 관념 속에 있었습니다. 이제 예수님께서 하나님을 "우리 아버지"라고 부르셨을 때의 새로운 의미와 그 기도의 내용을 살펴볼 필요가 있습니다.

종종 사람들은 어떤 새로운 발견에 있어서 어떤 사실 자체보다도 그것이 발견되기 이전의 인간들이 가졌던 신념과 그 발견 후에 가지는 인간들의 신념을 살펴봄으로써 그 발견의 놀라운 모습을 감지해 볼 수 있습니다. 그러므로 우리는 예수께서 이 세상에 오시기 이전에 사람들이 하나님을 이해했던 것과, 예수님이 하나님을 새롭게 이해하신 것을 비교해 봄으로써 그 차이점을 살펴볼 수 있을 것입니다.

기독교가 생겨나기 이전인 그리스-로마 세계(Greco-Roman World)에 살았던 사람들의 2대 주요 철학사상은 스토아주의(Stoicism)와 에피쿠로스주의(Epicurianism)였습니다. 스토아주의자들은 하나님의 주요한 속성을 '아파데이아'(apatheia)라고 생각했었습니다. 헬라어인 apatheia 는 영어에서 말하는 apathy(무관심, 냉담)의 의미와는 다릅니다. 영어의 apathy는 무관심해서는 안 되는 사람이 가지는 무관심을 뜻합니다. 그러 나 헬라어 apatheia는 어떤 느낌도 가질 수 없는 본질적인 무력성을 말합 니다. 이 철학의 주장은 단순하면서도 논리적입니다. 만일 어떤 사람이 기쁨이나 슬픔, 사랑이나 증오의 감정을 갖는다는 것은 곧 누군가가 그에 게 영향을 줄 수 있다는 것을 뜻합니다. 누군가가 그에게 기쁨이나 슬픔 을 가져다 주고 그의 감정을 변화시키며 영향을 줄 수 있다는 것입니다. 그러나 다른 사람에게 어떤 영향을 주기 위해선 잠시 동안이라도 그보다 더 강한 어떤 힘을 가질 수 있어야만 합니다. 하지만 어느 누구도 하나님 보다 더 강한 힘을 가질 수는 없습니다. 그러므로 하나님은 그가 신이기 때문에 아무런 감정도 가질 수 없다는 것을 그들의 제1원리로 삼고 있는 것입니다. 따라서 하나님은 냉정하고 감정이 없으며 본질적으로 무관심 한 분이라는 것입니다.

한편 에피쿠로스주의자들은 인생에 있어서 최고의 선은 '아타락시아' (ataraxia)라고 생각했는데 이것은 완전한 평온과 평정을 뜻했습니다. 그 들은 만일 하나님이 세상사에 관여하신다면 그의 평정은 깨어지고 만다 고 주장했습니다. 그래서 그들은 신성(神性)의 본질은 이 세상으로부터 전 적인 분리라는 것입니다. 신들은 세상사를 살펴보고 있지만 그들은 세상 으로부터 완전히 분리되어 있습니다. 그래서 그들이 신이 될 수 있는 것 은 조금도 동요되지 않는 세상과 분리된 평정인 것입니다. 테니슨 (Tennyson)은 '로터스를 먹는 사람들'(Lotos-Eaters)이란 시의 '합창의 노래'(Choric song)를 통해 유럽인들의 신(神) 관념을 정확히 파악하고 있습니다.

"그들은 신주(神酒)를 마시면서
누워 번개를 땅에 던지며

그들 아래 계곡에는 구름이
아름답게 이리저리 떠돌고
그들의 금으로 된 성들 주위는
찬란한 광채로 가득 차 있다;
그들은 그 곳에서 은밀한 웃음을
지으며 폐허가 된 땅을 내려다보고 있다.
기근과 충해, 역병과 지진,
흉용하는 파도와 불타는 사막,
격렬한 전쟁과 황폐한 도시,
난파된 배와 그들의 기도하는 손들을."

바로 이것이 모든 감정과 관심, 일체의 움직임으로부터 떨어져 초연해 있는 신들에 대한 유럽인들의 신(神) 관념인 것입니다.

그러면 이제 구약에 나타난 하나님의 모습을 세 가지만 살펴보겠습니다. 이것은 구약 성경을 경시하려는 시도는 결코 아닙니다. 단지 구약 성경의 기자들은 예수님만큼은 하나님에 대해 잘 알지 못했을 것이라는 것을 말하려는 것입니다. 만일 구약 기자들이 이미 하나님에 대해 완전히 알고 있었다면 예수님께서 이 땅에 오실 필요가 없었을 것입니다. 하나님께서 예수 그리스도를 통해 이 땅에 오신 이유는 인간들 스스로는 하나님을 잘 알 수 없었기 때문입니다.

첫째, 욥기 38, 39장에 나타나는 하나님의 모습을 살펴봅시다. 이 두 장은 단지 구약에서 뿐만 아니라 세계의 모든 시 가운데 가장 극적이며 훌륭한 것이라 생각됩니다. 여호와께서 폭풍 가운데로서 고난 중에 있는 욥에게 말씀하셨습니다. "내가 땅의 기초를 놓을 때에 네가 어디 있었느냐 네가 너의 날에 아침에게 명령하였느냐 네가 바다의 샘에 들어갔었느냐 땅의 너비를 네가 측량할 수 있느냐 네가 눈 곳간에 들어갔었느냐 네가 묘성을 매어 묶을 수 있으며 삼성의 띠를 풀 수 있겠느냐 말의 힘을 네가 주었느냐 그 목에 흩날리는 갈기를 네가 입혔느냐"(욥 38:4, 12, 16, 18, 22, 31; 39:19).

이 두 장은 욥기 중에서도 가장 하나님께 대한 경외와 두려움을 느끼게 하는 장이며, 그 중에서도 더 엄격하고 준엄한 표현은 하나님이 욥에게 이렇게 말씀하시는 부분입니다. "네게 무슨 권한이 있어서 내게 말하며 내게 질문하느냐?" 하지만 예수님께서 이처럼 육체적 · 정신적으로 고통 당하는 사람에게 그렇게 말씀하시리라고는 생각하지 않습니다.

둘째로, 예레미야서에 나오는 토기장이의 비유를 생각해 봅시다(렘 18:1-11). 예레미야는 토기장이가 일하는 모습을 바라보았습니다. 토기장이는 토기를 만들 때에 그 토기가 잘못 만들어지면 그것을 부숴 버리고 다시 만들기 시작합니다. 그것을 보고 예레미야는 이렇게 하나님의 말씀을 대언합니다. "이 토기장이가 하는 것 같이 내가 능히 너희에게 행하지 못하겠느냐 이스라엘 족속아 진흙이 토기장이의 손에 있음 같이 너희가 내 손에 있느니라"(렘 18:6).

이것은 토기장이가 진흙을 다루듯 인간을 대하는 하나님의 모습을 나타내고 있습니다. 이런 관점에서 볼 때 하나님 앞에 선 인간은 토기장이의 눈에 보이는 진흙 덩어리 정도밖에 되지 않는다는 것입니다. 그러나 예수님께서 인간을 마치 사물처럼 대하시리라고는 말할 수 없을 것입니다.

셋째로, 시편 기자의 노래를 살펴봅시다. 시편 24편 속에서 그 기자는 하나님께로 나아가는 사람의 조건을 이야기하고 있습니다.

> "여호와의 산에 오를 자가 누구며
> 그의 거룩한 곳에 설 자가 누구인가
> 곧 손이 깨끗하며 마음이 청결하며
> 뜻을 허탄한 데에 두지 아니하며
> 거짓 맹세하지 아니하는 자로다

　　그는 여호와께 복을 받고
　　구원의 하나님께 의를 얻으리니"(시 24:3-5)

　　이 시편 구절의 의미를 하나하나 생각해 볼 때 우리는 하나님께로 나아가는 문이 쾅 하고 닫히는 소리를 듣게 됩니다. 왜냐하면 이 세상의 어떤 사람도 위의 조건들을 다 갖춘 사람은 없기 때문입니다. 이런 것을 생각한다면 "나는 의인을 부르러 온 것이 아니요 죄인을 부르러 왔노라"(마 9:13)고 말씀하시는 예수님을 상상하기가 어려울 것입니다.

　　위에 언급한 구약의 세 부분은 우리로 하여금 하나님께 대한 경외심과 두려움만을 느끼게 하는 것인데 사실 예수 그리스도께서 오시기 전에는 하나님을 주로 이런 분으로 이해하였습니다.

　　그러면 이제 현대의 세 가지 예문을 더 들어보겠습니다. 제임스 스튜어트는 토머스 하디의 시와 볼테르의 격언을 인용한 적이 있습니다. 먼저 토머스 하디는, 만일 우리가 "한가하게 쇼를 진행시키고 있는 따분한 자" 외에는 기도드릴 수 있는 신이 없다고 한다면 우리가 기도할 필요가 뭐가 있겠는가? 하는 질문을 던지고 있습니다.

　　볼테르는 인생은 결국 "어리석은 익살"이라고 단언하며 "막을 내려라, 연극은 끝났다"고 외치고 있습니다. 한편 H. G. 웰스는 그의 소설을 통해 현대인의 스트레스와 갈등, 긴장 등으로 인해 신경쇠약이 된 사람을 묘사하였습니다. 의사는 그에게 정신건강을 유지하기 위해서는 하나님과 교제를 나눌 것을 권면하였습니다. 그러자 그 환자는 "뭐라구요? 저 위 하늘에서 하나님과 교제하라구요? 그러면 나는 은하수로 목을 축이고 별들과 악수를 나눠야겠군요."

　　이 사람들은 모두 예수 그리스도를 통해 나타나신 하나님을 모르고 있는 것입니다. 스토아주의자들은 아무런 감정도 느낄 수 없는 신을 생각하고 에피쿠로스주의자들은 이 세상과 완전히 떨어져 있는 신을 가정하고 있습니다. 한편 구약 기자들은 하나님의 위엄과 거룩함을 묘사함에 있어서 장엄하면서도 공포를 느끼게 하였습니다. 또한 현대 작가들은 하나님을 단지 낙심하고 좌절에 빠진 사람들이 매달리게 되는 대상으로만 묘사했습니다. 그러나 예수님은 하나님을 '아버지'로서 나타내 주고 있습니다.

그러면 '아버지'라는 단어부터 살펴봅시다. 우선 하나님을 아버지라고 부른다는 것 하나만도 굉장한 것으로 느껴집니다. 예수님께서 겟세마네 동산에서 기도하실 때 그는 하나님을 "아바 아버지" "Abba, Father"(막 14:36)라고 불렀습니다. 그리고 바울 사도도 우리가 성령으로 말미암아 이렇게 기도할 수 있으며 예수님과 똑같이 하나님을 부를 수 있다고 말하고 있습니다(롬 8:15; 갈 4:6).

'아바'라는 말은 '아버지'라는 말보다 훨씬 친근감이 있는 호칭입니다. 이것은 오늘날 아랍지방에서 쓰이는 '야바'(jaba)라는 말처럼 어린 아이들이 가정에서 아버지를 부를 때 쓰는 호칭입니다. 이 말을 현대의 영어로 옮긴다면 그것은 'Daddy'라는 말로 옮겨 볼 수 있을 겁니다. 물론 신약 성경 속에서 그것을 이런 식으로 옮기면 좀 이상하게 여겨질지는 모르지만 이것은 우리가 하나님께 가까이 나아가도록 해주는데 도움이 됩니다. 마치 어린아이가 자기 아빠에게 다가가듯이 우리는 신뢰감과 자신감을 가지고 하나님께로 나아갈 수 있게 됩니다. 예레미야스는 이 '아바'라는 호칭을 하나님께 적용하는 것은 성경 외의 다른 어떤 유대 문학에도 나타나지 않는다는 것을 발견했습니다.

이것 이상 하나님과 우리의 관계를 더 잘 설명해 줄 수 있는 것은 아무 것도 없습니다. 하나님을 '아바'라고 하는 이것 이상으로 스토아주의의 '아파데이아', 에피쿠로스주의의 분리, 구약에 나타난 하나님과 인간 사이의 거리감, 현대인들의 하나님의 사랑에 대한 의심에 대해 대조를 보여주는 것은 없을 것입니다. 이 세상의 어느 누구도 예수님을 제외하고는 하나님을 이처럼 '아바'라고 생각할 수 없었습니다. 이제 우리가 하나님을 '아바'라고 부를 때에는 항상 다음과 같은 두 가지 의미가 그 속에 담겨 있음을 기억해야만 합니다.

1) 이 호칭은 우리와 하나님의 관계를 영원히 규정지어 준 것입니다. 이 것은 우리가 하나님께로 나아갈 수 있는 친밀함이며 확신인 것입니다.

예수님께서 사용하신 이 호칭을 우리가 부를 때에 우리는 그 의미를 깨 달을 수 있어야 하는데 그 의미는 바로 다음과 같은 것들입니다.

a. 그것은 곧 하나님께서 우리를 돌보아 주신다는 말입니다. 하나님은 결코 우리에게 무관심하거나 냉담하신 것이 아니라 아버지로서 한없는 사랑을 가지고 계시며, 마침내 십자가의 고통을 대신 짊어지시기까지 뜨 겁게 사랑하신다는 말입니다. 그래서 '아바'라는 말은 이미 그 속에 하나 님의 모든 감정과 뜨거운 사랑을 포함하고 있는 것입니다.

b. 이 사랑은 모든 사람에게 베푸시는 무조건적인 사랑입니다. 예수님 은 하나님의 이러한 사랑을 선인과 악인에게 고루 해를 비취게 하시며 비 를 의로운 자와 불의한 자에게 고루 내리게 하시는 사랑으로 말씀하셨습 니다(마 5:45). 하나님의 이러한 사랑은 착한 자녀만이 아니라 불순종하는 자녀들에게도 베풀어지는 것입니다. 그래서 하나님은 그 아버지의 마음 을 아프게 하고 제 길로 멋대로 떠나버린 아들이 이제 갈 곳이 없어서 다 시 집으로 돌아올 때에도 똑같은 사랑으로 대해 주시는 것입니다(눅 15:11-32). 그러나 우리가 하나님의 사랑 속에 거하기 위해 깨끗한 손과 정결한 마음을 가져야 함은 물론입니다.

c. 그러나 또한 그의 행위에 따른 보상도 준비되어 있습니다. 하나님은 그의 뜻을 따라 행하는 자녀들에게 그에 따라 상급을 주시는 분입니다(마 6:4, 6, 18). 아버지 하나님의 마음을 아프게 하는 아들이 있고 그의 마음 을 기쁘게 해 드리는 아들이 있는데 그의 뜻을 행하는 아들을 위해서는 고귀한 것이 준비되어 있습니다. 불순종하는 아들이 완전히 하나님과의 관계에서 끊어지는 것은 아니지만 그가 마음을 돌이켜 아버지 하나님의 사랑에 복종하지 않는 한 그는 하나님께 복종하는 아들에게 주어지는 상 급을 받을 수가 없습니다.

d. 하나님의 아버지로서의 사랑은 실제적인 사랑입니다. 하나님은 우리

가 음식, 의복 등 일상의 필수품들을 필요로 한다는 것을 알고 계십니다 (마 6:8, 32; 눅 12:30). 우리가 하나님께 기도드릴 때 우리는 모든 기도가 다 '영적'이거나 '종교적'인 것이어야 하는 것은 아닙니다. 우리는 하나님께 우리의 실제적인 관심과 걱정, 일상생활에 필요한 것을 기도드릴 수 있습니다. 우리가 하나님께 기도드릴 수 없는 것은 하나도 없습니다.

　e. 하나님의 사랑은 모든 피조물들 전체에까지 미치는 것입니다. 하나님은 동물, 새, 꽃 등 그가 만드신 모든 것들을 사랑하십니다. 또한 하나님의 사랑은 이처럼 광범위할 뿐만 아니라 믿을 수 없을 만큼 구체적이고 세밀합니다. 하나님의 이러한 세밀한 사랑에 대한 예수님의 말씀이 마태복음과 누가복음에 이렇게 기록되어 있습니다. 먼저 마태복음 10:29에 보면 "참새 두 마리가 한 앗사리온에 팔리지 않느냐 그러나 너희 아버지께서 허락하지 아니하시면 그 하나도 땅에 떨어지지 아니하리라." 또 누가복음 12:6에 보면 "참새 다섯 마리가 두 앗사리온에 팔리는 것이 아니냐 그러나 하나님 앞에는 그 하나도 잊어버리시는 바 되지 아니하는도다"라는 말씀을 하고 계십니다.

　팔레스타인 지방에서는 1페니로 참새 두 마리를 살 수 있었습니다. 그러나 2페니를 가지면 참새를 다섯 마리 살 수 있었습니다. 2페니를 내면 참새 한 마리를 덤으로 더 주는 것이었습니다. 그 덤으로 주는 참새 한 마리가 그다지 큰 의미나 가치를 가지는 것은 아니었습니다. 그 한 마리 참새는 어느 누구에게도 관심의 대상이 되지 않았습니다. 그러나 그 한 마리의 참새도 하나님께는 관심의 대상이었습니다. 이처럼 사람에게는 소중해 보이지 않는 것이라도 하나님은 그것을 소중히 여기신다는 것을 예수님은 분명히 말씀하셨던 것입니다.

　위대한 기독교인 의사 폴 투르니어는 그가 쓴 「한 의사의 사례담」이란 책에서 이런 이야기를 하고 있습니다. "내가 치료를 맡은 환자 중 대가족 집안의 막내딸이 있었습니다. 그런데 그녀의 아버지는 그녀의 치료비를 대는 것이 거의 불가능했습니다. 어느 날 그 소녀는 자기 아버지가 절망에 빠져서 이렇게 중얼거리는 것을 들었습니다. '차라리 이 아이가 태어나지 않았더라면 좋았을 것을!'" 그러나 우리 하나님은 결코 이런 말씀을 하시지 않는 분입니다.

폴 투르니어는 또 다른 사실을 이야기하였습니다. 하나님은 모세에게 "내가 이름으로도 너를 앎이니라"(출 33:17)하셨고, 고레스에게 "내가 너를 지명하여 불렀노라"(사 45:3) 하는 말씀을 하고 계십니다. 또 성경의 어느 장은 온통 이름만 계속 나열되어 있음을 볼 수 있습니다. 폴 투르니어는 처음엔 이런 장들은 성경에서 빼는 것이 더 낫겠다고 생각했습니다. 하지만 그는 나중에 이것이야말로 하나님께서 지명하여 부르시고 이름으로도 알고 계신 수많은 사람들을 상징적으로 나타내고 있는 것임을 알게 되었습니다.

하나님의 사랑은 너무나 세밀한 것이어서 보잘것없는 참새도 관심의 대상이 되며, 그가 이름을 기억하지 못하는 사람은 하나도 없음을 말하는 것입니다. 또한 이 참새에 관한 예수님의 언급도 좀 더 깊은 의미를 가지고 있습니다. "아버지께서 허락하지 아니하시면 그 하나도 땅에 떨어지지 아니하리라." 우리는 흔히 이 말이 참새의 죽음을 뜻하는 것이라고만 생각하기 쉽습니다. 그러나 나의 옛 스승 J. E. 맥페이드옌은 이 아람어의 본래의 의미를 살펴보면 그것은 참새가 땅에 떨어진다기보다는 땅에 내려 앉아 뛰어다니는 것을 뜻하는 것이라고 주장하곤 했습니다. 그래서 참새가 땅 위에서 팔짝팔짝 뛰어다니는 것을 하나님께서는 지켜보고 계신다는 것입니다.

우리가 "우리 아버지" 하고 기도드릴 때에 우리는 하나님께서 수많은 군중 가운데 어느 한 사람도 결코 잊지 않으신다는 것을 기억해야 합니다. 우리가 어느 누구의 관심의 대상도 되지 못할 때에도 우리는 하나님의 관심의 대상이 되며, 아무도 우리를 돌보아 주지 않을 때에도 하나님은 우리를 돌보고 계신다는 것을 잊지 말아야 합니다. 우리가 주기도문을 외울 때마다 우리가 감격해야 할 만한 이유가 바로 여기에 있습니다.

2) 우리가 하나님을 '아바'라고 부를 때에 그것은 두 가지 의미를 그 속에 지니고 있다고 앞에서 이미 말한 바 있습니다. 그것은 먼저 말씀드린 대로 하나님과 우리의 관계를 규정해 주며, 또한 그것은 우리의 이웃들과의 관계를 규정해 줍니다. "우리 아버지"라는 호칭을 살펴볼 때 '아버지'라는 말 앞에 '우리'라는 단어가 먼저 붙는 것을 볼 수 있습니다. 이 '우리'라는 말은 다른 어떤 배타적인 요소들을 부정하는 것입니다. 만일 하나님이 '우리의' 아버지시라면 우리의 이웃들은 모두 우리들의 형제인 것입니다. 그래서 민주주의의 이념의 근본은 바로 하나님이 우리들 모두의 아버지가 되신다는 확신인 것입니다.

인간이 인간으로서 가질 수 있는 최대의 가치는 그가 하나님의 자녀라고 하는 것입니다. 따라서 편협한 민족주의, 인종주의, 귀족숭배나 계급 차별 등은 주기도문을 시작하는 순간 "우리 아버지"라는 기도에 의해 배격되어야 합니다. 만일 우리가 하나님께 주님이 가르치신 기도를 드리면서 우리의 이웃과 형제들을 멸시하고 미워한다면 그 기도는 한갓 우스개 조롱거리가 되고 말며, 우리는 거짓말쟁이가 되고 마는 것입니다.

"우리 아버지" — 어쩌면 우리는 이 단 두 마디의 기도로써 모든 것이 족하다고 말할 수 있습니다. 왜냐하면 이 두 마디의 기도 속에 하나님과 우리의 관계뿐 아니라 우리의 이웃들과의 관계까지 모든 것이 다 정립되어 있는 것이기 때문입니다. "우리 아버지"라는 이 두 마디의 기도는 우리로 하여금 어린아이 같은 신뢰감과 담대함을 가지고 하나님께로 나아가게 하며, 이 기도를 통해 우리는 모든 사람을 사랑해야만 하는 명령을 받게 되는 것입니다.

3

"이름이 거룩히 여김을 받으시오며"
(HALLOWED BE THY NAME)

하나님의 이름이 거룩히 여김을 받으셔야 한다고 하는 이 기도는 비록 입으로는 암송을 하고 있으면서도 그 기도의 정확한 의미를 이해하지 못하는 경우가 많습니다. 제가 아는 한 소년은 주기도문을 외울 때마다 늘 이 부분을 "Herald be thy name"(그대 이름은 사자)라고 하는 것을 볼 수 있습니다. 이 소년은 성탄절 찬송에 나오는 "herald angels"(수태 고지 천사들)을 머릿속에 떠올리고 있음이 틀림없습니다. 그러므로 우리는 먼저 이 기도에 쓰여진 단어의 근본의미를 바로 이해하는 작업부터 시작해야 합니다.

성경의 여러 역본들에 나타나 있는 이 구절의 번역들을 살펴보면 그것은 다음과 같이 네 가지 유형으로 나누어 볼 수 있습니다.

1) 먼저 'hallowed'라는 말로 번역한 역본들이 있습니다. 이것은 제일 오래된 역본들로서 알프레드 대왕 시대의 역본으로까지 거슬러 올라가는데 거기에는 "Sic gehalyed dhin noma"라고 나와 있으며, 위클리프 역 성경에는 "Halewed be thy name"으로 번역되어 있습니다. 이 "hallowed"란 단어는 틴데일 역, 카버데일 역, the Great Bible, the Geneva Bible, the Authorized Version(흠정역), the Revised Version(개역) 등의 성경을 통해서 쓰여져 왔습니다. 이것은 Ronald A.

Knox 역과 E. V. Rieu 역 등의 현대판 성경에도 쓰이고 있으며 New English Bible에도 쓰여지고 있습니다. 이처럼 'hallowed'라는 단어는 매우 오랜 세월 동안 계속 쓰여져 왔으며 대부분 현대의 성서 번역자들도 이것보다 더 정확한 표현을 찾기 어렵다고 말하고 있습니다.

2) 한편 이 부분에 'holy'라는 단어를 쓰고 있는 역본들이 있습니다. 그 대표적인 것으로서 웨이마우스 역의 "May thy name be kept holy"를 예로 들 수 있습니다. 또한 C. 킹슬리 윌리엄스 역과 the Twentieth Century New Testament에도 'holy'를 쓰고 있습니다. the Amplified New Testament에는 두 가지 번역을 함께 소개하고 있습니다. "Hallowed(Kept holy) be your name." 이것은 원문과 아주 흡사한 것을 볼 수 있습니다.

3) 또한 'sanctified'란 단어를 사용한 역본들도 있습니다. 그 대표적인 예가 Douai-Rheims 역에 나타난 "sanctified be thy name"인 것입니다. 이것은 또 the Authentic New Testament에서도 쓰여지고 있음을 볼 수 있습니다. 그러나 이 'sanctified'로 번역한 것은 단지 "to hallow"를 라틴어 형태로 바꾼 것에 불과합니다.

4) 네 번째로, 좀 더 매끄럽게 표현하기 위해 의역을 한 역본들도 있습니다. 모펫과 굿스피드는 'revered'란 단어를 사용해 "Thy(your) name be revered"라고 번역했고 Kenneth Wuest는 'venerated'를 사용해 "Let your name be venerated"라고 번역했으며 J. B. 필립스는 'honoured'란 단어를 사용해서 "May your name be honoured"라고 번역하고 있습니다.

한편, 성서역본이라기보다는 그저 호기심을 자극하게 되는 그런 번역들도 있습니다. 현대의 여러 역본 중에 가장 특이한 번역은 1768년에 나온 에드워드 하우드의 번역으로 그 제목부터가 매우 길고 특이합니다. "A Liberal translation of the New Testament: being an Attempt to translate the sacred writings with the same Freedom, Spirit, and

Elegance, with which other English Translation from the Greek classics have lately been executed." 하우드(F. F. 브루스는 그의 역본을 "문학적인 골동품"이라고 부르고 있음)는 처음으로 성경을 완전 의역한 사람으로서 "Our Father which art in Heaven: Hallowed be thy name"을 다음과 같이 의역, 부연설명하고 있습니다.

> 오 위대한 통치자시며 온 우주의 아버지이신 하나님,
> 온 우주는 하늘에 거하는 은총 입은 모든 자들에게
> 당신의 영광을 나타냅니다. 당신의 무한한 통치 속에 있는
> 모든 피조물들은 당신의 현존과 섭리를
> 기뻐하며 당신의 완전하심을 찬양하나이다.

하우드가 무엇을 시도하려 했는가는 분명히 알 수 있지만 과연 그것을 제대로 훌륭히 해냈는가 하는 것은 또한 별개의 문제입니다.

그러면 이 기도 속에 나타난 단어들의 정의와 그 의미를 살펴보도록 하겠습니다. 먼저 'name'이라는 이 단어의 의미부터 살펴봅시다.

성경이 기록되던 시기에는 'name'이란 것이 오늘날 단순히 어떤 사람을 부르는 이름 정도 이상의 깊은 의미를 가지고 있었습니다. 즉 당시에 '이름'이란 것은 그 사람의 전 인격을 나타내는 것이었습니다. 오리게네스는 그의 주기도문에 관한 주석에서, '이름'은 그 이름을 가진 사람의 전 인격을 나타내고 압축시켜 보여주는 것이라고 이야기하였습니다. 즉 '이름'은 그 사람의 "개성과 말로 표현할 수 없는 특성"을 나타내 준다는 것입니다. 그래서 하나님의 '이름'은 인간들에게 나타나 보여진 하나님의 본성, 특성, 인격을 상징해 주는 것입니다.

이것은 '이름'이 성경 속에 어떻게 표현되고 있는가 하는 것을 보면 분명히 알 수 있습니다. 시편 기자는 시편 9:10에서 다음과 같이 말하고 있습니다. "여호와여 주의 이름을 아는 자는 주를 의지하오리니." 이 말은

곧 하나님의 이름을 영어나 자기 나라 말로 뭐라고 부르는지 아는 사람은 하나님을 의지한다는 말은 아닙니다. 이 말은, 그에게 나타나신 하나님이 어떤 분이신지, 하나님의 본성과 특성과 인격을 아는 사람은 기꺼이 하나님을 의지하려 한다는 말씀입니다.

또한 시편 20:7에서는 이렇게 노래하고 있습니다. "어떤 사람은 병거, 어떤 사람은 말을 의지하나 우리는 여호와 우리 하나님의 이름을 자랑하리로다." 이 말은 곧 많은 사람들이 병거와 말을 그들의 강력한 무기와 재산으로 여기지만 우리에게 있어 가장 위대하고 소중한 것은 우리에게 나타나 보이신 하나님이시라는 것입니다.

또한 요한복음 17:6에서 예수님은 이렇게 말씀하셨습니다. "세상 중에서 내게 주신 사람들에게 내가 아버지의 이름을 나타내었나이다." 이 말씀은 곧 예수께서 그의 제자들에게 하나님이 어떤 분이신가 하는 하나님의 본성, 특성, 인격에 대해 말씀하셨다는 말입니다. 그래서 하나님의 이름은 곧 하나님 자신을 나타내는 것입니다. 구약성경에 "그 이름을 모독하는 것"(blaspheming the Name)은 바로 하나님을 모독하는 것을 나타내는 말입니다(레 24:16).

결국 '이름'은 우리들에게 나타나신 하나님의 본성, 특성, 인격을 의미하는 것입니다.

이제 'hallow'라는 단어에 대해 살펴보도록 합시다. 헬라어 'hagiazein'은 'hagios'와 같은 어원을 가진 것으로서 이것을 영어로는 자주 'holy'로 번역하고 있습니다. 'Hagiazein'이란 말은 일반 통속 헬라어에는 쓰이지 않고 단지 성서 헬라어에만 사용되는데 이 단어는 포괄적인 의미를 가지고 있습니다. 이 단어의 근본의미를 다음과 같이 두 가지로 나누어 살펴볼 수 있습니다.

첫 번째 의미는 보통 일상의 세속적인 것을 어떤 의식을 통해서 또는 거룩한 어떤 것과의 연합을 통해 그것을 거룩하게 하는 것을 의미합니다. 하지만 이것은 주기도문 속에 쓰여진 것과는 다른 것입니다. 인간이 하나님의 이름을 이런 식으로 거룩하게 할 수는 없습니다. 만일 이렇게 할 수 있는 것이라면 그것은 이미 하나님의 이름이 거룩하지 못하다는 것을 의미하기 때문입니다.

두 번째 'hagiazein'의 의미는 "거룩하게 여긴다"는 것입니다. 따라서 어떤 것을 'hallow'한다는 것은 곧 그것을 거룩하고 신성한 것으로 받아들인다는 것을 의미합니다. 그러면 과연 이게 무슨 뜻일까요? 이것을 위해 우리는 'hagios'의 의미를 다시 한 번 상기해 볼 필요가 있습니다. 'hagios'는 'holy'의 의미를 나타내는 형용사로서 그 근본 의미는 '구별'을 뜻하는 것입니다. 즉 그것은 일상적인 것들과 다른 것을 의미합니다. 그것은 질적으로 완전히 다른 어떤 것을 의미합니다. 따라서 하나님은 질적으로 우리와 완전히 다른 분이시기 때문에 우리는 하나님을 "거룩하신 분"이라고 말하는 것입니다.

성경에서는 이 단어를 어떻게 사용하고 있는지 살펴봄으로써 우리는 그 의미를 좀 더 명확히 알 수 있습니다. 십계명 중에는 안식일을 '거룩'하게 지키라는 명령이 들어 있습니다(출 20:8). 즉 이것은 안식일은 다른 여섯 날들과 '구별'되어야 한다는 것을 의미합니다. 또 제사장을 거룩하게 하라는 명령도(레 21:8) 곧 'hagiazein'과 같은 의미를 가진 것입니다. 이 말은 곧 제사장을 따로 세워 다른 사람들과 구별되게 하라는 것입니다.

결국 이 정도 설명이 되고나면 'hagiazein'은 '경배'의 의미를 그 속에 담게 됩니다. 왜냐하면 경배는 곧 평범한 우리들과는 질적으로 다른 어떤 대상에 대해 가지게 되는 태도이기 때문입니다. 이 '경배'의 의미를 잘 설명해 줄 수 있는 이야기가 구약에 소개되어 있습니다(민 20:1-11; 신 32:51).

이스라엘 백성들이 광야에서 심한 갈증 때문에 거의 기진하여 죽을 지경이 되자 그들은 심한 불평을 터뜨렸습니다. 그러자 하나님은 모세에게 일러 이르시되 그의 지팡이를 들고서 반석을 향해 그 반석에서 물을 낼 것을 명하라고 말씀하셨습니다. 그러나 모세는 이스라엘 백성들로 인한 분노와 조급함 때문에 반석을 향해 외치지 않고 그의 지팡이로 반석을 내리쳤습니다. 그러자 하나님께서 모세와 아론을 향해 이렇게 말씀하셨습니다:

> "너희가 나를 믿지 아니하고 이스라엘 자손의 목전에서 내 거룩함을 나타내지(sanctify) 아니한 고로 너희는 이 회중을 내가 그들에게 준 땅으로 인도하여 들이지 못하리라."

여기에서 'sanctify'란 곧 'hagiazein'과 같은 뜻입니다. 모펫은 이것을 "너희가 나의 영광을 드러내지 않았으므로"라고 번역했으며, 스미스—굿스피드 역에는 "너희가 내게 마땅한 영광을 돌리지 않았기 때문에"라고 번역하고 있습니다. 결국 모세의 행동은 하나님께 대한 불순종과 불신앙을 나타내는 불경(不敬)이라는 것입니다.

이처럼 'to hallow'는 곧 'to reverence'와 같은 뜻을 나타낸다는 결론을 내릴 수 있습니다. 우리는 "Hallowed by thy name"이란 기도 속에 쓰여진 두 단어에 대한 정의를 내렸습니다. 하나님의 '이름'(name)이란 곧 성경과 그가 창조하신 이 세상, 특별히 예수 그리스도를 통해 나타난 하나님의 본성, 특성, 전 인격을 의미하는 것입니다. 또 'to hallow'의 의미는 '경배와 존경'의 자세를 가지는 것을 뜻합니다. 따라서 우리가 "Hallowed by thy name"이라고 기도할 때 그 기도는 "우리에게 나타나신 당신의 본성, 특성, 인격에 합당한 최고의 경배를 받으소서" 하는 의미를 가진 것입니다. 즉 이 기도는 하나님의 위엄과 거룩한 속성에 드려 마땅한 경배를 받으소서 하는 기도입니다.

한편 베드로전서 3:15에 보면 예수 그리스도에 대해서도 같은 경배를 드릴 것을 다음과 같이 명하고 있습니다: "너희 마음에 그리스도를 주로 삼아 거룩하게 하라." 예수님 역시 그의 주(主) 되심에 따른 마땅한 경배가 돌려져야만 한다는 것입니다.

한편 희랍의 교부들이 이 'hagiazein'이란 말 대신 사용한 대치용어들을 통해 이미 내린 결론이 타당하다는 것을 입증할 수 있습니다. 크리소스토무스는 'hagiazein'이란 말 대신 '영광스럽게 하다'라는 뜻을 가진 'doxazein'을 썼으며, 오리게네스는 '높이다'라는 뜻을 가진 'hupsoun'을 썼습니다. 그리고 더 후대에 가서는 이 'hagiazein'은 '찬양하다'라는 뜻을 가진 'eulogein'이란 말로 대치하여 표현하였음을 볼 수 있습니다.

따라서 하나님의 이름을 'hallow' 한다는 것은 곧 하나님께 합당한 경배, 영광, 찬양을 드리며 그의 이름을 높이는 것을 뜻하는 것입니다. 칼빈은 이것을 이런 말로 표현하였습니다: "하나님의 이름이 거룩히 여김을 받아야 한다는 것은 곧 하나님께서 받아 마땅한 그 자신의 영광을 받으셔야만 한다는 말이다. 그러므로 우리는 하나님께 대한 경배와 찬양 없이는 하나님에 대해 이야기하거나 생각해서도 안 된다."

따라서 이러한 결론을 내리게 되는 순간 우리는 하나님과 우리의 관계 속에 있을 수 있는 한 가지 위험성이 배제되는 것을 깨닫게 됩니다. 우리가 우리와 하나님의 관계에 있어서 주기도문에 나타난 '아버지'(Father), 특히 'Abba'의 모습을 머릿속에 떠올리게 될 때 흔히 지나친 감상주의에 빠져 버리게 되기 쉽습니다. 하나님이 우리의 아버지가 되신다는 이 교리는 다른 어떤 교리보다도 감상적인 것이 되어버리기 쉽습니다. 하지만 유대인들에게 이런 감상주의는 용납될 수 없는 것이었습니다. 유대인들에게 하나님은 전적인 타자(他者)이며, 어느 누구도 하나님께 대한 경배 없이는 하나님을 생각할 수도 없었습니다.

유대인들이 하나님을 아버지라고 부를 때에는 반드시 하나님의 위엄과 영광을 나타내는 말들을 그 위에 덧붙이는 것을 볼 수 있습니다. 그래서 외경 중의 하나인 집회서에 보면 다음과 같은 설교자의 기도가 나옵니다. "오 여호와여! 당신은 나의 아버지시며 내 삶의 주인이십니다." 또 마카베오서에는 이런 기도를 드리고 있습니다 : "오 아버지시여! 당신은 가장 높으신 왕이시며 모든 피조물들을 다스리시는 전능하신 하나님이십니다."

유대인들의 회당에서 드리는 모든 기도 가운데 가장 훌륭한 것으로서 'Amidah' 'Tefillah', 또는 'Shermoeh Esreh'(즉 18개의 축도문) 등 다양하게 불리는 축도문 중 그 다섯 번째와 여섯 번째 축도를 보면 다음과 같이 기도하고 있습니다:

> 오 우리 아버지시여! 우리가 당신의 법도를 따르게 하소서
> 오 왕이시여! 우리가 당신만을 섬기게 하소서.
> 당신 앞에 나아가 자복하고 회개하게 하여 주소서.
> 오 여호와여! 회개를 기뻐하시는 당신을 찬양하나이다.
> 우리의 아버지시여! 우리를 용서하여 주소서
> 우리가 범죄하였나이다 우리의 왕이시여!
> 우리를 용서하여 주소서. 우리가 그릇 행하였나이다.
> 우리를 용서하시고 우리의 죄를 사하여 주소서.
> 오 여호와여! 자비와 은혜가 풍성하신 당신을 찬양하나이다.

이 기도문 속에 나타나 있는 것처럼 유대인들의 기도는 하나님께 대한 호칭에 있어서 아버지와 왕, 여호와가 번갈아 교대로 나타나는 것이 매우 특징적인 것입니다.

'쉐마' 그 다음에 나오는 'Ahabah rabbah' 기도문(유대 기도문의 이름은 종종 그 처음 시작하는 구절을 따서 붙인다)에 보면 다음과 같은 기도가 있습니다 :

> 우리 아버지, 우리의 왕이시여!
> 당신을 의뢰한 우리의 선조, 당신께서 법도를
> 가르쳐 주신 우리의 선조들에게 하신 것처럼
> 우리를 가르치시고 우리에게 은총을 베푸소서.

한편 회당예배의 일면을 알려주는 유명한 'Kaddish' 기도문 속에는 주
기도문의 첫 두 구절과 병행을 이루는 부분이 있습니다 :

여호와여, 당신의 뜻에 따라 창조하신 이 세상에서
당신의 이름이 존귀와 거룩히 여김을 받으소서.
하나님의 나라가 너희 시대에,
이스라엘 온 지파의 시대에 이루어지기를 원하노라.

유대인들은 속죄일 기간 동안 'Abinu Malkenu'(우리 아버지, 우리의
왕) 기도문을 낭독합니다. 이 기도문에는 44개의 기도가 들어 있는데 그것
들은 모두 "우리 아버지, 우리의 왕이시여" 하는 부름으로 시작하고 있습
니다. 그 중 몇 가지를 소개하면 다음과 같습니다.

우리 아버지, 우리의 왕이시여!
우리가 당신께 범죄하였나이다.
우리 아버지, 우리의 왕이시여!
우리에게 당신 외에는 왕이 없나이다.
우리 아버지, 우리의 왕이시여!
우리를 당신께 돌이키사 자복하고 회개하게 하소서.
우리 아버지, 우리의 왕이시여!
우리를 생명책에 기록되게 해주소서.
우리 아버지, 우리의 왕이시여!
우리 자신의 공로가 아무것도 없지만
우리의 기도를 들어 주소서.
우리가 온 열방 위에 당신의 이름을 높이겠나이다.
오 하나님, 우리 조상의 하나님이시여!
당신의 영광 중에 온 세계를 다스리소서.

하나님이 우리의 아버지가 되신다는 생각이 현대인들에게는 감상적인 것으로 전락할 위험이 있을지 모르지만 유대인들에게는 전혀 그럴 만한 소지가 없었습니다. 유대인들은 하나님을 그들의 아버지라 불렀고 또 그러기를 좋아했지만 그들은 또한 하나님이 온 세계와 왕, 온 세계의 주가 되신다는 것을 잊지 않았습니다. 그러므로 하나님께 대한 경배가 감상적인 생각 때문에 흐려질 염려가 없었던 것입니다.

그러므로 우리는 주기도문을 통해 우리의 아버지가 되시며 또한 하늘에 계신 거룩한 하나님께 기도드리는 것이며 그의 성품과 본성이 받아 마땅한 경배를 드리게 되는 것입니다. 그러면 이제 우리의 실제적인 삶 속에서 하나님의 이름을 거룩하게 하고 그의 성품과 본성이 요구하시는 마땅한 경배를 드리는 것이 무엇인가 살펴보아야 하겠습니다. 즉 참된 경배가 무엇인지 알아야 합니다.

먼저 이것이 없이는 참된 경배가 있을 수 없는 그런 필수적인 요건을 이야기하고자 합니다. 이것은 히브리서에 다음과 같이 나타나 있습니다(히 11:6): "하나님께 나아가는 자는 반드시 그가 계신 것과 또한 그가 자기를 찾는 자들에게 상 주시는 이심을 믿어야 할지니라." 즉 하나님이 살아 계시다는 믿음과, 하나님께서 자기를 향한 사람들의 태도를 주시하며 관심을 가지고 계신다는 믿음 없이는 사실상 하나님께 대한 어떤 경배도 드릴 수가 없다는 것입니다. 성경은 하나님의 존재 여부에 관해 논급을 하고 있지 않습니다.

기하학에 보면 공리(公理)라고 하는 것이 있는데, 이것은 증명될 수도 또한 증명될 필요도 없는 하나의 진리이며 원칙으로 여깁니다. 곧 이것은 모든 사고와 증명을 위한 기초가 되는 것입니다. 마찬가지로 성서 기자들에게 하나님은 하나의 공리(a axiom)이며 절대 공리(the axiom)와 같은 분이었으며, 그들의 삶의 기초가 되는 분이었습니다. 아마도 성서기자들은 마치 그들이 자기의 아내나 친구들의 존재 여부를 증명할 필요를 느끼지 않는 것처럼 하나님의 존재 여부도 증명할 필요가 없는 것으로 느꼈던 것 같습니다.

그들은 매일 하나님을 만났기 때문에 하나님의 존재 여부를 증명할 필요가 없었던 것 같습니다. 즉 그들은 매일 매 순간 하나님의 임재를 느꼈기 때문에 하나님에 관해 논쟁을 벌일 필요가 없었던 것입니다. 하나님께서 그에 대한 인간들의 태도와 반응에 관심이 있으시다는 사실에 대해 생각해 볼 때 이것에 대한 증거는 바로 예수 그리스도의 성육신으로서 족하다고 할 수 있습니다. 인간들에 대한 하나님의 관심은 예수 그리스도를 통하여 하나님 자신이 인간들의 삶 속에 들어오셨고, 인간들을 자기에게 나아오도록 하시는 것을 볼 때에 분명한 것임을 알 수 있습니다. 그러므로 우리는 "하나님이 계신 것과 또한 그가 자기를 찾는 자들에게 상 주시는 이"시라는 것에 관해 의심할 수 없는 것입니다.

그러면 이 존재하시며 우리들에게 관심을 가지고 계시는 하나님께 대한 우리의 경배와 존경을 어떻게 표현할 수 있을까요? 톨룩은 이에 대한 여러 주석가들의 설명을 다음과 같이 3가지 범주로 나누어 설명하고 있습니다.

1) 첫째로, 무엇보다 하나님의 이름을 모독해서는 안 되며 늘 그 이름이 존중되어야 한다고 주장하는 사람들도 있습니다. 그러나 이것은 너무 소극적인 자세이며 좁은 의미의 경배일 것입니다.

2) 둘째로, 하나님께 우리의 입술로 하나님을 찬양하고 경배드려야 한다고 주장하는 사람들이 있습니다. 이것은 예배와 기도를 통해서 하나님께 영광을 돌리는 것을 말합니다. 그러나 이것 역시 하나님께 대한 경배를 예배에 국한시킴으로써 소극적인 경배가 될 수밖에 없습니다.

3) 세 번째는, 마음 깊은 곳으로부터 하나님께 경배를 드리며 우리의 말과 아울러 행동을 통해 하나님께 대한 경배를 드려야 한다고 주장하는 사람들이 있습니다. 그럼으로써 다른 사람들도 하나님께 경배를 드리도록 영향을 줄 수 있어야 한다는 것입니다. 이것은 곧 우리의 말과 행실과 삶 전체를 통해 하나님을 경배하고 그의 이름을 거룩하게 하는 것을 뜻합니

다.

이 세 가지 주장 중에 어느 것이 옳은가는 너무나 명백합니다. 하나님께 드려야 하는 경배는 우리의 입술로 드리는 경배에만 국한된 것은 아닙니다. 그것은 또한 예배나 기도, 찬양에만 국한된 것도 아닙니다. 하나님께 대한 경배는 교회뿐 아니라 이 세상 속에서 우리의 삶의 모든 순간순간들을 통해 드려져야 합니다. 초대 교부들은 이러한 경배에 대해 다음과 같이 세 가지 방향으로 설명을 하고 있음을 볼 수 있습니다.

1) 하나님께 대한 우리의 믿음이 합당하고 정당한 것일 때 우리는 하나님께 올바른 경배를 드릴 수 있습니다. 말하자면 참된 교리와 가르침은 하나님을 경배하는 것입니다. 반면에 잘못된 교리와 가르침은 하나님께 대한 불경이 됩니다. 오리게네스는 이것에 대해 다음과 같이 설명하고 있습니다. 하나님은 자신을 "스스로 있는 자"로서 나타내셨습니다(출 3:14). 또한 사람들은 누구나 하나님께 대한 나름대로의 인상과 가정들을 가지고 있습니다. 하지만 인간들은 하나님의 거룩하심에 대한 부분적인 인식을 가질 수밖에 없는 것입니다.

따라서 우리는 부분적인 진리를 마치 전체의 진리인 양 혼동하기 쉽기 때문에 우리는 "하나님께 대한 우리의 인식이 우리 가운데 거룩히 여김을 받으옵소서" 하는 기도를 드려야 한다는 것입니다. "하나님께 대해 잘못된 인식을 가지고 있는 사람은 하나님의 이름을 헛되이 남용하는 자가 되고 맙니다." 하나님의 이름은 곧 하나님의 본성과 성품을 나타내는 것이므로 하나님께 대한 그릇된 인식을 가지고 있는 사람은 하나님의 이름을 거룩하게 하지 못하고 불경하게 하는 죄가 있습니다.

좀 더 구체적인 예를 든다면 신들의 전쟁, 사랑, 미움, 속임, 간음 등의 이야기를 지어낸 희랍인들은 하나님께 대한 불경의 죄가 있다는 것입니다. 왜냐하면 그들은 실제 하나님께 있지 않은 그릇된 관념들을 만들어 내었기 때문입니다. 하지만 진정한 기독교인은 이런 죄를 범하지 않습니다. 종종 사람들은 하나님을 잔혹하고 냉정하며 파괴적인 분으로, 즉 예수 그리스도를 통해 나타난 하나님과는 정반대되는 하나님으로 묘사하는 경우가 있습니다.

또 어떤 사람은 세례 받지 않은 아이는 천국에 들어갈 수가 없다고 하고, 또 어떤 사람들은 이미 천국에 들어갈 사람과 지옥으로 떨어질 사람이 운명지워져 있다는 이야기를 합니다. 하나님을 전쟁의 신으로 묘사하면서 자기 국가를 위해 싸우는 신으로 묘사한 적도 있습니다. 민족적인 우월성의 이론을 뒷받침하기 위해 하나님을 이용하는 경우도 있습니다. 사회적인 급진세력을 견제하기 위해 하나님의 이름을 이용하기도 하고, 종교를 자기들의 주장을 합리화시키기 위해 아편처럼 사용하기도 합니다. 또한 구속 이론에 있어서도 하나님의 정의 실현을 위한 형벌만족설의 입장도 있고, 그리스도의 희생적 사랑을 강조하는 입장도 있습니다. 따라서 존 웨슬리는 누군가가 "너의 하나님은 나에게 있어선 악마이다"라고 할 정도까지 되었다고 이야기하고 있습니다.

하나님께 대한 옳지 않은 관념을 갖는 것, 우리 주 예수 그리스도의 아버지이신 하나님께 부당한 정의(定義)를 내리는 것은 하나님의 이름을 거룩하게 하지 못하며, 그것은 곧 불경의 죄가 되는 것입니다. 우리가 하나님의 이름을 거룩하게 하기 위해선 하나님께 대한 관념과 인식이 참 기독교적인 것이어야만 합니다.

2) 우리의 삶을 통해 하나님께 영광을 돌려드리고 다른 사람들을 하나님께로 인도하게 될 때 우리는 하나님께 올바른 경배를 드릴 수 있습니다. 이것은 많은 초대 교부들이 한결같이 동의하고 있는 것입니다. 예루살렘의 키릴루스(Cyril)는 말하기를, 하나님의 이름은 그 자체로서 거룩한 것이며 우리가 무엇을 한다고 해서 영향 받는 것은 아니라고 하였습니다(교리강의 23). 따라서 이 기도는 하나님의 이름이 거룩하지 못한 것에서 거룩한 것으로 바꾸어지라고 하는 기도가 아닙니다. 우리가 이 기도를

드릴 때 그것은 하나님의 이름이 "우리 속에서 거룩해질 때 우리도 거룩해지게 되며 거룩한 일을 행할 수 있게 해 달라"는 기도를 드리는 것입니다.

키프리아누스(Cyprian)는(「주기도문에 관하여」 12) 말하기를, 우리의 기도에 의해서 하나님의 이름이 거룩해지게 해 달라는 기도를 드리는 것이 아니라 단지 "우리 안에 하나님의 이름이 거룩하게 되실 것"을 기도하는 것이라고 했습니다. 또 테르툴리아누스도(「기도에 관하여」 3) 키프리아누스와 똑같은 설명을 하고 있으며, 아우구스티누스 역시(「산상수훈」 5. 19) 똑같은 지적을 하고 있습니다.

우리가 이 기도를 드리는 것은 하나님의 이름이 거룩하지 않아서가 아니라 우리 인간들이 하나님의 이름을 거룩하게 여기게 해 달라는 것입니다. 즉, 하나님께서 우리에게 가까이 임재하셔서 우리로 하여금 다른 무엇보다도 하나님의 이름을 존귀히 여기게 하시고, 다른 무엇보다 당신의 이름을 훼손시키는 것을 두려워하게 해 달라는 기도를 드리고 있는 것입니다.

이것은 니사의 그레고리우스(Gregory)가 그의 주기도문에 대한 세 번째 설교 속에서 가장 잘 설명해 주고 있습니다. 우리는 인간이 스스로의 힘만으로는 어떤 일을 해내기에 너무나 연약하다는 것을 알기 때문에 이 기도를 하나님께 드립니다. 우리는 하나님의 도움을 통해서만 선을 행할 수가 있습니다. 그리고 모든 선행 중에서도 우리의 삶을 통해 하나님께 영광 돌려 드리는 것이 가장 중요한 것이라 하겠습니다. 그레고리우스는 우리가 부정적인 관점에서 우리의 삶을 살펴볼 때 이것은 더욱 분명한 것임을 알 수 있다고 하였습니다.

바울은 로마서 2:24에서 "하나님의 이름이 너희 때문에 이방인 중에서 모독을 받는도다"라는 책망을 하고 있습니다. 기독교인들은 이교도들과 함께 생활하고 있습니다. 그런데 만일 이교도들이 기독교인들의 삶을 볼 때 그 생활이 부도덕하고 불성실하며 순결하지 못하다고 생각되면 그들은 그것을 단순히 개인적인 문제로 생각하지 않고 기독교 신앙 자체가 문제가 있는 것으로 여기게 됩니다. 그들의 그릇된 행실로 인해 그들만이 아니라 기독교 자체도 비난을 받게 되는 것입니다.

따라서 이 기도가 뜻하는 바는 바로 이런 것입니다. "우리의 삶 속에서 하나님의 이름이 거룩히 여김을 받게 하옵시며 사람들이 우리의 선한 행실들을 통해 하늘에 계신 아버지께 영광을 돌리게 하여 주소서." 양식이 있는 사람이라면 "하나님을 믿고 따르는 사람들이 도덕적이고 순결하며 모든 정욕과 욕망들을 잘 절제하는 것을 볼 때에" 그들이 믿는 하나님을 찬양하고 싶은 마음이 우러나오게 될 것입니다.

그리고 그레고리우스는 계속해서 그의 삶을 통해 하나님의 이름을 거룩하게 하는 사람은 이러한 삶을 살게 된다고 말하고 있습니다. "그러한 삶을 사는 사람은 모든 정욕을 이겨낼 수 있습니다. 그는 삶에 꼭 필요한 것들만을 원하며 사치를 즐겨하지 않고 쾌락이나 게으름, 자만 같은 것과는 거리가 먼 사람입니다. 그는 마치 이 땅에 발을 디디고 있되 그의 발끝으로만 서 있는 것과 같습니다. 그것은 왜냐하면 그는 어떤 향락이나 감각적인 쾌락으로부터 초연해 있기 때문입니다. 또한 그는 비록 육체 가운데 있지만 영원한 불멸의 세계에 이르기를 사모합니다. 그는 덕의 소유를 유일한 재산으로 여기고, 하나님과의 친밀함을 고상함의 극치로 여깁니다. 그의 유일한 특권은 자신이 정욕의 노예가 되지 않도록 스스로를 절제하는 능력입니다. 심지어 그는 이 세상 속에서의 삶이 연장되기를 원치 않습니다. 그는 마치 배 멀미를 하는 사람이 항구에 빨리 도착하기를 바라는 것과 같습니다."

그레고리우스는 또 계속해서 말하기를, 우리가 이 기도를 드리는 의미는 다음과 같은 것이라고 이야기합니다. "내가 흠 없이 정직하며 경건하도록 하여 주시고 모든 악으로부터 떠나 진실을 말하며 정의를 행하게 하여 주소서. 나로 하여금 좌로나 우로 치우치지 않게 하시고 절제와 순결과 지혜를 덧입게 하여 주소서. 위의 것을 사모하고 땅의 것을 멀리하여 천사와 같은 삶을 살게 하소서. 사람이 하나님께 영광 돌릴 수 있는 길은 오직 모든 선행의 근원이 하나님의 도우심으로부터 나옴을 증거하는 것이기 때문입니다.”

우리의 삶이 하나님께 대한 우리의 신앙을 증거하는 것일 때에 비로소 하나님의 이름이 거룩히 여김을 받을 수 있습니다. 특히 초대 교부들이 이러한 삶을 강조했던 이유는 당시 기독교인들이 이교도의 사회 속에서 살고 기독교인들이 먼저 고상하고 훌륭하며 진실된 삶을 살아감으로써 다른 사람들이 흠모할 수 있도록 해야 했기 때문입니다.

기독교 신앙이나 교회가 나쁜 평판을 듣게 된다면 그것은 기독교 선교에 있어 치명적인 것이 될 수밖에 없는 것이기 때문입니다. 이것은 오늘날에 있어서도 마찬가지입니다. 물론 우리 사회는 더 이상 기독교에 대해 적대감을 갖고 있지는 않을는지 몰라도 여전히 이 사회는 기독교와 교회와는 부합되지 않는 상황에 놓여 있습니다. 만일 기독교인들이 비 기독교인들과 마찬가지로 좌절과 불만이 가득 차 있고 늘 세상 염려와 근심, 걱정 속에 쌓여 있거나 자기중심적이고 물질적이고 가치기준에 따라 살아간다면 어느 누구도 기독교를 믿고 싶은 생각이 들지 않을 것입니다. 왜냐하면 기독교를 믿든 안 믿든 그 삶에는 아무런 변화도 일어나지 않을 것이기 때문입니다.

독일의 유명한 이교도 철학자 니체는 기독교인들에게 다음과 같은 도전을 던지고 있습니다: “당신이 구원받았다는 증거를 내게 보여주시오. 그러면 나는 당신을 구원해 주신 분을 믿겠소.” 결국 주기도문에 나타난 이 기도의 근본 의미는 우리가 구원받았음을 다른 사람들에게 나타내 보여줄 수 있도록 해 달라는 기도인 것입니다. 그래서 우리 안에서 하나님의 이름이 거룩하게 되고, 우리를 통하여 다른 사람들이 그 구원의 비밀을 함께 소유하고 싶어하도록 느끼게 하는 것을 뜻합니다.

3) 한편 이 기도는 우리 인간들에게만 국한된 것이 아니라 하나님께 대

한 요구도 들어 있는 것입니다. 즉, 하나님의 도움 없이는 우리가 아무것도 할 수가 없다는 고백입니다. 그렇다면 우리가 하나님께 영광을 돌리기 위해선 우리의 마음 중심에 하나님을 모셔야만 합니다.

오리게네스는 이 기도에 대한 주석을 다음과 같이 하고 있습니다(「기도에 관하여」 24. 4). 그는 하나님의 이름을 거룩하게 하는 것이란 곧 하나님의 이름을 높이는 것이라고 이야기를 하면서 시편 30편 1절을 인용하고 있습니다. "여호와여 내가 주를 높일 것은 주께서 나를 끌어내사 내 원수로 하여금 나로 말미암아 기뻐하지 못하게 하심이니이다." 오리게네스는 또한 이 시편 30편 앞머리에 붙은 "다윗의 시, 성전 낙성가"라는 제목으로부터 다음과 같은 메시지를 유추하고 있습니다.

"우리가 우리의 마음을 하나님의 성전으로 내어 드림으로써 하나님을 높일 수 있다." 결국 하나님을 높이고 그의 이름을 거룩하게 한다는 것은 우리의 마음을 비워 하나님의 성전이 되게 하는 것을 뜻합니다. 왜냐하면 그가 우리의 마음속에 거하게 될 때, 우리의 삶은 하나님께 영광을 돌리게 되고 다른 사람들을 그에게로 인도할 수 있기 때문입니다.

"이름이 거룩히 여김을 받으시오며" — 이 기도는 하나님의 아버지 되심이 개념 속에서 지나친 감상주의를 배제하게 되고 하나님께 합당한 경배를 드리도록 우리를 일깨워 줍니다. 우리는 이 기도를 통해서 우리들이 하나님의 본성과 성품, 인격에 합당한 경배를 드릴 수 있도록 해 달라는 간구를 하나님께 하고 있는 것입니다. 하나님께 대한 우리의 인식이 참 기독교적이고 부당한 것이 없을 때에, 또한 우리의 삶이 성결한 것이어서 다른 사람들이 우리의 신앙을 흠모하여 주님께로 나오게 될 때에 비로소 우리는 하나님께 대한 합당한 경배를 드릴 수 있습니다. 그러나 우리 마음의 중심을 하나님께 내어 드리기 전에는 결코 이런 삶을 살 수가 없음을 분명히 깨달아야 합니다.

마르틴 루터는 그가 쓴 교리문답서에서 이런 질문을 하고 있습니다: "하나님의 이름이 어떻게 거룩히 여김을 받을 수 있느뇨?" 그는 또한 이에 대한 대답을 이렇게 하고 있습니다: "우리의 교리와 삶이 진정 기독교적인 것일 때에 가능합니다." 결국 이 기도는 기독교적인 삶에 대한 촉구인 동시에 기독교적인 헌신에로의 초청인 것입니다.

4

"나라가 임하시오며"
(THY KINGDOM COME)

"나라가 임하시오며." 이 기원은 주기도문 중에서도 가장 중심이 되는 기원이라는 주장은 타당한 것이라고 생각됩니다. 왜냐하면 '하나님의 나라'(The Kingdom of God)야말로 예수님의 말씀 선포의 핵심이었기 때문입니다. 마가복음의 기자는 예수께서 공생애를 시작하시면서 선포했던 메시지를 이렇게 요약하고 있습니다: "때가 찼고 하나님의 나라가 가까이 왔으니 회개하고 복음을 믿으라"(막 1:15; 참조. 마 4:17).

누가복음 기자는 또한 예수께서 제자들에게 이렇게 말씀하셨음을 기록하고 있습니다: "내가 다른 동네들에서도 하나님의 나라 복음을 전하여야 하리니 나는 이 일을 위해 보내심을 받았노라"(눅 4:43). 즉 예수님이 이 땅에 오신 것을 바로 하나님의 나라를 선포하시기 위함이라는 것입니다. 이 하나님의 나라가 예수님의 말씀 선포의 중심이 되었다는 것은 "하나님의 나라" 또는 "하늘나라"라는 단어가 마태복음에 49번, 마가복음에 16번, 누가복음에 38번이나 나타나는 사실만으로도 분명히 알 수 있습니다. 이처럼 하나님의 나라가 예수님의 말씀 선포의 중심이 되는 것이었다면, 우리는 이 기원을 하나님께 드리기 전에 하나님의 나라란 무엇을 가리키는 것이며, 우리들과의 관련성은 무엇인가에 대해 분명히 알고 있어야 합니다. 우리가 무엇보다 먼저 알고 있어야 할 사항이 두 가지가 있습니다.

1) 현대에 들어와서는 'kingdom'이란 단어가 주로 어떤 영토나 특정 지역을 가리키는 말로 사용되고 있습니다. 예를 들면, 우리가 벨기에, 네덜란드, 영국 등의 영토를 말할 때 'kingdom'이란 단어를 사용하는 것을 볼 수 있습니다. 그러나 신약 성경에는 'kingdom'이 영토의 의미로 사용된 것이 아닙니다. 그것은 곧 하나님의 통치를 나타내는 말로 쓰였던 것입니다. 따라서 "하나님의 나라가 가까웠다"는 것은 "하나님께서 그의 통치를 시작하려 하신다" 또는 "이 세상 속에 하나님께서 왕권을 가지고 통치하려 하신다"는 말입니다.

2) 신약 성경에는 "하나님의 나라"와 "하늘나라(천국)" 두 가지 말을 함께 사용하고 있습니다. 이 두 단어는 똑같은 의미로 사용된 것이며, 이 두 단어의 의미를 구별하려고 하는 시도는 헛된 일입니다. 단지 마태는 "Kingdom of God"(하나님 나라)이란 말 대신 "Kingdom of Heaven"(천국)을 사용했으며 반면 마가와 누가는 "Kingdom of God"(하나님 나라)이란 말을 사용하였던 것입니다. 그 이유는 마태는 그의 경건함 때문에 '하나님'이란 말을 입술에 자주 떠올리기를 꺼려했기 때문에 가능하면 '하나님' 대신 '하늘'이란 말을 사용하려 했습니다. 마태는 유대교의 영향을 많이 받았던 반면에, 마가와 누가는 유대적인 영향을 덜 받았기 때문에 그들은 "하나님의 나라"라는 말을 하는데 별다른 압박감을 느끼지 않았던 것입니다.

복음서에 "하나님의 나라"에 대한 어떤 정의도 내려져 있지 않다는 것은 참 신기한 일입니다. "하나님의 나라"는 단지 비유를 통해 묘사되었을 뿐 그에 대한 용어적인 정의는 전혀 나타나 있지 않습니다. 한편, 유대의 문학 양식의 특징은 일련의 대구법이 계속해서 나타나는 것입니다. 즉, 유대문학은 같은 사물이나 내용을 두 번씩 반복해서 말하는 특성이 있습니다. 그래서 두 번째 반복할 때는 첫 번째 것은 단순히 되풀이해서 말하거나, 그것을 보충해서 그 의미를 좀 더 풍부하게 해주게 됩니다. 유대문학의 이러한 특징은 그 무엇보다 시편 속에 잘 나타나 있습니다.

만군의 여호와께서 우리와 함께 하시니:
야곱의 하나님은 우리의 피난처시로다(시 46:7).

여호와는 너를 지키시는 이시라:
여호와께서 네 오른쪽에서 네 그늘이 되시나니(시 121:5).

한편 주기도문 속에서도 같은 기원이 두 번 반복되고 있음을 볼 수 있습니다.

나라가 임하시오며:
뜻이 하늘에서 이루어진 것 같이 땅에서도 이루어지이다(마 6:10).

바로 이 기도 속에 유대문학 특유의 대구법이 들어 있으며 뒤의 기원이 앞의 기원을 보충해서 설명해 주는 것이라면 하나님의 나라는 곧 천국에서처럼 하나님의 뜻이 온전히 이루어지는 곳이라는 정의를 내릴 수 있습니다. 다시 말해서, 하나님의 뜻을 행하는 것이 곧 하나님의 나라 안에 거하는 것이라 할 수 있습니다. 어느 한 나라의 백성이 되거나 어느 한 왕의 신하가 되기 위해서는 반드시 그 나라의 법률이나 그 왕의 명령에 복종해야만 합니다. 따라서 하나님 나라의 백성이 되기 위해선 반드시 하나님의 뜻에 순종해야만 하는 것입니다.

이러한 사실은 하나님의 나라에서의 예수님의 위치를 설명해 주는 것이며, 또한 신약성서 속에 나타난 애매모호한 구절의 의미를 설명해 주는 것입니다. 마태복음 11:11에 보면 다음과 같은 예수님의 말씀이 나옵니다. "내가 너희에게 말하노니 여자가 낳은 자 중에 요한보다 큰 자가 없도다 그러나 하나님의 나라에서는 극히 작은 자라도 그보다 크니라"(눅 7:28).

이 말씀의 의미는 곧 예수님이 이 땅에 오심과 더불어 하나님의 나라가

이 땅에 도래함으로써 인간들의 삶에 전적으로 새로운 변화가 오게 되었다는 것을 뜻합니다. 새로운 변화란 무엇일까요? 우리가 이미 정의하였던 하나님의 나라를 생각해 봅시다. 우리가 하나님의 나라 안에 거한다는 것은 곧 하나님의 뜻을 전적으로 받아들이고 그대로 순종하는 것을 뜻합니다. 그런데 예수님이야말로 하나님의 뜻을 전적으로 받아들이고 그 뜻을 완전하게 이루셨던 분입니다. 그러므로 예수님과 더불어 이 땅에 하나님의 나라가 도래했다는 것입니다. 예수 그리스도를 통해 하나님의 나라가 이루어지는 것을 뜻합니다. 예수님이야말로 구체화되고 성육신된 하나님의 나라입니다. 예수님은 하나님의 나라를 선포하셨을 뿐만 아니라 그의 삶을 통해 하나님의 나라를 보여주셨습니다.

우리는 하나님의 나라를 하나님의 뜻이라는 관점에서 생각하게 되었으며, 따라서 하나님의 나라는 인격적인 의미를 갖게 됩니다. 하나님의 나라는 어떤 국가나 국민이나 영토를 필요로 하는 것이라기보다는 곧 우리 자신들로부터 시작되어지는 나라인 것입니다. 그러므로 하나님의 나라에 대해 이야기하는 것은 어떤 신학적인 교리를 말하는 것도 아니고 정치적인 문제를 논하는 것도 아닙니다. 그것은 곧 하나님의 뜻을 받아들이고 순종할 것인가 아니면 거부할 것인가 하는 인격적인 질문이며 도전입니다.

중국의 기독교인들은 이런 기도를 드립니다. "주님, 당신의 교회를 부흥시키시되 우리들로부터 시작하게 하소서." 한편 우리들도 이런 기도를 드릴 수 있습니다. "주님, 당신의 나라를 임하게 하시되 우리들로부터 시작하게 하소서." 하나님의 나라는 곧 우리가 하나님의 뜻에 순종하는 곳에서부터 시작됩니다. 따라서 "당신의 나라가 임하시오며"라는 기도는 "주여, 우리가 당신의 뜻을 순종하게 행하게 하소서"라는 기도인 것입니다.

이것은 신약성경 속의 두 병행 구절을 통해 더욱 분명해지게 됩니다.

"만일 네 손이 너를 범죄하게 하거든 찍어버리라 장애인으로 영생에 들어가는(to enter into life) 것이 두 손을 가지고 지옥 곧 꺼지지 않는 불에 들어가는 것보다 나으니라"(막 9:43).

"만일 네 눈이 너를 범죄하게 하거든 빼버리라 한 눈으로 하나님의 나라에 들어가는 것이 두 눈을 가지고 지옥에 던져지는 것보다 나으니라"(막 9:47). 이 두 구절에 나타나는 'life'와 'kingdom'은 하나이며 같은 것을 나타내고 있습니다. 하나님의 뜻을 행할 때에 우리는 평안을 얻을 수 있습니다. 하나님께 순종할 때에 우리는 영생을 얻게 됩니다. 그리고 하나님의 나라 안에서만 이 영생을 누릴 수 있습니다.

우리가 바로 이 하나님의 나라와 하나님의 뜻, 그리고 영원한 생명 사이에 끊을 수 없는 밀접한 관계성을 깨닫게 될 때에 비로소 신약성경의 모든 구절과 비유, 사상들의 의미를 올바로 깨달을 수 있습니다.

1) 이런 관점에서 볼 때, 하나님의 나라는 초대(招待)로부터 시작된다고 할 수 있습니다. 하나님의 나라는 모든 사람들에게 그리스도를 통해 나타난 하나님의 뜻을 받아들이도록 하는 초대에서부터 시작이 됩니다. 그래서 하나님의 나라는 주인이 잔치를 열어놓고 손님들을 청하게 되면 사람들이 그 초대에 응하기도 하고 거절하기도 하는 것으로서 묘사되고 있는 것입니다(마 22:1-14; 눅 14:16-24). 따라서 하나님의 나라에 들어가는 것은 하나님의 초대를 받아들이는 것이며, 초대를 받은 사람은 그가 참석한 잔칫집의 규례와 규칙을 또한 받아들여야만 하는 것입니다.

2) 이것은 하나님의 나라가 왜 회개로부터 시작되는지를 설명해 줍니다. 예수께서 제일 먼저 선포하셨던 메시지는 하나님의 나라가 가까이 왔으니 회개하고 죄 사함을 받으라고 하는 회개로의 촉구였습니다(막 1:14; 마 4:17). 회개란 그 어의를 살펴볼 때 곧 "마음의 변화"(metanoia)를 뜻하는 것입니다. 또한 회심이란 곧 "지금까지의 삶을 완전히 바꾸어 반대 방향을 바라보는 것"을 뜻합니다. 인간은 본능적으로 자기 자신의 뜻을 고집하고 자신의 욕망과 소원을 이루려고 하는 경향이 있습니다. 그러나

우리가 하나님의 나라에 들어가게 되면 우리는 더 이상 우리 자신의 뜻을 이루려 하지 않고 하나님의 뜻에 순종하게 되며, 우리 자신을 바라보기보다는 하나님을 바라보게 됩니다.

기독교인이란 곧 더 이상 자신의 소원을 이루려 하지 않고 하나님께서 원하시는 것을 행하기로 결심하고, 또 그래야만 한다는 것을 받아들인 사람들입니다. 그렇게 할 때, 비로소 기독교적인 삶이 시작되고 그의 삶 속에 하나님의 나라가 이루어지기 시작하는 것입니다. 이것은 마치 바울이 다메섹 도상에서 예수 그리스도를 만나는 순간 "내가 이르되 주님 무엇을 하리이까"(행 22:10) 하고 주님의 뜻을 묻는 것과 같은 것입니다.

3) 이것은 하나님의 나라가 왜 가장 작은 것에서부터 시작되는지를 설명해 줍니다. 하나님의 나라는 단체로 휩쓸려 들어가는 곳이 아닙니다. 그곳은 한 사람 한 사람 개별적으로 들어가게 되는 곳입니다. 왜냐하면 각자가 하나님의 뜻을 받아들임으로써 하나님의 나라에 들어가게 되기 때문입니다. 그렇기 때문에 가장 작은 씨앗인 겨자씨가 자라나는 것을 천국에 비유하고 있는 것입니다(마 13:31, 32). 그러므로 우리가 만일 하나님의 뜻을 무시하며 하나님께 대적하는 악한 환경 속에 처해 있다 할지라도 우리는 그것 때문에 좌절하거나 분개하기보다는 그곳에서부터 하나님의 나라가 자라나는 작은 씨앗으로서의 자부심과 긍지를 가질 수 있어야 합니다.

4) 이것은 우리가 왜 하나님의 나라로부터 멀지 않은가를 설명해 줍니다. 예수님은 한 지혜 있고 현명한 서기관에게 말씀하시기를 그가 하나님의 나라에서 멀지 않다고 하셨습니다(마 12:28–34). 우리는 하나님의 뜻을 알기도 하고 그 뜻을 받아들이고자 하는 마음이 들기도 하고 그 뜻에 복종하고자 하는 마음을 때로는 갖게 됩니다. 그러나 하나님의 나라에 들어가는데 있어서 장애가 되는 것은 우리가 과감한 결단을 내리지 못한다는 데 있습니다.

예수님은 "손에 쟁기를 잡고 뒤를 돌아보는 자는 하나님의 나라에 합당하지 아니하니라"라고 말씀하셨습니다(눅 9:61, 62). 하나님의 나라에는 애매모호한 중립지대가 있을 수 없습니다. 우리가 하나님의 나라 주변에는 있을 수 있지만 결국 하나님의 뜻을 완전히 받아들여 전적으로 순종하기 전까지는 하나님의 나라에 들어갈 수가 없습니다.

5) 이것은 하나님의 나라와 관련하여 인간들의 삶의 모습이 왜 그렇게 다양하게 나타나고 있는가를 설명해 줍니다. 예수님은 여러 가지 예화를 통해 이를 지적하고 있습니다. 마태복음 13:24-30에 나오는 밀과 가라지가 함께 자라는 비유와, 마태복음 13:47에 나오는 각종 물고기를 모으는 그물의 비유 등을 그 예로 들 수가 있습니다. 하나님의 나라에 들어간다는 것이 곧 하나님의 뜻에 순종하는 것을 뜻한다고 한다면 거기에는 여러 유형의 반응들이 있을 수 있을 것입니다.

먼저 하나님의 뜻을 고의로 받아들이지 않고 배척하는 사람도 있고, 마음으로는 그 뜻에 순종하고 싶어하지만 실제로는 행동에 옮기지 못하는 사람도 있습니다. 또한 하나님의 뜻을 머뭇거리며 마지못해 받아들이는 사람이 있는가 하면 선뜻 기꺼이 받아들이는 사람도 있습니다. 이처럼 사람들의 모습이 제각기 다른 것은 하나님과 자신의 의지의 관계에 있어 각자의 상황에 따라 다른 반응을 보이기 때문에 생겨나는 것입니다.

6) 사람들은 예수님이 그들에게 가르쳐 주신 하나님의 나라에 대해서 여러 가지 다른 생각들을 가지고 있습니다. 예수님은 빌라도에게 "내 나라는 이 세상에 속한 것이 아니다"라고 말씀하셨습니다. 유대인들은 과거에 하나님의 나라를 물질적인 풍요나 정치적인 권력, 국가적인 부흥 등의 관점에서 생각했습니다. 그들은 하나님의 나라를 뭔가 아름답고 찬란하고 풍부한 것으로만 생각했습니다. 그들은 결국 유대인들이 전 세계를 통치하게 되리라고 믿었습니다. 오늘날에 있어서도 사회개혁이나 물질적인 축복의 관점에서 하나님의 나라를 해석하는 경향이 많이 있습니다.

사실 이것들도 하나님의 나라의 일부분임에는 틀림이 없습니다. 그러나 이런 것들은 하나님의 나라 그 자체라기보다는 하나님의 나라가 이루어지게 됨으로써 생기는 결과들인 것입니다. "하나님의 나라는 너희 안에 있느니라"고 예수님은 말씀하셨습니다(눅 17:21). 예수님은 가장 근본적인 변화는 먼저 사람들의 마음속에 일어나야 한다는 말씀을 하고 계십니다.

만일 그 마음속에 근본적인 변화와 개혁이 일어나지 않으면 어떠한 새로운 제도와 환경도 곧 타락하고 부패하게 되기 마련입니다. 예수님은 완전한 사회개혁이 이루어지기 전에 먼저 각 사람들이 하나님의 뜻을 인정하고 받아들여야 한다는 것을 지적하고 계십니다. 즉, 하나님의 나라는 이 세상에 이루어지기 전에 먼저 각 사람의 마음속에 이루어져야 한다는 것입니다.

우리는 하나님의 나라에 들어가는 것은 곧 하나님의 뜻을 받아들여 그것을 행하는 것이라고 하는 근본적인 진리에 이르게 되었습니다. 하나님의 나라에 들어가기 위해서는 노력하고 힘써야 한다는 예수님의 말씀을 우리는 이런 근본적인 진리 속에서 이해할 수 있는 것입니다.

1) 하나님의 나라에 들어가기 위해서는 어떠한 노력과 수고도 아끼지 말아야 합니다. "너희는 먼저 그의 나라와 그의 의를 구하라"(마 6:33)고 하신 예수님의 말씀은 다음과 같이 해석될 수 있습니다. "하나님의 나라를 네 모든 노력과 수고의 목표로 삼으라." 누가와 마태는 예수님의 말씀을 각각 이렇게 기록하고 있습니다. 먼저 누가복음 16:16을 보면 "율법과 선지자는 요한의 때까지요 그 후부터는 하나님 나라의 복음이 전파되어 사람마다 그리로 침입하느니라(everyone enters it violently)"라고 기록되어 있습니다. 여기에서 "entering violently"에 해당하는 헬라어 원문은 '비아제스타이'로서 이것은 군대가 상대방의 성으로 침투해 들어가기 위해 필사적인 공격을 감행하는 것을 의미합니다.

또한 마태복음 11:12에는 이 내용이 이렇게 기록되어 있습니다. "세례 요한의 때부터 지금까지 천국은 침노를 당하나니 침노하는 자는 빼앗느니라." 혹시 이 마태복음 11:12의 내용은 하나님의 나라의 백성들이 당했던 수난과 박해를 의미한다고 할 수 있을지 모르지만, 적어도 누가복음 16:16의 내용은 마치 용감한 군대가 성읍을 향해 돌진해 들어가듯 하나님의 나라를 침입하여 들어가고 있음을 말하는 것입니다. 그래서 데니(Denny)는 그의 책에서 이런 말을 하고 있습니다. "하나님의 나라는 그저 들어갈 수 있는 곳이 아니며 필사적인 노력이 있어야 한다."

천국은 필사적으로 열심히 구하는 자들을 위한 것입니다. 하나님의 뜻을 따르고 그대로 수행하는 것이 얼마나 어려운 것인가는 예수님 자신도 겟세마네 동산에서 얼마나 절실한 기도를 드렸던가를 보면 알 수 있습니다. 결국 하나님의 뜻을 행하기 위해서는, 즉 하나님 나라의 백성이 되기 위해서는 어떤 수고, 고통, 땀과 눈물도 아끼지 말아야 하는 것입니다.

2) 하나님의 나라에 들어가기 위해선 어떠한 값도 아끼지 말아야 합니다. 예수님은 값진 진주의 비유와 밭에 감추인 보화의 비유를 말씀해 주셨는데, 이 비유를 보면 그 보화를 발견한 사람은 그것을 차지하기 위해 자기의 전 재산을 팔아서 그것을 사고 있음을 볼 수 있습니다. 이것은 우리가 하나님 나라의 백성이 되기 위해, 즉 하나님의 뜻을 수행하기 위해 상당한 값을 지불해야 함을 말해 주는 것입니다.

때로는 우리의 안락과 즐거움을 희생해야 하고, 때로는 우리의 포부나 야심을 접어 두어야만 합니다. 때로는 가장 가깝고 친근한 사람과의 관계를 희생시켜야 할 때도 있습니다. 왜냐하면 예수님은 가장 가까운 가족이나 친척들 이상으로 예수님 자신에게 충성할 것을 요구하시기 때문입니다(마 10:37; 눅 14:26). 결국 아무리 비싼 값을 치르고서라도 하나님 나라의 백성이 되어야 하고, 하나님의 뜻에 순종해야만 한다는 것입니다.

3) 하나님의 나라에 들어가기 위해선 어떠한 희생도 감수해야만 합니다. 어떤 경우에는, 죄의 원인이 되는 손이나 눈, 발을 자르고서라도 하나님의 나라에 들어가야 한다는 극단적인 표현이 성경 속에 나타나 있습니다(마 10:29, 30). 이것은, 즉 하나님의 나라에 들어가기 위해선, 하나님의

뜻을 수행하기 위해선, 어떤 종류의 희생도 치를 수 있어야 한다는 것입니다.

여기에서 짚고 넘어가야 할 것이 있습니다. 우리가 믿는 기독교 신앙은 곧 하나님의 뜻을 조금도 주저함이나 고민함 없이 받아들여야만 하는 그런 것은 아닙니다. 만일 그래야만 올바른 기독교 신앙일 수 있다고 하면 예수님조차 기독교 신앙이 없었다는 말이 되고 맙니다. 왜냐하면 예수님 자신도 하나님의 뜻을 받아들이기 위해 겟세마네 동산에서 그 땀방울이 피처럼 되기까지 고민하셨기 때문입니다.

하나님의 뜻을 순종하지 못하도록 하는 악령과의 치열한 투쟁 없이 아무런 노력도 않고 무엇을 얻게 된다면 그 가치를 그다지 크게 느끼지 않을지도 모릅니다. 우리가 하나님의 뜻을 받아들이고 그 뜻에 순종하기 위해 많은 고민과 갈등을 겪는 것은 부끄러워해야 할 일이 아닙니다. 우리는 단지 우리 주님이 겪으셨던 고민과 우리 주님이 걸어가신 길을 따라가는 것일 뿐이기 때문입니다. 우리가 겪는 고민과 갈등은 부끄러운 것이 아니며, 우리가 그 싸움에서 지는 것이 부끄러울 뿐입니다.

하나님은 우리의 수고와 노력, 희생에 대한 보상과 상급을 주시는 분입니다. 우리의 싸움이 격렬한 것일수록 그 싸움의 승리로 인해 얻게 되는 보상도 큰 법입니다. 우리가 어떤 희생을 치르던지 하나님께서는 30배, 60배, 100배의 보상을 해주십니다(눅 18:29; 막 10:28-30; 마 19:27-30). 우리의 싸움에는 상급이 약속되어 있습니다. 따라서 우리는 담대함과 기쁨을 가지고 우리의 선한 싸움을 계속해 나가야 할 것입니다.

이제 어떤 사람이 하나님 나라에 들어갈 수 있는가에 대해 살펴보도록 합시다. 우리는 우선 산상수훈 속에서 하나님 나라에 합당한 두 가지 자격을 찾아볼 수 있습니다.

1) 하나님의 나라는 심령이 가난한 자들(the poor on spirit)의 것입니다(마 5:3). 'the poor in spirit'에 해당하는 원래의 헬라어는 '프토코스'로

서 이것은 단지 '가난한 사람'만을 가리키는 것이 아니라 '겸비한 자'라는 의미도 들어 있습니다. 여기에 해당하는 히브리어는 '아니'로서 이것은 실제로 가난하고 겸비하여서 하나님만 의지하고, 하나님만을 신뢰하는 사람을 가리키는 말입니다.

따라서 하나님의 나라는 자신의 무력함을 깨닫고 하나님만 의지하는 사람들의 것이라고 할 수 있습니다. 자신의 궁핍함 대신 하나님의 부요하심을 의지하고, 자신의 무지 대신 하나님의 지혜를, 자신의 죄악 대신 하나님의 자비를, 죄악에의 유혹과 도덕적인 타락 대신 하나님의 은총을 의지하는 사람만이 하나님의 나라에 들어갈 수 있습니다. 즉 하나님의 뜻을 행하고자 하는 마음의 열정을 가지고 있으며, 또한 하나님께서 도와주시지 아니하면 스스로는 그 뜻을 행할 수 없다고 하는 깨달음이 있는 사람만이 하나님의 나라에 들어갈 수 있습니다.

2) 하나님의 나라는 의를 위하여 박해받는 자들의 것입니다(마 5:10). 의를 위하여 박해받는 자들이란 곧 자신의 안락, 명예, 야망, 안전보다, 심지어 자신의 목숨보다 더 하나님의 뜻을 사랑하는 사람들을 가리키는 것입니다. 오늘날에는 하나님의 뜻에 순종하는 것이 자신의 목숨이나 자유를 잃게 되는 일을 초래하지는 않을지 모릅니다. 그러나 오늘날에도 하나님의 뜻에 순종하는 것이 우리로 하여금 비웃음과 조롱, 고독과 희생 등을 감수하도록 요구할 때가 있습니다. H. G. 웰스는 말하기를, 이웃 사람들의 음성이 하나님의 음성보다 더 크게 들리는 경우가 많은 것이 바로 우리 시대의 모습이라고 하였습니다. 그러나 하나님의 나라에 들어가고자 하는 사람에게는 하나님의 음성이 가장 분명하고 힘 있는 것으로 들려야만 합니다.

3) 예수님은 하나님의 나라에 들어갈 수 있는 자격으로서 어린아이와 같은 심령이 되어야 함을 강조하셨습니다(마 18:2, 3; 막 10:14, 15; 마 19:14; 눅 18:16, 17). 어린아이에게는 겸손과 신뢰의 두 가지 특징이 있습니다. 어린아이는 자기의 지위나 명예, 특권 등에 대한 욕심이 없습니다.

어린아이는 자기가 돌아갈 집에 대한 신뢰가 있습니다. 그는 길도 모르고 어디로 가야 할지도 모르면서 아무 걱정 없이 부모님의 손만 잡고 무작정 따라 나섭니다. 이러한 겸손과 신뢰야말로 하나님의 나라에 들어갈 수 있는 자격이 되는 것입니다.

4) 예수님의 산상수훈 중에서 마태복음 5:17-20에 나오는 말씀은 우리를 어리둥절하게 만듭니다. 이 말씀 속에서 예수님은 율법을 강조하고 있습니다. 즉, 율법의 일점일획도 반드시 없어지지 않고 다 이루어질 것이며, 이 율법 중에 지극히 작은 것 하나라도 버리는 사람은 하나님의 나라에서 지극히 작다 일컬음을 받을 것이라고 말씀하고 계십니다. 또 예수님은 "너희 의가 서기관과 바리새인보다 더 낫지 못하면 결코 천국에 들어가지 못하리라"고 말씀하셨습니다. 그러면 이 말씀의 의미는 과연 무엇일까요?

이 말씀의 의미는 하나님의 나라의 백성 된 사람은 서기관이나 바리새인들보다 더 많은 책임이 주어진다는 것입니다. 서기관과 바리새인들은 율법을 준수하는 것을 그들의 책임의 전부로 삼았던 사람들입니다. 하지만 율법은 사람들이 그 율법의 요구를 만족시킬 수 있다는 특성을 가지고 있습니다. 따라서 사람이 율법을 스스로 지키거나 또는 그 율법을 어겼다 하더라도 그에 따르는 대가를 지불하게 되면 더 이상 율법은 어떤 요구를 할 수가 없습니다.

그러나 하나님 나라의 율법은 사랑이며 사랑의 특징은 아무도 이 사랑을 만족시킬 수 없다는 것입니다. 진정으로 사랑을 아는 사람이라면 그의 사랑하는 사람에게 설사 저 하늘의 해와 달과 별을 갖다 준다 하더라도 오히려 부족하다고 느끼게 됩니다. 따라서 사랑받는다는 것은 곧 그 무엇으로도 그 사랑을 갚을 수 없는 사랑의 빚을 지게 되는 것입니다. 우리 기독교인들에게 지워진 책임은 서기관이나 바리새인들은 생각지도 못했던 그런 것입니다. 하나님의 나라의 율법은 사랑이기 때문에 하나님의 나라의 백성들이 하나님과 인간들에 대해 가지고 있는 책임은 무한정한 것이라 할 수 있습니다.

한편, 하나님의 나라에 들어갈 수 있는 자격이 있는 것과 마찬가지로 하나님의 나라에 들어갈 수 없는 그런 금기도 있습니다.

1) 단순히 입술로만 드리는 경배로는 하나님의 나라에 들어갈 수 없습니다. "나더러 주여 주여 하는 자마다 다 천국에 들어갈 것이 아니요 다만 하늘에 계신 내 아버지의 뜻대로 행하는 자라야 들어가리라"(마 7:21). 기독교인들이 가장 범하기 쉬운 잘못 중의 하나는 바로 고백만 있고 행함이 없다는 것입니다. 1948년에 열린 람베스 회의에서 채택된 기도문이 여기에 있습니다.

> 전능하신 하나님, 우리에게 은총을 베풀어 주사 당신의 말씀을 들을 뿐만 아니라 행하는 자들이 되게 하소서. 당신의 뜻을 열망할 뿐 아니라 순종하게 하시고, 우리의 신앙을 고백할 뿐 아니라 실천하게 하시며, 복음을 사랑할 뿐 아니라 복음적인 삶을 살게 하소서. 그리하여 당신의 영광을 깨달을 뿐 아니라 우리 삶을 통해 나타내게 하소서.

바로 이러한 실천이야말로 하나님의 나라로 들어가는 길이 되는 것입니다.

2) 이웃을 용서할 줄 모르는 사람은 하나님의 나라에 들어갈 수 없습니다. 예수님은 무정한 빚쟁이의 비유를 통해 이것을 강조하고 있습니다(마 18:23-35). 무정한 사람은 자비로우신 하나님과의 교제를 가질 수 없습니다. 미움의 감정은 하나님의 사랑을 차단시켜 버리고 맙니다. 이웃을 용서하려 하지 않는 사람은 용서하기를 즐겨하시는 하나님께로 나아갈 수가 없습니다. 하나님의 용서를 받고자 하는 사람은 이웃을 용서할 수 있어야 합니다. 그 마음속에 이웃에 대한 분노가 가득 차 있는 사람이나, 이웃과 늘 반목하고 불화하는 사람은 결코 하나님의 나라에 동참할 수가 없

는 것입니다.

3) 부유한 사람들은 하나님의 나라에 들어가기가 매우 어렵습니다. 예수님은 이렇게 말씀하셨습니다. "내가 진실로 너희에게 이르노니 부자는 천국에 들어가기가 어려우니라 다시 너희에게 말하노니 낙타가 바늘귀로 들어가는 것이 부자가 하나님의 나라에 들어가는 것보다 쉬우니라"(마 19:23, 24; 막 10:23-27; 눅 18:24, 25). 왜 그럴까요? 거기에는 두 가지 중요한 이유가 있습니다.

첫째로, 사람이 많은 재물을 소유하게 되면 하늘나라보다는 이 땅에 더 많은 관심을 두게 되기 때문입니다. 이 땅에 너무 많은 관심과 이해관계를 가진 나머지 좀처럼 그의 눈을 들어 하늘을 바라보기가 힘듭니다. 존슨 박사는 지체 높은 귀족 보스웰의 성을 떠나가면서 다음과 같은 말을 하고 있습니다. "보스웰, 당신이 이 수많은 소유물들 때문에 당신은 이 세상을 떠나기가 힘이 든거요." 이 세상에 너무 연연해하고 집착해 있는 사람은 이 세상 외에 다른 세계가 있다는 것을 생각지 못하게 되기 쉽습니다.

둘째로, 많은 재물이 일종의 구원의 대속물로 여겨지는 경우가 많기 때문입니다. 사람들은 흔히 많은 재물이 그들에게 완벽한 안전을 제공해 주고 돈만 있으면 무엇이든지 마음대로 할 수 있다고 생각합니다. 그래서 그들은 많은 재물을 가지고 하나님 없이도 스스로 이 세상을 살아나갈 수 있다고 착각을 하게 되는 것입니다. 예수님은 부자가 하나님의 나라에 들어갈 수 없다고 말씀하신 것은 아닙니다. 그러나 그들은 하나님의 나라에 들어가기가 어렵다고 말씀하십니다. 왜냐하면 부자들은 흔히 하나님의 나라가 있음을 잊고 지내기 때문입니다.

이제 마지막으로 하나님의 나라에 관한 여러 의미들을 간략하게나마 살펴보고자 합니다.

하나님의 나라에는 고통이나 질병, 죽음이 없습니다(마 4:23; 10:1, 7,

8; 11:1-6; 막 6:7; 눅 7:19-23; 9:11). 하나님의 성령을 힘입어 귀신을 쫓아낸다면 하나님의 나라가 이미 임한 것이라고 예수님은 말씀하고 계십니다(마 12:28). 따라서 하나님의 나라는 악한 세력에 대한 승리를 의미하는 것입니다.

하나님의 나라는 온 세계에 임하는 것입니다. 천국 복음은 모든 민족에게 전파되기 위하여 온 세상에 전파될 것입니다(마 24:14). 그리고 동서남북 사방에서 많은 사람들이 하나님의 나라에 동참하기 위하여 모여들 것입니다(마 8:11; 눅 13:29). 하나님의 나라에서 어떤 지배 국가나 우월한 민족도 있을 수 없으며 어떠한 인종차별도 없습니다.

하나님의 나라는 은밀히 조용하게 그러나 끊임없이 자라나가고 있습니다(막 4:26-29). 사람들이 하나님의 나라의 성장을 방해하고 지연시키려 하더라도 마침내 하나님의 나라는 이 땅에 도래하고 마는 것입니다.

"나라가 임하시오며" – 이것은 얼마나 훌륭한 기도입니까? 이것은 이 세상에 어떤 일이 단순히 일어나게 되기만을 기다리는 그런 기도가 아닙니다. 이것은 우리가 하나님의 뜻을 받아들일 것을 약속하는 기도입니다. 하나님의 뜻을 받아들이기 위해 모든 희생을 각오하겠다는 기도이며, 하나님의 뜻에 어긋나는 모든 것들을 버리겠다는 결단이 이 기도 속에 들어 있습니다. 그리고 또한 이것은 하나님의 나라에 들어가기 위한 모든 요소와 자세들을 갖추고자 하는 기도인 것입니다. 그래서 이 기도는 자신을 하나님께 맡기고 하나님의 은총에 의지하려 하지 않는 사람에겐 아무런 도움도 되지 않습니다. 자신의 뜻과 주장을 고집하고자 하는 사람에겐 이 기도가 아무 소용이 없습니다.

5

"당신의 뜻이 이루어지이다"
(THY WILL BE DONE)

"당신의 뜻이 이루어지이다"라는 기원은 주기도문의 일부일 뿐만 아니라 예수님 자신의 삶의 원리였으며 중심되는 사상이었습니다. 특히 사복음서는 예수님이 이 땅에 오신 목적이 하나님의 뜻을 이루게 하기 위함이라고 말하고 있습니다.

요한복음에는 예수님이 수가성의 우물가에서 지친 몸을 쉬고 있을 때에 제자들이 음식을 사려고 읍내로 들어갔던 기록이 나옵니다. 그들이 돌아와서 예수님께 음식을 권했을 때에 예수님은 그것을 드시려 하지 않았습니다. 그들은 누군가가 이미 예수님께 잡수실 것을 드렸는가 의아해하자 예수님은 이렇게 말씀하셨습니다. "나의 양식은 나를 보내신 이의 뜻을 행하며 그의 일을 온전히 이루는 이것이니라"(요 4:31-34). "나는 나의 뜻대로 하려 하지 않고 나를 보내신 이의 뜻대로 하려 하므로 내 심판은 의로우니라"(요 5:30). 또 그는 말씀하십니다. "내가 하늘에서 내려온 것은 내 뜻을 행하려 함이 아니요 나를 보내신 이의 뜻을 행하려 함이니라"(요 6:38). 이처럼 하나님의 뜻을 이루고자 하시는 예수님의 의도는 겟세마네 동산에서의 기도 속에서 절정을 이루게 됩니다. "그러나 나의 원대로 마시옵고 아버지의 원대로 하옵소서"(마 26:39). "아버지의 원대로 되기를 원하나이다"(마 26:42). 예수님은 하나님의 뜻에 철저히 복종했던 것입니다.

이러한 복종과 순종은 유대인들의 종교생활에 있어서 가장 고상하고 훌륭한 것으로 여겨졌습니다. 유대인들이 가장 중요하게 여겼던 것은 '토라'라는 것으로서 이것은 곧 율법이며 하나님의 계명이었습니다. 유대인들의 삶에 있어서 가장 중요한 임무이자 위대한 특권은 율법을 지키는 것이었습니다. 한데 이 유대인들이 율법을 지키는 것은 그것을 지키지 않으면 받게 될 형벌을 두려워해서, 또는 억지로 마지못해 지키는 그런 것이 아니었습니다. 오히려 그들의 태도는 마치 자기가 사랑하는 연인의 요구를 기꺼이 즐거운 마음으로 순종하는 그런 것이었습니다.

우리는 시편 119편 속에서 유대인들이 하나님께 순종할 때 느끼는 기쁨과 즐거움을 느낄 수 있습니다.

"나에게 주의 법도들의 길을 깨닫게 하여 주소서 그리하시면 내가 주의 기이한 일들을 작은 소리로 읊조리리이다 … 내가 성실한 길을 택하고 주의 규례들을 내 앞에 두었나이다 … 주께서 내 마음을 넓히시면 내가 주의 계명들의 길로 달려가리이다 여호와여 주의 율례들의 도를 내게 가르치소서 내가 끝까지 지키리이다"(27, 30, 32, 33절).

"내가 사랑하는 주의 계명들을 스스로 즐거워하며 … 내가 나그네 된 집에서 주의 율례들이 나의 노래가 되었나이다"(47, 54절).

"내가 주의 법도들을 영원히 잊지 아니하오니 주께서 이것들 때문에 나를 살게 하심이니이다"(93절).

"그러므로 내가 주의 계명들을 금 곧 순금보다 더 사랑하나이다"(127절).

"오직 여호와의 율법을 즐거워하여 그의 율법을 주야로 묵상하는도다"(시 1:2). 우리는 시편을 읽으면서도 이 시편 속에 '사랑'과 '즐거워한다'는 단어가 반복되어 나타나고 있음을 간과하고 지나치기 쉽습니다. 하나님의 명령을 지키는 것은 우리를 노예와 같은 상태로 밀어넣는 것이 아니라 오히려 우리에게 진정한 자유를 누리도록 해주는 것입니다. "내가 주의

율법을 항상 지키리이다 영원히 지키리이다 내가 주의 법도들을 구하였
사오니 자유롭게 걸어갈 것이오며"(시 119:44, 45). 이처럼 하나님의 율법
을 지키고 하나님의 뜻에 순종하는 것은 유대인들에게 있어서 첫째가는
임무요 특권이며 그들의 즐거움인 동시에 그들로 하여금 진정한 자유를
누리도록 해주는 유일한 길이 되는 것입니다.

한편 "당신의 뜻이 이루어지이다" 하는 이 기원은 그 기운을 드리는 사
람의 마음의 상태와 그 어조에 따라 매우 다른 의미를 내포할 수도 있습
니다.

1) 먼저 **굉장한 분노를 느끼며 이런 기원**을 하게 될 수도 있습니다. 하나
님의 뜻에 복종하는 것 외에는 다른 도리가 없음을 알게 될 때 하나님께
대한 분노와 반항을 느끼면서 어쩔 수 없이 이런 기원을 하게 되는 것을
뜻합니다. 베토벤의 운명은 참으로 가혹했습니다. 특히 그가 음악가임에
도 불구하고 아무것도 들을 수 없는 귀머거리가 되었다는 것은 참으로 견
디기 어려운 시련이었을 것입니다. 베토벤이 숨을 거둔 뒤 그의 주검을
본 사람들은 그가 마치 하나님에게 항의하듯 두 손을 잔뜩 움켜쥐고 있었
으며 하나님께 대항하듯 이를 악물고 있었다고 말합니다. 이처럼 하나님
의 뜻에 순종해야 한다는 것을 알면서도 그것 때문에 분노하는 사람들도
있습니다.

2) **심한 분노를 느끼지는 않더라도 어쩔 수 없는 체념 속에서 이런 기원**을
할 수도 있습니다. 로마 황제였던 율리아누스는 기독교를 로마의 국교로
선언한 콘스탄티누스 황제의 결정을 무효화시키고 로마의 옛 신들을 숭
배하고 예배하도록 환원시키고자 하였습니다. 그러나 그는 동방에서의
전투 도중 치명적인 중상을 입고 말았습니다. 역사가들은 기록하기를, 그
가 중상을 입고 피를 흘리며 죽어가고 있을 때 그는 하늘을 향해 자기의
피를 한 움큼 뿌리면서 이렇게 말했다고 합니다. "갈릴리 사람이여! 당신
이 이겼소." 이것은 그가 하나님의 뜻에 복종하는 것이라기보다는 자기의
패배를 어쩔 수 없이 시인하는 것이라고 볼 수 있습니다. 이것을 일종의

하나님의 뜻에 대한 복종이라고 한다면 그것은 어쩔 수 없이 마지못해 인정하고 받아들일 수밖에 없는 복종일 것입니다. 하나님께 대해 이런 복종을 하고 있는 사람들도 많이 있습니다.

3) 또한 **자기 스스로는 아무것도 할 수 없기 때문에 하나님의 은총을 기대하고 전능하신 하나님께 의지하고자 하는 마음에서 이런 기원을 할 수도 있**습니다. 준 빙햄은 라인홀드 니버에 대한 그녀의 연구 저서 「변화에의 용기」라는 책에서 이런 이야기를 하고 있습니다. 하루는 니버가 그의 딸에게 산책하러 나갈 것을 권했습니다. 그러나 딸은 별로 나가고 싶어하지 않았습니다. 그러자 니버는 딸에게 적당한 운동과 신선한 공기가 건강에 얼마나 중요한 것인지를 설명하였고 결국 그녀는 함께 따라나서게 되었습니다. 그들이 산책을 끝냈을 때 니버가 딸에게 "산책하기로 결정하길 잘했다고 생각지 않니?"하고 물어보았습니다. 그러자 딸이 이렇게 대답했습니다. "아빠, 제가 결정한 건 아니에요. 아빠 말씀은 제게 언제나 옳은 것이기에 그저 따랐을 뿐이에요." 그녀는 어차피 그녀가 해야 할 일이라면 법석 피울 필요 없이 순순히 따르는 것이 좋다고 생각했던 것입니다. 이처럼 하나님의 뜻은 언제나 옳으며 또한 거역할 수 없는 것이기에 그 뜻에 순종하는 사람들도 있습니다. 이들은 좌절을 경험하지는 않습니다. 그러나 이들은 여전히 하나님의 뜻을 순종함에 있어서 어떤 기쁨이나 희열도 느낄 수가 없습니다. 이들은 "오 하나님, 당신의 명령이 어찌 그리 즐겁고 기쁜 것인지요!" 하는 고백을 할 수 없습니다.

4) 마지막으로, **하나님께 대한 깊은 신뢰와 사랑, 그의 뜻을 행하는 기쁨과 즐거움을 가지고 이 기원**을 드릴 수 있습니다. 이것은 "아버지께서 그의 자녀들을 사랑하시며 결코 이유 없는 고난과 슬픔을 겪게 하시지 않는다"는 확신을 가진 사람만이 드릴 수 있는 기원입니다. 청교도들의 시대에 청교도들을 잔혹한 방법으로 처형해서 말살시키고자 스코틀랜드에서는 큰 박해가 일어났습니다. 리처드 카메론은 그 청교도 중에 가장 위대하고 훌륭한 사람이었습니다. 진압군들은 리처드 카메론의 아들을 사로잡게 되었

습니다. 그들은 잔혹하게도 그 아이의 두 손을 잘라 버렸고 그 아이는 두 손을 잘린 채 아버지에게로 돌려보내졌습니다. 카메론은 자기 아들의 두 손이 잘려 버린 것을 보고서도 그 아이를 품에 안고는 이렇게 하나님을 찬양하고 있습니다. "주님의 뜻은 항상 참되며 정의로우십니다. 당신은 그 누구도 억울하게 하거나 부당한 대우를 하는 일이 없으십니다." 카메론의 이러한 고백이야말로 하나님께 대한 그의 철저한 신뢰와 순종을 나타내주는 것이라 할 수 있습니다. 여기에는 어떠한 분노도 절망도 체념도 없습니다. 단지 하나님의 뜻에 조금도 의심 없이 절대 순종하고자 하는 모습만이 있을 뿐입니다.

그러면 이쯤 해서 왜 우리가 하나님의 뜻에 순종하는 것과 하나님의 뜻이 이루어지길 기도하기가 이처럼 어려운가 하는 질문이 나오게 됩니다. 우리의 죄의 근원이 되는 것은 바로 우리의 교만입니다. 우리가 하나님의 뜻에 순종하는 것이 어렵게 느껴지는 이유는 우리 마음속 깊은 곳에서 우리 자신이 하나님보다 우리 자신을 더 잘 알고 있다고 생각하고 있기 때문입니다.

그래서 우리는 무엇이든지 스스로 결정하기를 더 좋아하고 우리의 삶을 우리 뜻대로 살게 되기를 더 원하게 되는 것입니다. 그렇기 때문에 우리는 "당신의 뜻이 이루어지이다"라는 기도를 드리기보다는 "당신의 뜻이 바꾸어질 수 있기를 원하나이다"라는 기도를 드리게 되는 것입니다. 우리 마음속에 교만과 고집이 들어있는 한 우리는 진정 "당신의 뜻이 이루어지이다"라는 기도를 드릴 수가 없습니다. 왜냐하면 우리는 우리 자신의 생각과 결정이 더 옳은 것 같고, 또 그렇게 행하기를 원하게 되기 때문입니다. 바로 이런 이유 때문에 성경은 계속해서 우리에게 하나님이 어떤 분이신가 하는 것을 이야기해 주고 계십니다. 성경 속에 나타난 하나님의 두 가지 속성을 믿기만 하면 우리는 겸손히 하나님의 뜻에 순종하기가 더 수월해지게 될 것입니다.

1) 먼저 우리는 하나님의 '지혜'를 믿어야 합니다. 하나님은 우리에게 진

정 유익이 되는 것이 무엇인지를 우리보다 더 잘 알고 계십니다. 또한 그 하나님은 밤이나 낮이나 쉬지 않고 늘 우리를 지켜 주십니다. 유한한 우리 인간은 단지 현재의 순간만을 살아가고 있습니다. 우리에게 있어 과거는 이미 지나가 버린 시간들이고 그것들을 오늘 우리의 삶에 재현시킬 수가 없습니다. 더욱이 우리는 우리 앞에 놓인 미래에 대해서는 더욱 모르고 있습니다. 그러나 하나님은 과거와 현재와 미래의 모든 인간의 삶을 꿰뚫어 알고 계시며, 그렇기 때문에 하나님은 무엇이 우리에게 궁극적인 유익이 되는 지 잘 알고 계시는 것입니다.

기독교가 확립되기 전부터 스토아주의자들은 이러한 견해를 가지고 있었습니다. 그들은 신은 운명이 아니라 섭리라는 것을 주장했습니다. 그들은 이 세상의 어떤 것도 신의 의지와 관계없이 일어나는 것은 없다고 믿었으며, 그 모든 것들은 모두 인간의 유익을 위해 진행되어 나간다고 생각했습니다. 그래서 스토아주의자들은 다음과 같은 훌륭한 말들을 남기게 되었습니다. 세네카는 말하기를 "나는 신에게 단순히 복종하기 위해서가 아니라 신의 결정에 동의할 수 있게 하기 위해 나 자신을 훈련한다. 나는 내 영혼이 신의 뜻을 따르기 원하기 때문에 신께 복종하는 것이다"라고 하였습니다. 또한 에픽테투스는 이렇게 기도했습니다. "당신께서 원하시는 대로 나를 사용해주소서." "나는 당신의 것이옵니다. 당신께서 원하는 것은 무엇이나 행하게 하소서. 당신께서 원하시는 곳으로 나를 인도하시고 당신께서 원하시는 것으로 나를 입히소서." "나는 나의 모든 선택의 자유를 하나님께 바쳤나이다. 내가 열병에 걸리는 것을 원하시면 내가 그 열병에 걸릴 것임이니이다. 내가 무엇을 얻게 되기를 원하시면 내가 그것을 얻을 것임이니이다. 또한 당신께서 무엇을 원하지 아니하시면 나도 그것을 원치 않나이다."

또한 스토아주의자들은 다음과 같은 주장을 하고 있습니다. 이 세상에 일어나는 모든 일이 신의 뜻에 의한 것이라면 그 뜻에 순종하는 것은 곧 우리의 행복과 자유를 의미하는 것입니다. 이 세상의 어떤 것도 우리 뜻에 따라 마음대로 변화, 조절되는 것은 아닙니다. 그렇다면 신의 뜻에 순종하는 것은 전 우주의 질서와 조화를 이루는 것이며, 신의 뜻에 불순종하는 것은 곧 우주의 벽에 우리의 머리를 정면으로 충돌해 부딪치는 일입니다. 세네카는 「행복한 삶에 관하여」라는 그의 저서에서 "신의 뜻에 순종하는 것이 곧 완전한 자유를 얻는 길"이라고 역설하고 있습니다. 또한 그는 클레안데스의 찬송시에서 이런 구절을 인용하고 있습니다. "운명은 신의 뜻에 순종하는 자는 그 길을 인도하지만 불순종하는 자는 질질 끌고 간다."

예수 그리스도를 통해 계시된 하나님을 모르는 이교도들도 이런 고백을 하고 있는데 하물며 우리 기독교인들은 어떠해야겠습니까? 우리는 하나님의 온전하시고 완전하신 지혜를 믿고 신뢰할 수 있어야 할 것입니다.

2) 또한 우리는 하나님의 '사랑'을 믿어야 합니다. 우리 기독교가 스토아주의와 다른 점이 바로 이것입니다. 스토아주의자들은 문자 그대로 이 세상에서 일어나는 모든 일은 신의 뜻에 의한 것이며, 그렇게 되는 것 자체가 바로 신의 뜻이라고 생각했습니다. 그래서 그들은 그들 자신이나 다른 사람들에게 일어나는 어떠한 불행이나 재앙들에 대해서 조금도 슬퍼하거나 비탄에 빠질 필요가 없다고 생각했습니다. 왜냐하면 그것은 곧 신의 뜻에 의한 것이기 때문이라는 겁니다. 컵이 갑자기 떨어져서 깨진다든지, 옷이 못에 걸려 찢어지든지, 자기가 아끼던 동물이 갑자기 죽든지, 심지어 자기와 가장 가까운 사람이 죽게 되더라도 조금도 동요되거나 개의치 말아야 한다는 것입니다. 왜냐하면 그것은 바로 신의 뜻이기 때문입니다. 그러나 이것은 올바른 생각이 아닙니다.

우리 기독교인들에게 있어서는 "하나님의 뜻"을 무차별하게 아무데나 적용시킴으로써 많은 해독과 과오를 저지르게 됨을 볼 수 있습니다. 불의의 교통사고로 아이를 잃게 된 가정이나, 불치의 병으로 고통당하며 시한부 인생을 살아가고 있는 사람들, 부모를 잃고 비탄에 잠겨 있는 가정을 찾아가서 위로한다는 것이 고작 "이것이 다 하나님의 뜻입니다" 하고 말하는 사람들이 있습니다. 천재지변으로 재난을 당해 낙심 중에 있는 사람에게 "이것도 하나님의 뜻입니다" 하고 말하는 사람들이 있습니다.

그러나 이런 것은 하나님의 뜻이 아닙니다. 부주의하거나 또는 술 취한 운전사에 의해 무고하게 희생당하는 어린아이의 죽음이나 우리 인류의 적인 질병으로 사람들이 고통당하거나 하는 것은 모두 하나님의 뜻과는 관계가 없으며, 그것은 오히려 하나님의 뜻과 상반되는 것입니다. 이것들은 우리 인간의 죄의 결과이며, 그것은 반드시 피해자 자신의 죄뿐만이 아니라 그 피해자가 속한 인류 사회의 죄로 인한 결과인 것입니다. 바로 이런 고통과 슬픔, 재난들을 극복할 수 있도록 하기 위해 예수께서 이 땅에 오셨던 것입니다. 이것은 예수님의 사역 중에 나타난 질병의 치유와 여러 가지 기적들을 통해서 알 수 있습니다. 이처럼 예수 그리스도를 통해 보여주신 하나님의 사랑과 정반대 되는 인간의 불행이나 비참한 사건들의 원인을 하나님의 뜻으로 돌리는 것은 일종의 중상이며 모독이 되는 것입니다.

물론 하나님의 뜻이 어떤 경우에는 우리의 희생을 요구하는 것일 때도 있고 우리에게 고통과 인내를 요구하는 것일 때도 있습니다. 하기 싫어도 하나님의 뜻에 순종하기 위해 억지로 해야 할 경우도 있습니다. 그러나 그런 경우일수록 우리는 하나님의 지혜와 사랑을 의지하고 신뢰할 수 있어야 합니다.

그러면 위에서 말한 사람들의 고통과 그 슬픔에 대해 우리는 뭐라고 말해야 할까요? 우리는 그들에게 이렇게 이야기해야 합니다. "이것은 하나님의 뜻은 아닙니다. 이것은 우리 인간들의 죄와 어리석음 때문에 겪게 되는 고통입니다. 당신은 지금 이런 고통을 직접 겪고 계신 것입니다. 하나님께서 직접 이런 고통을 겪도록 만드신 것은 아니지만 하나님은 지금 이 순간 당신이 이 어려움을 극복하고 이겨내서 하나님 앞에 다시 굳건히 서기를 원하고 계십니다. 이런 어려움과 고통을 통해서 당신이 하나님과 좀 더 가까워지고 강건해져서 당신 주위에 있는 어려운 이웃들을 이전보다 더 잘 도울 수 있는 사람이 될 수 있는 기회가 될 것입니다. 하나님은 그를 사랑하고 의지하는 자를 위해 놀라운 역사를 이루시는 분이시기 때문입니다. 하나님께서 당신 자신과 당신이 겪고 있는 이 고통마저도 하나님께서 사용해 주시길 바라며, 그를 신뢰할 때 하나님은 이 모든 것을 통해 선을 이루어 주실 것입니다."

실제로 나의 어머니는 척추암으로 극심한 고통을 당하시면서도 이러한 믿음과 신뢰를 잃지 않았으며 마침내 숨을 거두시는 순간 그 죽음은 곧 어머니에게 평안을 가져다주는 것이었습니다. 어머니는 정말 신실한 분이셨습니다. 내가 슬픔에 잠겨 있을 때 아버지께서 다가오셔서 이런 말씀을 들려주셨습니다. "너는 너의 목회와 설교를 위한 귀중한 체험과 교훈을 얻고 있구나." 정말로 그 일로 인해 나는 고통당하는 사람들을 이전보다 더 잘 도울 수 있게 되었습니다. 왜냐하면 나 자신이 그런 아픔과 고통을 경험했기 때문입니다.

3) 이제 이 기원에 담겨 있는 마지막 의미를 살펴보고자 합니다. 우리가 "당신의 뜻이 이루어지이다" 하고 기도할 때 그것은 단순히 우리의 어떤 문제를 해결해 달라고 하는 기원은 아닙니다. 이것은 예수님이 겟세마네 동산에서 드린 기도의 내용을 보면 분명해질 수 있습니다(마 26:34-46).

예수님은 그것이 다만 하나님의 뜻과 합치될 경우에만 자신의 기원이 이루어지기를 원하셨습니다. 예수님은 자기에게 놓여 있는 고난과 죽음이 자기로부터 지나갈 수 있기를 원하셨으나 결국 예수님은 그 고난을 피하시지 않았고, 기도를 통해 그 고난을 이겨낼 수 있는 힘을 부여받게 되었습니다. 우리가 "당신의 뜻이 이루어지이다" 하는 기도를 드릴 때 이것은 어떤 어려움이나 고통으로부터 벗어나게 해 달라는 기도가 아니라 오히려 그 어려움과 고통을 이기고 승리할 수 있게 해 달라는 기도를 드리는 것입니다.

성경에 나오는 여러 가지 기사 중에 사드락, 메삭, 아벳느고의 이야기는 우리에게 정말 훌륭한 교훈을 주는 것입니다. 그들이 만일 신상 앞에

절하지 않으면 극렬히 타는 뜨거운 용광로에 넣어 죽이겠다고 하는 느부갓네살 왕의 위협에도 불구하고 그들은 용감하게도 이렇게 대답합니다. "왕이여 우리가 섬기는 하나님이 계시다면 우리를 맹렬히 타는 풀무불 가운데에서 능히 건져내시겠고 왕의 손에서도 건져내시리이다 그렇게 하지 아니하실지라도 왕이여 우리가 왕의 신들을 섬기지도 아니하고 왕이 세우신 금 신상에게 절하지도 아니할 줄을 아옵소서"(단 3:17, 18). "그렇게 하지 아니하실지라도" — 그들은 그들 앞에 놓인 위험과 고비를 벗어나려 하지 않았고 오히려 그 위험과 고비를 과감하게 맞부딪쳐 싸울 힘을 얻고자 하였음을 볼 수 있습니다.

우리의 삶의 원리는 분명한 것입니다. 하나님께서 우리로 하여금 힘들고 고통스러운 일을 감당하도록 하실 때 우리는 그것을 회피하고 도망칠 수도 있습니다. 예수님도 겟세마네 동산에서 고난의 십자가를 지는 일을 포기하고 돌이킬 수도 있었습니다. 그러나 우리가 우리에게 주어진 사명과 임무를 저버리고 돌아선다면 더 이상 우리의 삶은 아무런 의미를 가질 수 없으며, 따라서 우리에겐 아무런 기쁨이나 만족도 있을 수가 없을 것입니다.

하지만 우리가 그 어려움과 고통을 감수하고 우리에게 주어진 사명을 감당하고자 할 때 비로소 우리의 삶은 다른 어느 것과도 비교할 수 없는 기쁨과 만족과 평안이 넘치게 될 것입니다. 그렇기 때문에 플라톤은 말하기를 "현자는 잘못을 행하기보다 잘못된 것을 견뎌내고자 한다"고 했던 것입니다. 또 요한계시록에서 우리에게 주고자 하는 교훈은 곧 하나님의 뜻을 어겨가며 '생존'하고자 하는 사람은 곧 그의 '생명'을 잃고 만다는 것입니다.

우리들에게 있어서 실제적인 문제는 곧 안일과 투쟁 사이에서의 선택, 쾌락과 참된 즐거움 사이에서 어느 것을 택할 것인가 하는 문제일 것입니다. 만일 우리가 당장 눈앞의 쾌락만을 추구하게 된다면 우리는 진정한 즐거움을 잃고 말 것입니다. 왜냐하면 참된 즐거움은 하나님의 뜻에 순종할 때 얻어지는 것이기 때문입니다.

그러면 어떻게 우리가 하나님께 온전히 순종할 수가 있을까요? 스토아주의자들은 그것은 단지 우리의 의지에 달려 있다고 말합니다. "당신의 의지를 하나님께 복종시키시오. 그리고 그것을 위해 노력하시오." 우리가 어렸을 때 걸음마 연습을 통해 걷기를 배웠던 것처럼, 책을 읽는 훈련을 통해 독서하는 법을 배웠던 것처럼, 우리의 뜻을 하나님의 뜻에 복종시키는 훈련을 통해 하나님께 순종하는 법을 배울 수 있습니다.

하지만 우리는 우리의 의지만으로는 되지 않는다는 것을 잘 알고 있습니다. 우리가 예수 그리스도를 우리 마음의 중심에 받아들일 때에 우리는 참으로 겸손하고 올바른 순종을 배울 수가 있습니다. 예수님은 자신이 스스로 하나님께 기도하셨던 것처럼 우리들에게도 "당신의 뜻이 이루어지이다" 하는 고백과 기도를 할 수 있는 힘과 능력을 불어넣어 주실 것이기 때문입니다.

6

"오늘 우리에게 일용할 양식을 주시옵고"
(GIVE US THIS DAY OUR DAILY BREAD)

　주기도문 중에서 이 기원만큼은 그 의미의 해석에 있어서 토론이나 논쟁의 여지가 없다고 생각하는 사람들이 많이 있습니다. 그러나 이런 생각은 사실은 타당한 생각이 아닙니다. 오히려 이 기원이야말로 토론과 논쟁의 여지가 가장 많은 기원 중의 하나입니다.

　1) 첫째로 이 기원의 본래의 의미가 무엇인가 하는데 대한 의견이 분분한데 그것은 이 구절에 대한 번역들이 여러 가지 차이점이 많음을 볼 때 미루어 짐작할 수 있습니다.

　흠정역(AV)의 번역 "Give us this day our daily bread"를 표준번역이라 할 수 있는데 이것은 틴데일 역, Great Bible, Geneva Bible, Bishop's Bible 등에도 똑같이 나타나 있습니다. 한편 RV, RSV, New English Bible 등에도 똑같은 번역이 나타나고는 있지만 RV성경은 그 여백에 "Our bread for the coming day"를 New English Bible은 "our bread for the morrow"를 써놓고 이렇게 번역할 수도 있다고 표시해 놓았습니다. 위에 언급한 모든 성경들은 불가타 성경(the Vulgate)보다 훨씬 이전에 나온 고대 라틴역본에서 옮긴 것으로서 그 원문은 'quotidianum panem'이며 그 뜻은 문자 그대로 "일용할 양식"(daily bread)이라는 뜻입니다.

또한 이외에도 이 기원의 표준번역에 약간의 수정을 가한 번역본들도 있습니다. 웨이마우스 역에는 "Give us to-day bread for the day"로 번역되어 있고 모펫 역에는 "Give us to-day our bread for tomorrow"로, 굿스피드 역에는 "Give us to-day bread for the day"로 번역되어 있습니다. 이 기원에 대한 번역에는 대체로 두 가지 부류의 흐름이 있습니다.

첫 번째 부류는, 20세기 신약성경(the Twentieth Century New Testament)의 "Give us to-day the bread that we shall need"와 E.V. Rieu가 번역한 "Give us the bread of life to-day" 등에 의해 대표되는 것입니다.

두 번째 부류는, 불가타 성경에 근거를 두고 있는 것으로서 불가타 성경은 가톨릭교회에서 사용해 온 것입니다. 로마 가톨릭 교회에서 사용해온 것이므로 매우 중요한 가치를 지니고 있습니다. 5세기 제롬이 고대 라틴 역본으로부터 불가타 성경을 번역할 때 그는 'quotidianum panem'(일용할 양식)이라고 번역하지 않고 'supersubstantialem panem'(초물질적인 양식)이라고 번역함으로써 단순한 물질적인 양식 이상의 영적인 의미를 나타내게끔 되었습니다. 이러한 번역은 렝스(Rheims) 역 등의 로마 가톨릭의 성경을 통해 계속 나타나게 되었습니다.

또한 이것은 위클리프 역에도 나타나고 있는데 그것은 위클리프의 번역이 불가타 성경에 주로 의존해 있기 때문입니다. 위클리프는 이것을 "Give us this day our bread over other substance"라고 번역하고 있습니다. 한편 로날드 녹스의 현대 로마 가톨릭 성경에는 "Give us this day our daily bread"라는 표준번역을 사용하고 있습니다. 그러면서 동시에 이 기원에 나타나는 라틴어 'supersubstantialis'는 종종 성찬을 나타내는 것이라고 각주를 달아놓고 있습니다.

이 'daily'라는 단어 하나의 해석에 있어서도 여러 가지 해석과 복잡한 문제들이 생겨나게 됩니다.

문제가 되는 헬라 원어는 '에피우시오스'(epiousios)로서 헬라 문학을 통틀어서 이 단어는 여기에서만 사용되고 있습니다. 아마도 이 단어는 마태복음 기자에 의해 합성되어 만들어진 것 같습니다. 따라서 이 단어의 의미를 규명하는데 도움이 되는 아무런 용례도 찾아볼 수가 없습니다. 신약성경에 쓰인 단어들의 의미를 이해하는데 가장 많은 도움이 되는 것은 파피루스에 쓰여진 고문서(古文書)들로서 이것은 신약시대의 사람들이 사용하던 헬라어로 쓰여진 편지나 공문서, 또는 회계 보고서 같은 것들입니다.

이 고문서들 중에 단 한 번 이 단어의 중성 복수형인 '타 에피우시아'(ta epiousia)가 나타나고 있는데 그 의미는 아마도 그날에 필요한 품목, 필수품들을 나타내는 것 같습니다. 실제로 이 단어는 구입 품목 명세표에 나타나 있습니다. 하지만 '에피우시오스'란 단어의 의미를 규명하는데 있어서 문제가 되는 것은 이 '에피우시오스'란 단어가 합성어이기 때문입니다.

이 단어는 두 단어가 합쳐진 것인데 그것은 '~을 위하여'라는 뜻을 가진 '에피'(epi)와 동사의 분사형인 '우시오스'(ousios)가 하나로 합쳐진 것입니다. 매우 자주 사용되는 헬라어 동사 중에 'to be'라는 뜻을 가진 '에이나이'(einai)와 'to come'의 뜻을 가진 '이에나이'(ienai)가 있습니다. 한편 '에이나이'의 여성 현재 분사는 '우사'(ousa)이고 '이에나이'의 여성 현재 분사는 '이우사'(iousa)입니다. 이 두 분사는 그 형태상 '이오타'(i) 한 개의 차이밖에 없습니다. 따라서 결국 문제가 되는 것은 '에피우시오스'라는 단어에 있어서 '에피'(epi)가 '우사'(ousa)와 결합해서 'coming'의 뜻을 가진 것인가의 문제로 귀결되는 것입니다.

먼저 '에피우시오스'가 'being'의 뜻을 가진 것이라고 한다면 우리는 다음과 같은 3가지의 생각을 할 수 있습니다.

(1) 이 기원은 곧 오늘 우리의 존재(being)의 삶을 위한 양식을 구하는 기원이다. (2) 이 기원은 좀 더 본질적이고 영적인 존재(being)를 위한 양

식을 구하는 기원이다. 곧 우리의 영적인 양식을 구하는 기원이다. (3) '에피'(epi)가 'near'(가까이)의 의미를 가질 수 있음을 인정한다면 이 기원은 우리에게 가까이 있어서 우리가 쉽게 얻을 수 있는 양식을 위한 기원이다. 곧 누구나 필요로 하고 또한 얻을 수 있는 삶의 기본적인 필요들을 채우기 위한 기원이다.

한편 '에피우시오스'가 'coming'의 뜻을 가진 것이라고 한다면 이 기원은 곧 우리의 앞날을 위한 양식을 구하는 기원이 됩니다. 이것은 헬라어 '헤 에피우사'(he epiousa)가 '내일'을 가리키는 것임을 생각할 때 더욱 분명해집니다. 헬라어 '헤메라'(hemera)는 '날'이란 뜻이고, 따라서 '내일'이라고 할 때는 '헤 에피우사 헤메라'(he epiousa hemera)라고 해야 하지만, 흔히 뒤의 '헤메라'는 생략되는 경우가 많이 있습니다.

그러면 이 두 가지 해석 중에 어느 것이 옳은 것일까요? 문법적으로 따져볼 때 두 번째 해석이 더 타당성이 있다고 생각이 됩니다. 'epiousios'는 'epi+ousa'일 수도 있고 'epi+iousa'일 수도 있습니다. 그러나 헬라어 문법의 규칙에 따르면 만일 'epi'를 'ousa'와 결합시키려면 'epi'의 'i'를 생략해야 하고, 따라서 '에푸사'(epousa)가 되어야 합니다. 반면에 'epi'를 'iousa'와 결합시키게 되면 'i'가 겹치게 되기 때문에 'i' 하나를 없애서 'epiousa'가 되는 것입니다.

따라서 'epiousios'는 'coming'의 뜻을 가지게 되고 결국 이 구절은 'bread for the coming day'로 번역되는 것이 옳다고 할 것입니다. 따라서 우리가 이 기원을 아침에 드리게 되면 그것은 곧 오늘의 양식을 위한 기원이 되는 것이고, 저녁에 이 기원을 하게 되면 그것은 내일의 양식을 위한 기원이 되는 것입니다.

2) 그러면 이제 이 기원의 의미에 대해 좀 더 구체적으로 살펴보겠습니다.

(a) 전부터 이 기원은 우리가 매일 받게 되는 그리스도의 성체를 위한

기도로서 여겨졌습니다. 아우구스티누스는 성찬예식은 매일 거행되어야 한다고 주장했습니다. 그는 부활절 메시지를 통해, 처음으로 세례를 받고 성찬에 참여한 사람들에게 다음과 같은 설교를 하고 있습니다. "여러분들은 오늘 여러분들이 받은 성찬, 또한 앞으로 여러분들이 받을 성찬, 그리고 여러분들이 매일 받아야 할 이 성찬을 귀중하게 여겨야 합니다."

이처럼 이 기원은 매일 거행되고 받아야 할 성찬을 위한 기도로서 여겨졌습니다. 하지만 아우구스티누스는 매일 성찬 예식을 거행하는 것이 세계 모든 교회에서 보편화되어 있지 않음을 잘 알고 있었습니다. 그래서 그는 이 기원의 의미 해석에 있어서 위에서 말한 것 하나만이 타당하다는 고집을 부리지는 않았습니다. 만일 이 해석 하나만을 끝까지 고집한다면 상당수의 기독교인들이 이 기도를 드릴 수 없을 것이기 때문입니다.

(b) 이 기원은 영의 양식, 곧 하나님의 말씀을 읽고 듣기 위한 기도로서 여겨졌습니다. 아우구스티누스는 또한 이렇게 말했습니다. "이 기원은 영의 양식, 곧 우리가 매일 묵상하고 생활에 실천해야 할 하나님의 말씀을 듣기 위한 기도이다."

이러한 해석은 만일 우리가 매일 성경을 통해 하나님의 말씀을 읽고 묵상하지 않으면 우리의 영은 굶주려 시들어 버리고 만다는 것을 뜻하고 있습니다. 그래서 이 기원은 곧 우리의 마음과 생각이 매일 하나님의 말씀을 통해 영양을 공급받고 살찌워지게 해 달라고 하는 기도인 것입니다.

(c) 또한 이 기원은 다름 아닌 예수 그리스도를 바라는 기원이기도 합니다. 예수님은 이렇게 말씀하고 계십니다. "나는 생명의 떡이니 내게 오는 자는 결코 주리지 아니할 터이요 나를 믿는 자는 영원히 목마르지 아니하리라"(요 6:35). 우리의 일용할 양식은 곧 생명의 떡이 되신 예수 그리스도입니다. 우리가 예수님으로부터 그날에 필요한 능력과 도움과 힘을 공급받지 못하고는 하루도 살 수 없음을 말하는 것입니다.

(d) 우리는 이 기원 안에 위에서 말한 그런 의미들이 담겨 있음을 부정해서는 안 됩니다. 그러나 또한 이 기원은 기원에 나타난 그대로 "일용할

양식"을 위한 기도라는 것을 잊지 말아야 합니다. 우리의 육체를 유지하기 위해 필요한 그날의 양식을 주십사 하고 하나님께 구하는 기원이 이 속에 들어 있습니다.

우리가 우리의 단순한 매일매일의 일상적인 필요들을 하나님께 맡기고 의탁하는 것 또한 아주 귀한 신앙의 자세인 것입니다. 왜냐하면 하나님은 굉장하고 어마어마한 일들만을 위한 하나님이 아니라 한 불쌍하고 비천한 소년을 위해 그가 필요로 하는 양식을 공급해 주시고자 하시는 분이기 때문입니다. 이 기원에 대해 이러한 해석을 내릴 때 우리는 또한 다음과 같은 몇 가지 사실을 생각할 수 있어야 합니다.

첫째로, "**내게** 일용할 양식을 주시옵고"라고 기도하지 않고 "**우리에게** 일용할 양식을 주시옵고"라고 기도드리고 있음에 주목해야만 합니다. 유대인들의 경구에 보면 "기도할 때에는 반드시 공동체의 일원으로서 기도하라"고 하는 말이 있습니다. 이 기원에 있어서 '나'라고 하지 않고 '우리'라고 하고 있는 이유는 이기적이고 자기중심적인 기도를 드리지 않도록 하기 위한 것입니다. 현대 우리 사회의 특징 중의 하나는 상호 무관심이라고 할 수 있습니다. 오늘날 우리 사회는 이기주의와 자기중심적인 사고가 팽배해 있습니다.

그러나 진심으로 이 기원의 의미를 생각하며 기도하는 사람은 그의 이웃이 굶주리고 있음을 보면서 자기 혼자만 배부르게 먹을 수 없으며, 그의 이웃의 궁핍을 보고도 혼자만 부요함을 즐길 수 없습니다. 이 기원을 하면서도 먹을 양식만을 생각하는 사람은 이 기원의 의미를 올바로 깨닫지 못하는 사람입니다.

둘째로, 이 기원은 우리의 **일용할** 양식을 위한 기도입니다. 즉 이것은 앞날을 미리 걱정하고 두려워하는 것이 아니라 현재의 모든 것들을 하나님의 손에 맡기고 의지하는 것입니다. "내일 일을 위하여 염려하지 말라"고 예수님은 말씀하셨습니다(마 6:34).

니사의 그레고리우스는 이 기원에 대해 다음과 같은 설명을 하고 있습니다. "당신에게 오늘을 허락해 주신 하나님께서 당신이 오늘 필요로 하는 것들을 공급해 주실 것입니다. 태양을 떠오르게 하시는 분이 누구입니까? 밤의 칠흑 같은 어둠을 물리치시는 분이 누구입니까? 누가 이 땅에 빛을 비취게 하며 누가 천지를 운행하게 하십니까? 당신을 위해 이런 위대한 일들을 행하시는 하나님께서 당신의 육체의 필요를 채워 주시지 않으시겠습니까?" 순간순간을 하나님께 의지하며 살고자 하는 사람이 아니라면 이 기원의 참 의미를 깨닫지 못할 것입니다.

뉴먼(Newman)은 그의 성시(聖詩) 속에서 이것을 잘 표현하고 있습니다."내가 어찌 먼 앞날을 위해 조급해하리오 매 순간이 내게 족한 것을!" 또한 마르쿠스 아우렐리우스는 인간이 소유할 수 있는 것은 그때그때의 순간뿐이라고 말했습니다. 과거는 이미 지나가 버렸고, 우리의 미래는 알 도리가 없기 때문입니다. 이 기원을 통해 우리는 우리의 매 순간 순간들을 하나님께 의탁할 수 있어야만 합니다.

셋째로, 니사의 그레고리우스는 그의 설교문 속에서 이 기원은 곧 우리의 육체의 **양식**을 위한 기도라고 강조하였습니다. 진정한 기독교인은 사치나 쾌락을 위해 기도하지 않습니다. 그는 먹을 양식만 있으면 족한 줄을 아는 사람입니다. "그래서 우리는 이렇게 기도합니다: 우리에게 양식을 주옵소서. 이 기도는 어떤 사치품이나 재물을 구하는 것이 아닙니다. 하나님께 멋진 의복이나 귀금속, 은접시, 황금장식을 구하는 것이 아닙니다. 큰 저택이나 높은 지위나 권력을 구하는 것도 아닙니다. 많은 소나 양, 또는 종들을 거느리길 원하는 기도도 아닙니다. 이 기원은 우리의 마음 중심을 하나님으로부터 일탈하게 하는 어떤 소유들을 위한 기도가 아니라 단지 먹을 양식만을 하나님께 구하는 겸손한 기도입니다."

니사의 그레고리우스는 또한 이런 충고를 하고 있습니다. "꼭 필요한 것들 외에는 관심을 가지지 마시오." 만일 그렇지 않으면 우리 마음은 욕심과 탐욕으로 가득 차게 되고 결국 우리의 삶은 그릇된 길로 나아가게 되고 말 것입니다. 우리의 이웃보다 더 많은 것을 가지기 위해 욕심을 부리고 사치와 허영을 꾀하고자 할 때 우리는 범죄하게 됩니다. "우리의 욕심 때문에 누군가가 울게 되고 우리의 이웃이 슬픔에 빠지게 됩니다. 우리의 식탁에 진수성찬을 올려놓기 위해 다른 사람의 눈에 눈물이 흐르게 해서는 안 됩니다." 그래서 우리는 하나님께 우리에게 꼭 있어야 할 것만을 구해야 하며, 그것에 만족할 수 있어야 합니다.

넷째로, 이 기원 속에 들어 있는 '주시옵고'(give)는 어느 다른 기도보다 '주다'(to give)라는 단어의 의미를 가장 잘 설명해 주고 있습니다. 예수님은 "오늘 우리에게 일용할 양식을 주시옵고"라고 기도할 것을 가르치셨습니다. 그러나 이것은 우리가 단지 팔짱을 낀 채 앉아서 음식이 떨어질 때까지 기다리고 있으라는 말이 아닙니다. 그렇다면 우리는 굶어죽고 말 것입니다. 하나님은 음식을 만들어서 기도하는 사람의 입에 떠 넣어 주시지 않습니다.

기도는 어떤 일을 손 하나 까딱 않고 이룰 수 있는 주문 같은 것이 아닙니다. 이 기원을 통해 예수님이 우리에게 가르쳐 주시고자 하는 것은, 하나님을 떠나서 하나님 없이는 어떤 양식도 얻을 수가 없다는 것을 깨우쳐 주려 하시는 것입니다. 하나님은 모든 생명의 근원이 되시며, 생명의 비밀을 홀로 간직하고 계십니다. 이 세상에 어떤 사람도 생명체를 창조할 수 없습니다. 따라서 모든 생명체와 인간이 얻을 수 있는 양식은 하나님께로부터 나오는 것입니다.

현대 과학자들은 실제의 씨앗과 똑같은 성분을 가진 인공 합성 씨앗을 만들어 낼 수 있을지 모릅니다. 그러나 그 인공합성 씨앗은 실제의 씨앗과 똑같은 성분을 가지고 있음에도 불구하고 자라거나 열매를 맺지는 못합니다. 따라서 이 기원은, 우리에게 필요한 양식을 위해 하나님의 능력과 자비하심에 의지하는 기도입니다.

하지만 또한 우리가 우리의 양식을 얻기 위해서는 수고하고 땀을 흘려야 합니다. 하나님께서 우리에게 허락해 주신 씨앗을 자라게 하기 위해서는 우리가 땅을 갈고 씨를 뿌리는 수고를 해야만 합니다. 우리가 더 많은 수고와 땀을 흘리면 흘릴수록 하나님은 우리에게 더 많은 수확을 얻도록 해주십니다.

따라서 “우리에게 일용할 양식을 주시옵고” 하는 기원은 하나님께 대한 의지와 신뢰를 표현함과 동시에 우리와 우리 이웃들에게 더 많은 하나님의 은총이 내려질 수 있도록 하기 위해 수고와 땀을 흘리겠다는 우리의 의지를 새롭게 하는 기원인 것입니다. “우리에게 일용할 양식을 주시옵고.” 이 기원은 곧 하나님께 우리에게 필요한 육의 양식과 영의 양식을 주실 것을 구하는 동시에 우리의 이웃들을 위해 애쓰고 수고할 것을 다짐하는 기도이기도 합니다.

7

"이웃을 용서하고 하나님께 용서받음"
(FORGIVEN AND FORGIVING)

"우리가 우리에게 죄 지은 자를 사하여 준 것 같이 우리 죄를 사하여 주시옵고"(마 6:12). 기원의 내용을 살펴볼 때 이 기원은 순서적으로 아주 적합할 때에 나타나고 있습니다. 플러머가 지적한 것처럼 'forgiving'이 'giving' 다음에 바로 뒤따라 나오고 있기 때문입니다. 바로 앞에서는 "일용할 양식을 주시옵고"(give)라는 기원을 하였는데 이제는 "죄를 사하여 주시옵고"(forgive)라는 기원을 하고 있습니다.

테르툴리아누스는 "우리가 모든 사람에게 골고루 베풀어 주시는 하나님의 은혜를 깨달은 후에 하나님의 자비하심을 구하는 것은 참으로 적절한 기원이라 할 수 있다"고 말하였습니다. 그러나 또한 우리가 무한하고 풍성한 하나님의 은총을 깨달은 후에 우리 자신은 그것을 받아들이기에 얼마나 미흡한가를 생각하게 되는 것도 참 적절한 것이라 할 수 있습니다.

이 기원은 대구법으로 표현된 두 부분으로 되어 있는데 먼저 앞 구절부터 살펴보도록 하겠습니다. 이 부분은 AV 성경에는 "Forgive us our debts, as we forgive our debtors"로 나타나 있습니다. 또 오래된 역본 중 틴데일 역이나 현대 역본 중 녹스 역에는 "Forgive us our trespasses, as we forgive them that trespass against us"로 번역되어 있습니다. 한편 누가복음에 나타난 주기도문을 보면 "forgive us our sins for we also forgive every one that is indebted to us"(눅 11:4). 그러나 New English Bible은 이 구절을 또한 이렇게 번역해 놓고 있습니다. "Forgive us the wrong that we have done, as we have forgiven those who have wronged us." 그러면 이 기원의 의미를 좀 더 자세히 살펴보기 위해 이 기원에 대한 번역이 왜 이처럼 달리 나타나고 있는가를 연구해 볼 필요가 있습니다.

마태복음 6:12을 원문으로 보면 번역상의 문제가 되는 단어가 '오페일레마'(opheilema)의 복수형 '오페일레마타'(opheilemata)임을 알 수 있습니다. '오페일레마'는 상당히 광범위한 의미를 그 속에 내포하고 있는 단어이지만 그 공통적이고 중심이 되는 의미는 뭔가 지불되고 갚아져야 할 빚, 부채, 의무 같은 것을 나타내고 있습니다. 그것은 광의의 의미에서 부채를 나타내는 것이며, 사람이 마땅히 가져야 할 종교적·도덕적 의무, 책임 등을 나타내는 것입니다. 그리고 협의의 의미로 쓰이면, 그것은 남에게 갚아야 할 돈을 나타내는 것입니다.

'오페일레마'는 성경 속에 거의 나타나지 않는 단어입니다. 복음서를 제외한 신약성경 중에 단 한 번 로마서 4:4에 나타나고 있으며 구약성경 중에는 신명기 24:10에만 나타나고 있는데, 여기서는 둘 다 갚아야 할 빚의 의미로 사용되고 있습니다. 한편 '오페일레마'의 동사형은 '오페일레인'(opheilein)인데 이것은 영어의 'ought'와 같은 의미를 가지고 있습니다. 이 '오페일레인'은 신약성경에 30번 이상 사용되고 있는데 그 중 8번은 갚아야 할 빚의 의미로 사용되었고, 25번은 종교적·도덕적 의무, 책임 등의 의미로 사용되고 있음을 볼 수 있습니다.

우리는 이 '오페일레마'의 광범위한 사용과 그 의미를 이해하기 위해 통속 헬라어에서의 '오페일레마'의 사용 용례를 참조해 볼 필요가 있습니다. 헬라의 고문서들에 보면 '오페일레마'는 회계 서류에 부채를 나타내는 단어로서 사용되고 있습니다. 한편 투키디데스는 이미 받았던 친절에 대한 보답의 의무로서 이 단어를 사용하고 있습니다.

플라톤은 아이들이 그들의 부모로부터 받은 사랑과 은혜에 보답해야 할 의무로서 사용하였습니다. 또한 아리스토텔레스는 상환해야 할 물질적인 부채를 나타내는데 이 단어를 사용하고 있습니다. 이처럼 '오페일레마'는 갚아야 할 모든 종류의 빚이나 부채, 또한 종교적·도덕적 의무, 책임 등을 나타내는 데 사용되고 있음이 분명합니다. 따라서 이 전반부의 기원은 우리가 하나님과 우리의 이웃, 다른 사람들에게 진 모든 부채와, 마땅히 행해야 할 것을 행하지 못한 것들, 모든 범과들을 용서해 달라고 하는 기원인 것입니다.

그러면 이제 누가복음에 나타난 기원을 살펴보도록 합시다. 누가복음 11:4에는 'Forgive us our sins'라고 나타나 있습니다. 이 누가복음에 사용된 헬라어는 '하마르티아'(hamartia)로서 이것은 죄를 나타내는 보편적인 용어입니다. '하마르티아'는 원래 그 자체로는 어떤 윤리적인 의미를 나타내고 있는 것이 아니라 우리가 마치 활을 쏠 때 그 화살이 과녁에 명중되지 않을 것과 같이 '과녁에서 벗어났다'고 하는 의미를 가지고 있습니다. 이런 의미에서 볼 때, 죄란 곧 과녁을 명중시키지 못한 것으로서 삶의 진정한 목표에서 어긋난 것, 우리가 마땅히 해야 할 것을 하지 못한 것 등을 말하는 것이라 하겠습니다. 이처럼 '하마르티아'나 '오페일레마'는 근본적으로는 같은 뜻을 가지고 있음을 알 수 있습니다.

하지만 왜 마태와 누가가 서로 다른 단어를 사용하고 있는가 하는 것에 대한 설명을 할 수는 있습니다. 예수님은 물론 그의 제자들에게 주기도문을 헬라어로 가르치신 것이 아니라 아람어로 가르쳐 주셨음이 분명합니다. 예수님 시대에 유대의 랍비들은 하나님께 대한 불순종이 곧 죄라고 생각했습니다. 이것은 곧 모든 인간의 첫째가는 의무는 하나님께 대한 복종이며, 하나님께 복종하지 않는 것은 곧 하나님께 대해 빚(debt)을 지는 것이라고 생각했습니다.

그래서 그들은 죄를 흔히 '초바'(choba)라고 하였고 '초바'는 곧 빚

(debt)을 의미하였습니다. 그래서 마태가 죄를 뜻하는 '오페일레마타'란 헬라어를 사용한 것은 정당한 것입니다. 왜냐하면 '오페일레마타'는 아람어 '초바'에 상응하는 단어이기 때문입니다. 따라서 마태와 누가의 용어는 그 의미에 있어서 별다른 차이가 없으며 그들은 둘 다 '초바'라는 아람어를 각기 헬라어로 옮겨 적었던 것입니다. 단지 좀 더 유대적인 전통을 중요시 했던 마태는 '초바'를 헬라어로 옮기면서 '빚'(debts)의 의미가 담긴 '오페일레마타'로 옮겼고, 좀 더 헬라적인 경향이 있었던 누가는 '죄'(sins)를 나타내는데 흔히 사용되었던 '하마르티아'로 옮겼던 것입니다.

이로써 마태복음과 누가복음에 나타난 번역상의 차이를 설명할 수 있으며 또한 New English Bible의 번역도 이해할 수 있게 되었습니다. 그러나 이 구절을 어떻게 'trespasses'로 번역하게 되었는가에 대해 더 설명해야 할 것입니다. 성경 속에 어떻게 'trespasses'(불법)라는 단어가 쓰여지게 되었을까요? 이미 말씀드린 것처럼 영어성경 중에 이 단어가 제일 처음 나타나는 것은 틴데일 역 성경입니다. 그리고 그 이후 로날드 녹스만이 이 단어를 그대로 사용하고 있습니다.

아마도 틴데일은 마태복음 6:14, 15의 의미를 좀 더 강조하기 위해서 주기도문의 번역에 'trespasses'를 집어넣은 것 같습니다. 틴데일 역 성경에는 이렇게 번역되어 있습니다. "For if ye forgive men their trespasses, your heavenly Father will also forgive you; but if ye forgive not men their trespasses, neither will your Father forgive your trespasses."

헬라어에 '파라프토마타'(paraptomata)라는 단어가 있는데 이것은 실수, 과오, 위반 등의 뜻을 가지고 있으며 영어로는 'trespasses'로 번역할 수 있습니다. 아마도 틴데일은 이 기도를 영어로 번역하는데 있어서 'debts'로 번역하길 꺼려했던 것 같습니다. 왜냐하면 'debts'가 주로 갚아야 할 빚(돈)의 의미를 강하게 주기 때문에 일단 이 기원을 한 번 드리고 난 후에는 다시는 이 기도를 드릴 필요가 없는 것처럼 느껴지는 것을 피하려 했던 것 같습니다.

하지만 언어 문법상으로는 이 기원이 'debts'로 번역되는 것이 옳습니다. 또한 'sins'로 번역하는 것 역시 그 의미상 올바르고 정당하다고 할 수 있지만 'trespasses'는 좀 지나친 의역이라고 생각됩니다.

그러면 이제 이 기원의 의미에 대해 구체적으로 살펴봅시다.

1) 예수님은 "너희는 이렇게 기도하라"고 하시면서 "우리의 죄를 사하여 주시옵고"라는 기도를 드리도록 가르쳐 주셨습니다. 예수님은 누구나 할 것 없이 다 이 기도를 드려야 할 것을 가르치고 계십니다. 이것은 어느 특정한 죄인들만을 위한 기도는 아닙니다. 이것은 모두가 드려야 하는 기도문인 것입니다. 이것은 곧 우리 모두가 죄인임을 말해 주고 있습니다.

루터는 이에 대해 이렇게 말하고 있습니다. "이 기원은 우리의 삶이 얼마나 곤궁하며 타락해 있는가를 말해 준다. 우리는 죄악된 세상에서 살아가고 있으며, 우리는 그 죄 속에 파묻혀 있는 것이다." 한편 죄 용서함을 구한다는 것은 곧 자신이 죄인임을 인정하고 고백하는 것이기도 합니다. 그래서 테르툴리아누스는 "죄 용서함에 대한 간구는 곧 죄의 고백을 의미한다. 왜냐하면 그가 죄 용서함을 구할 때는 이미 자신의 죄악을 철저히 인정하는 것이기 때문이다"라고 말했던 것입니다.

성경은 위대한 신앙의 인물조차도 죄인이었음을 말해 주고 있습니다. 베드로는 "주여 나를 떠나소서 나는 죄인이로소이다"(눅 5:8)라는 고백을 하였고, 바울도 "미쁘다 모든 사람이 받을 만한 이 말이여 그리스도 예수께서 죄인을 구원하시려고 세상에 임하셨다 하였도다 죄인 중에 내가 괴수니라"(딤전 1:15)라고 고백하였습니다. "만일 우리가 죄가 없다고 말하면 스스로 속이고 또 진리가 우리 속에 있지 아니할 것이요 만일 우리가 우리 죄를 자백하면 그는 미쁘시고 의로우사 우리 죄를 사하시며 우리를 모든 불의에서 깨끗하게 하실 것이요"(요일 1:8, 9).

예수님은, 자신은 남들처럼 죄악을 행하지 않았다고 하나님께 감사드리는 바리새인을 책망하셨으나, 자신의 죄 때문에 슬피 울며 통회하는 세리는 정죄하지 않았습니다(눅 18:9-14). 한편 자기가 모든 계명을 다 지켰노라고 예수님께 와서 자랑하던 청년이 슬픔과 근심에 쌓인 채 예수님을 떠나갔습니다(마 19:16-22; 막 10:17-22; 눅 18:18-23).

예수님께서 모든 사람들이 다 이 기원을 드릴 것을 가르치신 것은 곧 우리 모두가 다 죄인임을 알게 하려 하신 것이며, 이 기원을 드리기 전에 우리는 우리의 죄된 모습을 먼저 깨달아야만 하는 것입니다. 따라서 자신이 죄인임을 깨닫지 못하는 사람들은 이 기원을 드릴 수가 없습니다. 왜냐하면 죄를 깨닫는 것 없이는 죄 용서를 받기 위한 기도를 드릴 수 없기 때문입니다. 그래서 죄 중에서도 가장 큰 죄는 자신이 죄인임을 깨닫지 못하는 죄인 것입니다.

오리게네스는 죄에 대한 깨달음을 갖도록 하기 위해 인간이 인간으로서 본질적으로 갖고 있는 채무와 책임에 대해 이야기하고 있습니다. 그는 그것을 세 가지 차원으로 나누어 설명하였습니다. 첫째로, 인간은 동료나 다른 사람에게 대해 져야 할 책임이 있는 존재입니다. 인간은 자기 가족뿐 아니라 자기 이웃, 동료, 시민, 더 나아가 모든 인류에 대한 책임을 가지고 있습니다. 둘째로, 인간은 자신의 육체의 건강을 손상시켜서는 안 됩니다. 또한 인간은 그의 정신과 영혼을 올바로 보존해야 할 책임도 있습니다. 셋째로, 인간은 하나님께 대한 책임이 있습니다. 하나님께서 우리를 그의 형상을 따라 창조하여 주셨으므로 우리는 마음과 뜻과 정성과 힘을 다하여 하나님을 사랑해야 합니다(막 12:30; 눅 10:27; 마 22:37).

우리는 그의 피 값으로 우리를 구원해 주신 예수님께 대한 책임이 있습니다(행 20:28; 벧전 1:18, 19; 계 5:9). 우리는 성령님께 대한 책임이 있습니다. 우리는 성령님을 근심하게 해서는 안 됩니다(엡 4:30). 한편 오리게네스는 우리를 보호하고 보살피는 역할을 맡은 천사들에 대해서도 책임이 있다고 주장하고 있습니다(마 18:10). 오리게네스는 우리가 세계 곧 천사와 사람에게 구경거리가 되었다고 하는 고린도전서 4:9 말씀을 인용하고 있습니다. 그는 곧 우리들이 마치 수많은 관중들 앞에서 훌륭한 연기를 해내야 하는 배우와도 같다고 말하는 것입니다.

결국 우리는 하늘과 땅에서 우리를 향해 바라보고 있는 모든 사람들을 위해 훌륭하게 우리의 역할을 수행해 내야만 합니다. 이처럼 일반적인 것들을 제외하고서라도 우리는 구체적으로 과부와 고아들, 집사, 목사, 감독들에 대한 책임이 있으며 남편과 아내로서 서로에게 대한 책임을 가지고 있습니다(고전 7:3, 5). 이래서 오리게네스는 "사람은 살아 있는 동안은 한시도 다른 사람에 대한 책임으로부터 벗어날 수 없다"고 말하고 있습니다. 우리가 한 인간으로서 존재하는 한 도저히 완전하게 감당해 낼 도리가 없는 채무와 책임 속에 놓여져 있는 것입니다. 결국 인간은 어쩔 수 없이 채무 불이행자가 될 수밖에 없고, 따라서 용서를 필요로 하는 존재일 수밖에 없습니다.

니사의 그레고리우스 역시 인간의 채무에 대해 강조하고 있습니다. 인간은 하나님께 대해 채무를 지니고 있습니다. 왜냐하면 인간은 그를 지으신 하나님을 배반하고 하나님으로부터 떠나 버렸기 때문입니다. 인간은 그에게 주어진 자유를 버리고 죄의 노예의 굴레 속에 들어가 버리고 말았으며, 하나님과의 친교를 버리고 창조의 질서를 파괴하였기 때문입니다. 이처럼 인간이 자기 마음대로 하나님의 뜻을 저버리고 말았다는 것만으로도 인간은 하나님께 대해 갚아야 할 채무를 지니고 있는 것입니다.

또한 니사의 그레고리우스는 예레미야 9:21 말씀에 대해 독특한 해석을 내리고 있습니다. "대저 사망이 우리 창문에 올라오며." 여기에서 창문은 곧 우리의 감각을 말하는 것이며 이 감각을 통하여 죄와 죽음이 들어오게 된다는 것입니다. 따라서 인간은 어쩔 수 없이 죄의 침입을 받을 수밖에 없다는 것입니다.

결국 이러한 인간의 모습을 직시하는 사람이라면 자신의 죄악된 모습을 깨닫게 되고 따라서 죄 용서함을 구할 수밖에 없는 것입니다.

2) 이제 이 기원의 후반부에 대해 살펴보도록 합시다. 이 기원은 대체로 두 가지로 나타나고 있는데 AV 성경에는 "forgive us our debts as we forgive our debtors"로 나타나 있고, RSV 성경에는 'Forgive us our debts as we also have forgiven our debtors"로 나타나 있습니다.

앞의 것은 동사가 현재 시제로 쓰여져 있는데 비해 뒤의 것은 과거시제로 쓰여져 있음을 볼 수 있습니다. 동사가 현재 시제로 쓰여진 것은 위클리프 역, 틴데일 역, 렝스 성경, 제네바 성경, Great Bible, Bishops Bible 등 오래된 판으로부터 번역한 것이기 때문이며, 현대판 성경 중에서도 윌리엄스 역과 녹스 역에는 현재 시제를 사용하고 있습니다. 반면에 E. V. 류 역, 웨이마우스 역, 모펫 역, 굿스피드 역 등 대부분의 현대판 성경에는 과거 시제를 사용하고 있습니다.

하지만 이것은 성경을 번역한 사람들이 의도적으로 시제를 달리한 것이 아니라 헬라어 성경 중 어떤 것은 현재 동사 '아피오멘'(aphiomen)을 쓰고 있고, 어떤 것은 과거 동사 '아페카멘'(aphekamen)을 쓰고 있기 때문에 생겨나게 된 것입니다. 대체로 신빙성이 있는 우수한 사본들은 과거 시제를 사용하고 있기 때문에 "as we have forgiven"이 더 올바른 번역이라고 생각됩니다.

그러나 이 기원을 함에 있어서 시제의 차이는 그다지 문제가 되지 않습니다. 어떤 경우에는 우리가 이웃을 용서해 주는 실제의 모범으로서 하나님의 용서를 받을 수 있게 해 달라고 기도할 수 있고, 또 어떤 경우에는 우리가 실제로 이웃의 잘못을 용서해 준 것처럼 우리의 죄도 용서해 달라고 하나님께 기도할 수 있기 때문입니다.

한편 이 기원에 있어서 'as'를 어떻게 해석할 것인가 하는 문제가 남아 있습니다. 여기에서 'as'가 유사성을 나타내는 것일까요. 아니면 비율을 나타내는 것일까요? 즉 이 기원의 의미가 "우리가 다른 사람들을 용서해 준 것처럼 우리의 죄를 용서해 주소서" 하는 것일까요, 아니면 "우리가 다른 사람들을 용서해 준 만큼 우리의 죄를 용서해 주소서" 하는 기도일까요?

이 문제에 대한 해답을 얻는데 도움을 주는 것이 두 가지 있습니다. 먼저 누가복음을 보면 그 의미가 명확해집니다(눅 11:4).

"Forgive us our sins for we also forgive everyone that is indebted to us" 또 NEW English Bible에는 이렇게 되어 있습니다. "Forgive us our sins for we too forgive all who have done us wrong." 이처럼 누가복음을 보면 우리가 우리에게 죄지은 사람들을 용서해 주지 않으면 하나님께 우리의 죄에 대한 용서를 빌 수가 없다는 것을 깨닫게 됩니다.

두 번째 도움이 되는 것은 이 기원을 좀 더 자세하게 풀어 번역해 놓은 다음과 같은 구절들입니다. "For if ye forgive men their trespasses, your heavenly Father will also forgive you: But if ye forgive not men their trespasses, neither will your Father forgive your trespasses"(마 6:14, 15). 한편 New English Bible에는 이렇게 번역되어 있습니다. "For if you forgive other the wrongs they have done, your heavenly Father will also forgive you; but if you do not forgive others, the wrongs you have done will not be forgiven by your Father."

하지만 이러한 차이는 이 기원의 중요한 의미에 그다지 큰 영향을 미치지 못합니다. 번역상의 차이나 'as'의 정확한 의미가 무엇인가 하는 것과 상관없이 이 기원은 곧 이웃에 대한 용서와 우리의 죄 사함 받는 것은 서로 밀접한 관계를 가지고 있다는 것을 나타내 줍니다. 이웃을 용서하지 않는 사람은 하나님의 용서를 받을 수 없다는 것입니다. 그러므로 크리소스토무스 당시에 사람들이 주기도문을 외울 때 이 부분에 와서는 입을 다물고 있었다고 하는 기록도 그다지 놀랄 만한 일은 아닙니다.

이웃에 대한 용서와 하나님의 용서는 서로 밀접하게 연관되어 있다는 생각이 신약성경 속에 뿌리깊이 박혀 있음을 볼 수 있습니다. 무정한 빚쟁이의 비유는 이웃을 용서하지 않는 사람은 하나님의 용서를 받을 수 없음을 말해주고 있습니다(마 18:23-35). 자기가 이웃을 정죄하는 바로 그것으로 자신이 정죄를 받게 되고, 이웃을 긍휼히 여기는 자가 긍휼히 여김을 받습니다(마 7:1, 2; 5:7) "긍휼을 행하지 아니하는 자에게는 긍휼 없는 심판이 있으리라 "(약 2:13).

이것은 유대인들이 전통적으로 물려받았던 신앙의 유산입니다. 랍비들은 자비를 베푸는 자가 하나님의 자비를 얻게 되고 무자비한 사람은 하나님의 긍휼을 받을 수 없다고 가르쳤습니다. 그래서 가말리엘(Gamaliel)은 "네가 이웃에게 자비를 베푸는 한 하나님은 네게 자비를 베푸실 것이요 그렇지 않으면 네가 하나님의 자비로부터 끊어지게 되리라"고 했으며, 라바(Raba)는 또한 이렇게 가르치고 있습니다. "하나님이 누구에게 용서를 베푸실까? 이웃의 허물을 용서해 주는 자에게 하나님은 용서와 자비를 베푸신다." "완고하고 무정한 자에게는 하나님이 용서를 베푸시지 않는다. 다른 사람에게 동정을 베풀 때마다 하나님은 너의 죄를 사해 주신다. 너를 모욕하는 자를 참고 용서하는 법을 배우라." "네가 손해를 끼친 사람에게 그 손해에 대한 보상을 해 줄지라도 그로부터 용서를 받기 전에는 하나님의 용서를 얻을 수 없다."

그러나 또한 랍비의 가르침 속에는, 손해를 입은 사람이 그에게 손해를 끼친 사람이 용서를 구하였을 때 용서해 주지 않는 것 또한 무정하고 완고한 태도임을 일깨워 주고 있습니다. 랍비 주트라(Zutra)가 잠자리에 들기 전에 드렸던 기도는 이런 것이었습니다. "내게 모욕이나 잘못을 범한 모든 사람들을 용서해 주소서."

이스라엘 백성들의 대 속죄일은 그들이 알고 지은 죄, 모르고 지은 죄, 공동체의 죄 등 그들의 모든 죄악을 하나님의 전 앞에 가지고 나가 용서함을 받게 되는 날로 지켜져 왔습니다. 그러나 이들은 먼저 자기가 잘못을 범한 사람에게 찾아가서 사과하고 용서를 빌어야만 했습니다. 그래서 니사의 그레고리우스는 하나님의 용서를 비는 기도는 자기가 잘못을 범한 상대방의 용서가 있기 전에는 하나님께 상달되지 않는다고 가르쳤습니다.

이러한 내용은 외경 중의 하나인 집회서에 잘 나타나 있습니다.

보복하는 자는 주님의 보복을 받을 것이며 주님께서 그의 죄를 엄격히 헤아리실 것이다. 이웃의 잘못을 용서해 주어라. 그러면 네가 기도할 때에 네 죄도 사해질 것이다.

자기 이웃에 대해서 분노를 품고 있는 자가 어떻게 주님의 용서를 기대할 수 있으랴? 남을 동정할 줄 모르는 자가 어떻게 자기 죄에 대한 용서를 청할 수 있겠는가? 자기도 죄짓는 사람이 남에게 원한을 품는다면 누가 그를 용서해 주겠는가?(집회서 28:1-5).

이처럼 이웃에 대한 용서와 하나님의 용서는 불가분의 밀접한 관계를 가지고 있습니다.

하나님의 용서를 받을 수 있는 조건은 곧 이웃을 용서하는 것입니다. 니사의 그레고리우스는 이렇게 말하고 있습니다. "사악한 사람은 선량한 사람과 친밀한 교제를 나눌 수 없고 추악한 생각으로 가득 차 있는 사람은 순결한 마음을 가진 사람과 친구가 될 수 없습니다. 마찬가지로 몰인정한 사람은 하나님의 자비를 받을 수가 없습니다. 하나님의 자비를 얻고자 하는 사람은 무자비한 마음을 버려야만 합니다."

몰인정한 사람은 하나님의 자비를 얻을 수 없고 사랑이 메말라 있는 사람은 하나님의 사랑을 체험할 수 없습니다. 마찬가지로 이웃의 잘못을 용서하려 하지 않는 사람은 하나님의 용서를 받을 수가 없습니다.

3) 결국 이 기원은 무심코 예사롭게 드릴 수 있는 기도가 아닙니다. "우리가 우리에게 죄 지은 자를 사하여 준 것 같이 우리 죄를 사하여 주시옵고" 하는 이 기원은 곧 우리가 이웃의 죄를 사하여 주지 않으면, 하나님도

우리의 죄를 사해 주시지 않으셔도 된다는 기원인 것입니다.

루터는 이 기원을 사악한 자에 대해 언급하고 있는 시편과 연결시켜 설명하였습니다. "그의 기도가 죄로 변하게 하시며"(시 109:7). 이웃에 대해 화를 내며 그 잘못을 용서하려 하지 않는 자가 이 기원을 드릴 때 그것은 곧 죄가 되고 만다는 것입니다. "시편 109:7은 곧 악한 자의 기도는 하나님 앞에 죄가 된다는 것을 이야기합니다. '나는 내 이웃의 죄를 도저히 용서할 수가 없습니다'라는 고집을 부리면서 이 기원을 드리게 된다면 그것은 바로 다음과 같은 기도가 되고 마는 것입니다. '오 하나님, 나는 당신께 죄를 지었지만 또한 내게 죄를 범한 자들도 있습니다. 그런데 나는 그들을 용서할 수가 없습니다. 그러니 나의 죄를 용서하지 마소서. 당신은 내게 그들을 용서하라고 명령하시지만 나는 차라리 천국을 포기하고 지옥에 갈망정 주신 말씀에 순종할 수가 없습니다.'" 하나님께 우리의 죄를 용서해 주시지 않아도 된다고 기도하는 것은 참 끔찍한 일입니다. 그러나 이웃의 죄를 용서하려 하지 않는 사람은 그가 이 기원을 드릴 때 바로 이런 무서운 기도를 드리고 있는 것입니다.

타히티의 남태평양에 살았던 로버트 루이스 스티븐슨(Robert Louis Stevenson; 1850-1894. 스코틀랜드의 소설가)의 가족은 매일 가정 예배를 드렸는데 가정예배 때마다 주기도문을 함께 드렸습니다. 그런데 하루는 예배 도중 로버트가 벌떡 일어나서 밖으로 나가는 것이었습니다. 부인은 놀라서 그를 따라 나가서는 무슨 일이 있느냐고 물었습니다. 그러자 그는 이렇게 대답하는 것이었습니다. "오늘은 주기도문을 하나님 앞에 드릴 수가 없소."

사실 우리들도 주기도문을 드리기에 적합하지 않은 경우가 너무나 많습니다. 이처럼 주기도문은 결코 아무 생각 없이 무심코 드릴 수 있는 기도가 아닙니다. 한번은 오글소프(Oglethorpe) 장군이 "나는 결코 그를 용서할 수 없소"라고 하자 존 웨슬리는 이렇게 말했습니다. "당신이 앞으로 단 한 번의 죄도 짓지 않을 수 있다면 혹시 모르죠."

우리는 이 기원을 하나님께 드리기 전에 먼저 자신의 모습을 한번 살펴보아야 합니다. 그렇지 않으면 자칫 이 기원이 자신을 스스로 정죄하는 기도가 되기 때문입니다. 크리소스토무스는 다음과 같은 말을 하고 있습니다. "하나님은 당신을 재판의 중재자가 되게 하셨습니다. 당신이 재판한 그 방법으로 하나님은 또한 당신을 심판하실 것입니다." 니사의 그레고리우스는 이렇게 말합니다. "당신 스스로 재판장이 되어서 당신에게 무죄를 선고하십시오. 하나님이 당신의 죄를 용서해 주시기 원하십니까? 당신이 먼저 그 죄를 용서할 수 있으면 하나님도 그 죄를 용서해 주실 것입니다. 왜냐하면 당신이 심판할 수 있는 당신 이웃의 죄에 대해 무죄를 선포하면 하나님도 당신의 죄를 사해 주실 것이기 때문입니다. 당신이 내린 심판에 따라 하나님의 심판도 결정되는 것입니다." 우리가 우리 이웃에게 어떤 태도를 갖느냐에 따라 하나님도 우리를 그처럼 대해 주십니다.

4) 이제 마지막으로 이 기원에 대해 가장 놀랍고도 대담한 해석을 해보고자 합니다. 니사의 그레고리우스는 그의 설교를 통해 이렇게 이야기하고 있습니다. "예수님께서는 당신 스스로 하나님 앞에서 훌륭한 모범을 보일 것을 원하고 계십니다. 이것은 하나님도 우리처럼 해 주실 것을 요구하는 기도입니다. '오 여호와여, 저는 미련한 종이옵고 당신은 온 우주의 주인이십니다. 하지만 저는 저의 이웃에게 자비를 베풀었습니다. 하오니 당신도 제게 은총을 베풀어 주소서!'"

사실 우리가 이웃에게 행한 것처럼 하나님도 우리에게 해 달라고 요구하는 것은 좀 지나친 것 같아서 그레고리우스의 해석을 그대로 받아들이기가 망설여질 수도 있습니다. 하지만 용서는 곧 하나님의 본성에 속해 있습니다. "하나님 외에 그 누가 죄를 사해 주실 자가 있으랴?" 하는 고백을 유대인들은 하고 있습니다. 우리에게는 다른 사람의 죄를 용서해 주어야 할 의무가 주어져 있습니다. 우리가 이웃의 죄를 용서해 줄 때 우리는 하나님 앞에 가장 가까이 나아갈 수가 있습니다.

"우리가 우리에게 죄 지은 자를 사하여 준 것 같이 우리 죄를 사하여 주시옵고"— 바로 이 기원을 통해서 우리는 우리가 죄인임을 하나님 앞에 고백하고 이웃을 용서하는 자만이 하나님의 용서를 받을 수 있다는 것을 인정하는 것입니다. 또한 이 기원을 하나님께 드릴 때 우리는 하나님의 모습을 따라가고자 하는 것입니다. "서로 친절하게 하며 불쌍히 여기며 서로 용서하기를 하나님이 그리스도 안에서 너희를 용서하심과 같이 하라"(엡 4:32).

한 유대 랍비는 이런 말을 하고 있습니다. "자신을 모욕하는 말을 듣고도, 또한 그 모욕하는 말을 더 이상 못하게 할 수 있음에도 불구하고 묵묵히 참고 용서하는 사람은 하나님의 동반자의 위치에 설 수 있다." 우리는 자신을 십자가에 못 박는 악한 무리들을 위해 그들의 죄를 용서해 달라고 기도하셨던 분의 제자들입니다(눅 23:34). 우리가 주님의 뒤를 따르기로 작정했다면 우리는 우리 이웃의 죄와 허물을 용서해 주어야 합니다. 그럴 때에 우리는 비로소 하나님의 용서를 체험할 수가 있는 것입니다.

8

유혹의 시련
(THE ORDEAL OF TEMPTATION)

"우리를 시험에 들게 하지 마시옵고 다만 악에서 구하시옵소서"(마 6:13). 이 기원의 의미를 연구하기 전에 번역에 있어서의 차이점에 대해 살펴보기로 하겠습니다.

이 기원은 두 개의 절로 되어 있는데, 먼저 "우리를 시험에 들게 하지 마시옵고"(Lead us not into temptation)에 대해 이야기해 보겠습니다. 이 번역은 꽤 오래 전부터 전해져 내려오고 있는 것으로서 위클리프 역, 틴데일 역, Great Bible, Bishops' Bible 등에 나타나 있습니다. 한편 렝스역과 Geneva Bibles 등에는 단지 'temptation'이 'tentation'으로 나타나 있는 것만이 다를 뿐입니다.

또 모펫 역, 녹스 역, 킹슬리 윌리엄스 역 등에도 똑같은 번역이 나타나 있습니다. 이 기원에 있어서 번역상의 차이가 나타나는 구절은 'Lead'와 'temptation'으로서 The Revised Version에는 "Bring us not into temptation"으로 나타나 있습니다. 류(Rieu) 역, 웨이마우스 역, New English Bible 등에도 'Lead' 대신 'Bring'을 쓰고 있습니다.

한편 페라 펜톤 역에는 "Let us not be led into temptation"으로, E. J. 굿스피드 역에는 "Do not subject us to temptation"으로, 아람어 원문에 기초해서 번역했다고 하는 C. C. 토레이 역에는 "Let us not yield to temptation"으로 나타나 있습니다. 또 "temptation"을 다른 단어로 바꾸어 번역한 현대 역본이 두 개 있는데 E. V. 류 역에는 "Do not bring us to ordeal"로 New English Bible에는 "Do not bring us to the test"로 나타나 있음을 볼 수 있습니다.

이 기원의 후반부인 "But deliver us from evil"에 있어서는 모든 악을 통칭하는 'evil'과, 사탄, 악마를 가리키는 'the Evil One' 중에 어느 것을 사용하는가 하는 데에 번역상의 문제가 있습니다. 위클리프 역, 틴데일 역, 렝스 역, Geneva Bible, Great Bible, Bishops' Bible, RSV, E. V. 류 역, 페라 펜톤(Ferrar Fenton) 역, 모펫(Moffatt) 역, 녹스 역 등에는 'evil'을 사용하고 있으며, The Revised Version, 웨이마우스 역, 킹슬리 윌리엄스 역, E. J. 굿스피드 역, New English Bible 등에는 "The Evil One"을 사용하고 있습니다.

하지만 이러한 번역상의 차이는 이 기원의 근본 의미를 규명하는데 있어서 그다지 문제가 되지 않습니다.

주기도문 중에서 이 기원이야말로 가장 자연스러우면서도 본능적으로 나오게 되는 기원이라고 할 수 있습니다. 크리소스토무스는 말하기를, 이것은 인간의 연약성과 위험성을 하나님께 호소하는 자연스러운 기도라고 하였습니다. 하지만 또한 이상하게도 이 기원은 그 의미의 해석에 있어 여러 가지 주장과 논쟁이 따르고 있습니다. 이 **기원**(간구)은 그 의미의 해석에 있어 많은 어려움이 있는데 그 이유는 다음과 같이 두 가지를 들어 설명할 수 있습니다.

1) 우리 인간에게 있어 유혹(시험)은 피할 수 없을 만큼 실존적이고도 숙명적인 것임에도 불구하고 어떻게 이 유혹에 빠지지 않게 해 달라고 기도할 수 있겠는가 하는 문제입니다. 오리게네스가 지적한 대로 욥기 7:1을 70인역(헬라어 성경)으로 보면 이렇게 번역할 수 있습니다. "끊임없이 유혹에 시달리는 것이 이 세상의 인생이 아니냐?" 또한 오리게네스는 계속해서 이렇게 말합니다. "인간이 이성을 갖게 된 이래로 한시라도 유혹

으로부터 자유로울 수가 있었는가?” 인간이 전혀 아무런 유혹도 받지 않을 수 있다고 하는 가정조차 불가능한 것으로 여겨집니다.

또한 ‘시험’(trial)과 ‘유혹’(temptation)은 헬라어로는 둘 다 ‘페이라스모스’(peirasmos)로 나타내집니다. 그런데 성경은 ‘시험’(trial)의 중요성의 가치를 높이 인정하고 있습니다. 욥은 “그가 나를 단련하신 후에는 내가 순금 같이 되어 나오리라”(욥 23:10)라는 고백을 하였으며, 야고보는 “내 형제들아 너희가 여러 가지 시험을 당하거든 온전히 기쁘게 여기라 이는 너희 믿음의 시련이 인내를 만들어 내는 줄 너희가 앎이라”(약 1:2, 3)라는 권면을 하고 있습니다.

또한 베드로 사도도 이러한 권면을 하고 있습니다. “그러므로 너희가 이제 여러 가지 시험으로 말미암아 잠깐 근심하게 되지 않을 수 없으나 오히려 크게 기뻐하는도다 너희 믿음의 확실함은 불로 연단하여도 없어질 금보다 더 귀하여 예수 그리스도께서 나타나실 때에 칭찬과 영광과 존귀를 얻게 할 것이니라”(벧전 1:6, 7). 이 구절들에 있어서 ‘단련’이나 ‘시험’(trial) 등은 모두 ‘페이라스모스’로서 이 단어가 바로 이 기원의 시험(temptation)을 나타내기 위해서도 사용되고 있는 것입니다.

인생의 삶을 통해 얻을 수 있는 깨달음은, 유혹을 받지 않는 삶은 생각할 수 없다는 것이며, 또한 성경의 가르침을 통해 얻게 되는 깨달음은 만일 인생에 시험이 없다면 그것은 무언가 중요한 것이 결여된 삶이 되고 만다는 것입니다.

2) 이 기원의 표면에 나타난 의미를 살펴볼 때 하나님이 우리를 시험에 들게 하시는 분인 것처럼 느껴지게 됩니다. 그러나 인간이 죄의 유혹에 빠지는 것에 대해 하나님께 무슨 책임이 있단 말입니까? 테르툴리아누스는 이렇게 말하고 있습니다. “하나님이 누군가를 시험에 빠지도록 유혹한다고 생각하는 것은 잘못된 것이다.” 사실 이러한 문제는 설명하기가 매우 어렵습니다. 그래서 영역된 성경으로는 규명하기 어려운 의미를 조사하기 위해 이 기원에 나타나는 헬라어에 대해 좀 더 면밀하게 관찰해 볼

필요가 있습니다.

'시험'(temptation)으로 번역된 원래의 단어는 이미 말씀드린 대로 '페이라스모스'입니다. '페이라스모스'(peirasmos)는 명사로서 흔히 헬라어 명사의 어미가 '—asmos'로 끝나게 되면 그것은 계속되는 과정을 뜻하게 됩니다. 이 단어는 성서에는 자주 등장하지만 일반 문학에는 잘 쓰이지 않는 명사로서 우리가 이 단어의 동사형에 대해 살펴봄으로써 이 단어와 이 기원의 뒤에 숨어 있는 의미를 이해하는데 도움을 얻을 수 있으리라 생각됩니다. 이 단어의 동사형은 '페이라제인'(peirazein)으로서, 그 뜻은 영어의 'to try' 보다 훨씬 다양하고 광범위한 의미를 가지고 있습니다.

(a) '페이라제인'은 단순히 어떤 일을 한번 시도해 본다고 하는 의미가 있습니다. 사도행전 16:7에 보면 "They attempted to go into Bithynia" 라는 구절에서 그 용례를 찾아볼 수 있으나 이것은 우리가 탐구하고자 하는 것과는 거리가 멉니다.

(b) 이 단어는 '시험하다'(to test), '증명하다'(to prove)라는 뜻을 가지고 있습니다. 이것은 곧 '도키마제인'(dokimazein)과 같은 뜻을 가진 것으로서 어떤 금속의 재질, 순수성 등을 시험하거나 어떤 약의 효능을 시험해 보는 것을 뜻합니다. 성경 속에서는 스바 여왕이 솔로몬의 명예를 듣고 와서 "어려운 문제로 그를 시험하고자"(왕상 10:1)했던 것과, 계시록 2:2에 나오는 "자칭 사도라 하되 아닌 자들을 시험하여 그의 거짓된 것을 네가 드러낸 것과"라는 구절에서 그 용례를 찾아볼 수 있습니다. 또한 이것은 고린도후서 13:5에서 좋은 용례를 찾아볼 수 있습니다. "너희는 믿음 안에 있는가 너희 자신을 시험(peirazein)하고 너희 자신을 확증(dokimazein)하라." 이처럼 '페이라제인'은 어떤 사람이나 사물의 순수성 여부를 시험하는 과정에서 사용되고 있습니다.

(c) 성경 속에서 '페이라제인'은 하나님께서 어떤 사람의 신앙이 충성되고 신실한 것인가 여부를 시험해 보시는데 사용되고 있습니다. 이런 뜻으로 쓰인 용례를 성경 속에서 찾아보면 신명기 13:3에 "너는 그 선지자나

꿈 꾸는 자의 말을 청종하지 말라 이는 너희의 하나님 여호와께서 너희가 마음을 다하고 뜻을 다하여 너희의 하나님 여호와를 사랑하는 여부를 알려 하사 너희를 시험하심이니라'라는 구절과, 창세기 22:1에 하나님이 아브라함을 시험하시려고 그 아들 이삭을 제물로 바칠 것을 요구하신 데서 찾아볼 수 있습니다. 또 고린도전서 10:13에 보면 하나님은 모든 사람이 감당할 만한 시험 밖에는 허락지 아니하신다고 하는 구절이 나오는 것을 볼 수 있습니다.

'페이라제인'이 가지고 있는 이 세 번째 뜻은 매우 중요합니다. 특히 엘리자베스 시대의 영어 사용 방식대로 흠정역 성경에는 'test'와 'tempt'가 같은 의미를 나타내고 있기 때문에 이것은 더욱 중요한 의미가 있습니다. 예를 들어서, 창세기 22:1을 흠정역 성경으로 보면 "God did tempt Abraham"으로 기록하고 있음을 볼 수 있는데, 그렇다고 해서 하나님이 아브라함이 범죄하도록 유혹하셨다고 생각할 수는 없습니다. 여기에서 'tempt'의 의미는 곧 'test'의 의미를 가지고 있는 것이며 실제로 RSV성경에는 흠정역에 'tempt'로 되어 있는 것을 'test'로 고친 곳이 20군데 이상 나타나 있습니다. 여기에서 '페이라제인'이 가지고 있는 의미는 하나님께서 인간을 시험하시되 인간이 그 시험을 이겨내면 이전보다 더욱 영적으로 강해지고 성숙해질 수 있는 그런 시험으로써 사실 '유혹'(temptation)이 아닌 '시험(test)의 의미를 가지고 있는 것입니다.

(d) 신약성경에 보면 '페이라제인'이 악의를 가지고 상대방을 힐문하거나 함정에 빠뜨리려고 하는 시도를 나타내는데도 사용되고 있습니다. 서기관과 바리새인들이 예수를 책잡으려고 계속 교묘한 질문을 던지는 행동 속에서 이러한 용례를 찾아볼 수 있습니다(마 16:1; 19:3; 12:18).

(e) 또 '페이라제인'은 영어의 'tempt'에 해당하는 의미를 가지고 있습니다. 그 용례는 고린도전서 7:5의 "서로 분방하지 말라 다만 기도할 틈을 얻기 위하여 합의상 얼마 동안은 하되 다시 합하라 이는 너희가 절제 못함으로 말미암아 사탄이 너희를 시험하지 못하게 하려 함이라'라는 구절

에 나타나 있습니다. 이런 의미에서 사탄은 '호 페이라존'(ho peirazon), 즉 '유혹하는 자'라는 이름을 가지고 있습니다. 광야에서 예수님을 유혹했던 자도 바로 이 사탄 이었습니다(마 4:1-11).

 (f) 지금 우리가 연구하고자 하는 이 기원의 의미 규명에는 큰 도움이 되지 않지만 신약과 구약에 걸쳐 나타나는 '페이라제인'의 또 다른 의미가 있습니다. 그것은 인간이 하나님을 시험하는 것을 나타냅니다(출 17:2; 민 14:22; 사 7:12; 마 4:7; 행 15:10). 이것은 곧 하나님의 능력을 한번 시험해 보고자 하는 것으로서 흔히 하나님의 진노와 벌을 받지 않고 얼마나 자기 뜻대로 행할 수 있는가 시도해 보는 것을 뜻합니다.

 이 '페이라스모스'를 번역하는 것은 참 어려운 일입니다. 왜냐하면 이 단어 속에는 최소한 세 가지의 의미가 담겨 있기 때문입니다. 먼저 어떤 사람이나 사물의 특성을 **시험해 본다는** 의미가 담겨 있고, 어떤 사람을 **연단하기 위해 시험을 거치게 한다는** 의미가 담겨 있으며, 또한 **죄에 빠지도록 유혹한다는** 삼중의 의미가 이 단어 속에 들어 있습니다.

 이 '페이라스모스'를 영어로 옮기는데 있어서 어려운 점은 이런 다양한 뜻을 포괄하는 하나의 단어를 발견할 수가 없다는 것입니다. 대부분의 영어성경들은 이 기원을 번역함에 있어서 주로 '유혹'(temptation)의 관점에다 초점을 맞추었습니다. 한편 E. V. 류 역은 이것을 'ordeal'로 옮겼고 New English Bible은 'test'로 옮김으로써 주로 '시험'(test)의 관점에 초점을 맞추고 있습니다.

 이 'temptation'과 'test'의 의미를 포괄하는 단어를 찾아본다면 그것은 'trial'이 될 것입니다. 실제로 RSV성경은 여덟 군데 이상 AV성경에서 'temptation'으로 표현한 것을 'trial'로 바꾸어 표현하고 있습니다. 그것은 누가복음 22:28, 사도행전 20:19, 야고보서 1:2, 베드로전서 1:6, 갈라디아서 4:14, 야고보서 1:12, 베드로후서 2:9, 요한계시록 3:10 등에 나타나고 있습니다. '페이라스모스'는 어떤 사람을 시험하는 사건이나 상황을 나타내는 것으로서 그에 대한 그 사람의 태도와 반응에 따라 그의 사람됨됨이가 나타나게 되는 그런 것을 뜻하는 것입니다.

이런 것들로부터 '유혹'(temptation)에 대한 기독교적인 이해를 가늠해 볼 수 있는데 우리는 '유혹'에 대해 세 가지 사실을 이야기할 수 있습니다.

1) 유혹은 보편적이고 인간이 피할 수 없는 것입니다. 따라서 하나님께 이런 기원을 드리지 않을 수 있는 사람은 아무도 없습니다.

2) 유혹은 하나님의 계획이나 섭리로부터 동떨어져 있는 것이 아닙니다. 즉 그것은 하나님이 이루시고자 하는 뜻과 섭리의 일부분으로 작용하며 인간의 삶의 일부분이 되는 것입니다.

3) 유혹에는 늘 연단의 의미가 들어 있으며, 따라서 일종의 시험과 같은 것입니다. 비록 죄악에로의 유혹이라 할지라도 거기에는 인간의 저항력과 인내에 대한 시험의 요소가 들어 있습니다.

결국 우리는 유혹을 너무 하나님이 인간에게 주신 벌로서 생각하기보다는 인간에게 영광의 기회를 주신 것으로 보는 것이 타당하리라 생각됩니다.

4) 이외에 한 가지 사실을 더 첨가할 수 있습니다. 우리가 이 기원을 하나님께 드리는 이유는 우리 스스로의 힘으로는 유혹을 이길 수가 없으며, 이 유혹으로부터 승리하기 위해서는 하나님의 도우심이 반드시 필요하다는 것을 알기 때문입니다.

'유혹'에 대한 이러한 성서적인 이해를 갖게 될 때에 우리가 살펴보고자 했던 문제의 해결에 매우 많은 도움을 얻게 됩니다. 즉 '유혹'(temptation)이 하나님의 행위와 관련이 있다는 것과 하나님의 섭리 안에 들어 있다는 것을 이해하기가 훨씬 쉬워지는 것입니다.

그러면 이제 이 기원의 의미에 대해 좀 더 구체적으로 살펴보도록 하겠습니다.

1. 먼저 "우리를 시험에 들게 하지 마시옵고"의 의미부터 살펴봅시다. 지금까지 우리가 '페이라스모스'에 대해 살펴본 내용들이 모두가 사실이

고 신약의 기자들은 이런 내용을 잘 알고 있었음에 틀림없습니다. 그러나 그럼에도 불구하고 '페이라스모스'에는 부정적인 의미가 다분히 들어 있습니다. 그래서 이 기원에 대한 해석에 있어서 하나님께서 인간을 고의로 시험에 빠뜨리거나 유혹에 빠지도록 하시는 것은 아니라는 쪽으로 해석을 하려 합니다.

그러므로 이 기원에 나타나 있는 단어들에 특별히 의미를 부여함으로써 이러한 해석에 도움을 얻고자 하는 시도들이 있습니다.

1) 먼저 전치사 'into'에 특별한 의미를 부여하고자 하는 주장이 있습니다. 이것은 헬라어로는 '에이스'(eis), 히브리어로는 '리드헤'(lidhe)로 나타나는 것으로서 그 의미는 '~의 손안에' 또는 '~의 세력에' 라는 뜻을 가지고 있습니다. 그래서 이 기원의 의미를 좀 확대해서 설명해 보면 그것은 다음과 같은 기원이 될 것입니다. "하나님, 이 세상에 유혹을 받지 않는 인간이 없으며 내게도 유혹이 찾아올 것이 틀림없습니다. 그러나 그때에 나를 버려 두지 마소서. 그 유혹의 순간에 악의 세력에 빠지지 않도록 나를 지켜 주소서."

이것은 예수님께서 제자들을 위해 하나님께 기도했던 것과 다를 바가 없습니다. "내가 비옵는 것은 그들을 세상에서 데려가시기를 위함이 아니요 다만 악에 빠지지 않게 보전하시기를 위함이니이다"(요 17:15). 즉 이 기도는 유혹의 세력에 빠지지 않도록 하나님께서 지켜주시고 도와주실 것을 간청하는 기도인 것입니다. 이런 의미에서 이 기원은 곧 유혹의 세력에 빠지지 않고 피할 수 있도록 해달라는 것으로서 해석할 수 있습니다.

2) 아우구스티누스는 또한 이런 해석을 하고 있습니다. 그는 "유혹을 받는 것"(being tempted)과 그 "유혹에 빠지는 것"(being brought into temptation)의 의미를 구별하여 설명하고 있습니다. 사람은 누구나 유혹을 받게 마련입니다. 그러나 그 유혹에 빠지게 되는 사람은 그를 유혹하는 악의 세력에 굴복하여 정복당하고 만다는 것입니다.

한편 이것보다는 좀 더 적극적인 해석을 하는 사람들도 있습니다. 이 기원은 근본적으로 유혹을 피할 수 있게 해 달라는 기도라기보다는 유혹과 싸워 이길 수 있게 해 달라는 기도라는 것입니다. 오리게네스는 욥기 7:1을 헬라어 성경을 통해 인용하면서 다음과 같이 주장하고 있습니다. "그러므로 우리가 유혹을 받지 않게 해 달라고 기도해야 합니다." 오리게네스는 욥의 경우를 예로 들어 설명하고 있습니다. "욥이 유혹에 빠지지 않고 유혹으로부터 승리할 수 있었던 것은 사탄이 그를 공격하지 않았기 때문이 아니요 사탄이 그를 어떠한 방법으로 공격해 오든지 간에 그가 하나님 앞에서 죄를 범하지 않음으로써 자신의 의로움을 나타내었기 때문입니다. 그러므로 우리는 유혹을 받지 않을 수 있는 길을 찾기보다는 그 유혹과 싸워 이길 수 있는 길을 찾아야 합니다."

루터도 이와 같은 입장에 서 있었습니다. 그러므로 그는 "우리가 사탄의 공격으로부터 피할 수는 없다. 그러나 우리는 사탄의 세력에 굴복하지 않을 수 있도록 하나님께 기도해야만 한다"고 말했던 것입니다.

3) 초대교회 시대부터 받아들여졌던 이 기원에 대한 해석이 있습니다. 아우구스티누스는 라틴어판 성경 속에 이 기원이 이렇게 나타나 있다고 주장합니다. "Do not allow us to be led into temptation"(Ne nos induci patiaris in temptationem). 사실 테르툴리아누스, 키프리아누스, 아우구스티누스 모두 이렇게 번역하고 있습니다.

한편 시리아 역에는 이렇게 표현되어 있습니다. "Do not make us to enter into temptation." 히브리어 동사에는 여러 가지 형태가 있는데 이 기원에 쓰인 히브리어 동사는 '힙필'형 동사로서 이것은 사역이나 허락의 의미를 나타내고 있습니다. 그래서 이 기원의 의미를 좀 더 자세히 풀어서 설명하면 다음과 같은 기도를 드리고 있는 것이라 할 수 있습니다.

"우리로 하여금 유혹받는 상황에서 벗어날 수 있게 하여 주소서. 우리의 본성과 이웃의 유혹으로부터 일어나는 시험에 빠져들지 않게 하여 주소서. 우리의 육정과 세상의 유혹과 사탄의 공격으로부터 우리를 보호하여 주소서." 즉, 이 기원은 하나님께서 우리의 신앙과 순결, 하나님께 대한 충성을 지킬 수 있도록 우리의 보호자가 되어 주실 것을 기도하는 것입니다.

지금까지의 해설들은 유혹과 시험이 하나님께로부터 나온다고 하기엔 뭔가 주저되는 입장에 선 사람들에 의해 내려진 것들로서 실제 이 기원의 의미 해석의 주류를 이루고 있는 것들입니다. 그러나 이것 외에 두 가지 사실을 더 밝혀두어야 할 필요가 있습니다.

그 중 첫째는, 실제 히브리인들은 이 기원을 드리는 데 있어서 그다지 어떤 어려움이나 해결하기에 곤란한 문제점들을 느끼지 않았으리라 하는 것입니다. 비록 야고보서 1:13에 "사람이 시험을 받을 때에 내가 하나님께 시험을 받는다 하지 말지니"라는 구절이 나오기는 하지만, 히브리인들의 신앙과 사상 속에는 심지어 유혹이나 시험마저도 하나님의 섭리 아래 들어 있다고 믿는 경향이 있습니다. 그래서 성경에 요셉이 그의 형들에게 자기의 삶을 회고하면서 "당신들은 나를 해하려 하였으나 하나님은 그것을 선으로 바꾸사 오늘과 같이 많은 백성의 생명을 구원하게 하시려 하셨나니"(창 50:20)라는 말을 하고 있는 것입니다. 이처럼 유대인들은 심지어 악한 일까지도 하나님의 계획과 섭리 속에 들어 있다고 믿고 있으며, 이 세상에 어떤 일도 하나님의 뜻이 아니고는 일어날 수 없다는 철저한 믿음과 신뢰를 가지고 있습니다.

둘째로, 지금까지의 모든 설명들은 어떤 의미에서는 우리가 실제 이 기원을 통해 느끼는 순수한 감정과 관계없이 너무 신학적이고 논리적인 사변일 수도 있다는 것입니다. 여러분들의 이해를 돕기 위해 손쉬운 비유를 하나 들어보겠습니다. 우리는 자기를 지도하는 트레이너의 순수한 의도와 좋은 동기 또한 그의 사랑을 조금도 의심하지 않는 운동선수라 할지라도 너무 훈련이 고되고 힘들게 되면 "제발 그만 좀 하세요, 날 좀 내버려두세요!"라고 외치게 되는 것을 상상할 수 있습니다. 그렇다면 이 기원 속에도 그러한 인간적이고 본능적인 요소가 들어 있음을 인정할 수 있습니다. 자신의 약함과 이 세상의 험난함을 깨닫게 되는 순간, 하나님께 본능적으로 호소하고 매달리게 되는 우리 인간의 모습이 이 속에 들어 있다는 것입니다.

2. 이제 이 기원의 후반부인 "다만 악에서 구하시옵소서"(Deliver us from evil)에 대해 살펴보도록 합시다. 이미 앞에서 말씀드린 대로 이 구절에 대한 번역은 'evil'과 'The Evil One' 두 가지로 나타나 있습니다. 그러나 헬라어 원문 자체가 이 두 가지로 다 번역될 수 있으며, 또한 이 두 가지 번역으로 인한 차이는 그 의미에 있어 큰 문제가 되지 않습니다.

한편 성경 속에는 'The Evil One'에 대한 명칭이 두 가지로 나타납니다. (a) 먼저 이것을 '사탄'(Satan)이라 부르기도 합니다. 그러나 사실상 '사탄'(Satan)이란 단어는 그 자체가 고유명사는 아니며 '적', '원수'라는 뜻을 가지고 있는 말입니다. 실제로 성경에도 '사탄'이 이런 뜻으로 쓰이고 있는 곳이 일곱 군데나 있습니다. 그것은 민수기 22:22; 사무엘상 29:4; 열왕기상 5:4; 11:14, 23, 25 등에서 그 용례를 찾아볼 수 있습니다. 이처럼 '사탄'(Satan)이란 말은 단순히 '적', '원수'라는 뜻을 가진 단어입니다. 한편, 우리가 흔히 알고 있는 '사탄'(Satan)은 하나님의 아들들 중의 하나였다고 성경은 이야기하고 있습니다(욥 1:6). 그런데 그가 하는 일은 인간을 대적해서 하나님 앞에 인간을 고소하는 역할이었습니다(욥 1:6-12). 그래서 그는 인간의 '적'이며 '원수'가 되었던 것입니다.

(b) 또한 이것을 '마귀'(Devil)라고 부르기도 합니다. 이것에 대한 헬라어는 '디아볼로스'(diabolos)인데, 이 단어 역시 원래 고유명사나 어떤 호칭은 아니었으며 단지 '참소하는 자'라는 뜻을 가진 단어였습니다. 실제 신약성경에 '디아볼로스'가 '참소하는 자'의 의미로 쓰인 용례는 디모데전서 3:11, 디모데후서 3:3, 디도서 2:3 등에서 찾아볼 수 있습니다. 이와 같이 '사탄'과 '마귀'는 그 의미에 있어서 그다지 큰 차이가 없습니다.

어쨌든 '악한 자'(the Evil One)의 목표는 하나님과 인간 사이를 불화하게 하고 그 관계를 깨뜨리고자 하는 데에 있습니다. '악한 자'란 곧 하나님을 대적하고, 인간을 파멸로 이끌려고 하는 모든 악한 세력들을 인격화시킨 것입니다. 이 세상에는 우리를 죄악 속으로 빠져들게 하는 악의 세력이 있습니다. 그것은 인격적인 힘일 수도 있고 인간의 삶 속에 나타나는 악한 생각과 행동, 모든 악한 결정들의 누적된 힘일 수도 있습니다.

그래서 이 기원은 그러한 악의 세력에 빠지지 않게 무장하고 방어할 수 있도록 해 달라는 기원인 것입니다. 사도 바울은 디모데후서 4:18에서 "주께서 나를 모든 악한 일에서 건져내시고 또 그의 천국에 들어가도록 구원하시리니"라는 기도를 드리고 있습니다.

그리고 또한 루터는 이렇게 말하고 있습니다. "이 기원을 통해 우리는 우리의 육체와 영혼의 모든 죄악으로부터 우리를 구원해 주실 것을 하나님께 간구하는 것이다. 그리고 마침내 평안하고 행복한 인생의 종말을 맞을 수 있도록, 또한 이 눈물의 골짜기에서 떠나 천국에 들어갈 수 있도록 하나님께 기도드리는 것이다."

루터가 말한 것처럼 이 기원은 이 세상 삶과 죽음으로부터의 구원을 얻기 위한 기도입니다. "우리를 시험에 들게 하지 마시옵고 다만 악에서 구하시옵소서."

주기도문을 마무리하는 이 기원은 그 속에 세 가지의 의미를 가지고 있습니다. 첫째로, 인간이 처해 있는 상황의 위험과 어려움을 솔직히 인정하고 있으며, 둘째로, 이러한 위험을 극복하는데 있어서의 인간의 무력성을 고백하고, 셋째로, 이를 위해 하나님의 능력에 의지하는 기도인 것입니다.

우리는 이 기원을 하나님께 드리면서 키프리아누스의 말에 깊이 공감하게 됩니다. "하나님께 모든 악으로부터 우리를 보호해 주실 것을 간구하면 하나님은 우리를 지켜 주시고, 우리로 하여금 모든 악한 세력과 싸워 이기게 하신다. 하나님께서 친히 우리의 보호자가 되시니 우리에게 무슨 두려움이 있으랴!"

맺는말

주기도문은 그 자체 안에 하나의 맺는말을 가지고 있습니다. 그것은 주기도문 끝에 "나라와 권세와 영광이 아버지께 영원히 있사옵나이다 아멘"(마 6:13) 하는 하나님께 대한 찬미인 것입니다. 하지만 이러한 찬미는 좀 더 오래되고 신빙성 있는 사본에는 나타나 있지 않습니다. 이것은 교회의 예배를 통해 주기도문을 마친 후 회중들이 그에 대한 화답으로서 하나님께 드렸던 찬미에서 생겨난 것이기 때문입니다.

한편 이러한 찬미는 꽤 오래된 역사를 가지고 있는 것이어서 하나님의 전을 건축할 수 있도록 준비를 마쳤을 때 다윗이 하나님께 드렸던 기도에서 그 기원을 찾을 수 있습니다. "여호와여 위대하심과 권능과 영광과 승리와 위엄이 다 주께 속하였사오니 천지에 있는 것이 다 주의 것이로소이다 여호와여 주권도 주께 속하였사오니 주는 높으사 만물의 머리이심이니이다"(대상 29:11).

사람들이 예배에서 주기도문을 암송하게 되면서부터 사람들은 주기도문에 대한 화답으로서 이러한 찬미를 하게 되었음이 분명합니다.

주기도문의 끝맺음으로서 사용된 이 찬미의 중요성과 가치를 다음과 같은 두 가지 사실에서 찾아볼 수 있습니다. 첫째로, 이 찬미는 우리가 주기도문을 통해 누구에게 기도하고 있는가 하는 것을 새삼 일깨워 줍니다. 또한 완전한 기도는 단지 구하는 것만이 아니라 기도하는 대상께 합당한 영광과 찬미를 돌려드려야만 한다는 것을 깨닫게 해줍니다.

"나라가 아버지께 있사옵나이다." 흔히 여기에서 '나라'(Kingdom)라고 하면 왕이 통치하는 영역을 생각하기 쉽습니다. 하지만 여기에서 말하는 '나라'는 어떤 지역이나 영토를 말하는 것이 아니라 '주권'을 의미하는 것입니다. 절대적인 권력과 주권은 모두 하나님께 속한 것입니다. 그러므로 이 찬미는 곧 모든 주권이 하나님께 속해 있으며, 우리는 하나님의 백성이요 종이라는 절대적인 복종의 자세를 하나님 앞에 고백하는 것입니다.

"권세가 아버지께 있사옵나이다." 권세는 헬라어 '두나미스'(dunamis)를 번역한 것으로서, 여기에서 'dynamic'과 'dynamite'라는 단어가 파생되어 나왔습니다. 우리는 주기도문을 마치면서 하나님의 전능하신 능력을 다시 한 번 상기하게 됩니다. 우리의 하나님은 우리의 기도를 들어주시는 사랑과 함께 우리의 기도에 응답하실 수 있는 능력을 가지고 계신 분입니다.

"영광이 아버지께 있사옵나이다." '영광'이란 단어는 인간의 명예나 명성, 영예 등과는 질적으로 다른 말입니다. '영광'은 인간에게는 적용될 수 없는 말이며 오직 하나님께만 적용될 수 있습니다. 그러므로 우리는 하나님의 영광과 그 임재를 느끼며 주기도문을 끝마치게 됩니다. 이 찬미를 드리면서 우리는 하나님의 영광을 위해 삶을 살아가야 함을 다시 한 번 새롭게 다짐하게 됩니다.

그래서 우리가 주기도문을 하나님께 드리고 일어서서 세상으로 나아가는 순간, 우리는 하나님이 주가 되시고 우리도 그의 백성들임을 기억하며, 또한 하나님의 전능하심과 그의 영광이 이 땅에 편만하심을 다시 한 번 깨닫게 되는 것입니다.

바클레이의
팔복·주기도문 해설

초판 발행   1987년 10월 25일
중쇄 발행   2011년 5월 25일

발행처   크리스챤
발행인   박명곤
주소   경기도 고양시 일산동구 정발산동 1193-2
전화   031-911-9864, 070-7538-9864
팩스   031-911-9824
등록   제 98-75호
판권   ⓒ 크리스챤다이제스트 1987
총판   (주) 기독교출판유통
           전화 031-906-9191~4
           팩스 080-456-2580